横浜発

横浜市小学校
国語教育研究会 編著

小学校国語科の
系統的な指導がまるわかり!
「見方・考え方」
を働かせる
実践事例&プラン

東洋館
出版社

はじめに

年を取って弱っていく愛犬エルフに「ずうっと大好きだよ」というぼく。

大きな魚のふりをして泳ぐ赤い魚たちに「ぼくが目になろう」と言ったスイミー。

戦火の中、家族と離ればなれになり、一人でかげおくりをするちいちゃん。

つぐないのくりや松たけを届けながら、兵十の火縄銃にうたれるごんぎつね。

鳥とはいえ、いかにも頭領らしい堂々とした残雪に心打たれる大造じいさん。

追い求めていたおとうのかたきであるクエにもりを打たなかった太一。

　教室で文学を読むことの意味を考えてみたいと思います。登場人物に同化して一緒に喜んだり悲しんだり、自分だったらこんな選択はしないとつぶやいたり。文章と、友達と対話しながら、物語を読み進める中で、私たち教師は子どもたちにどんな力を育もうとしているのでしょう。国語科であるからには、読む力を付けるための学習であることには違いありません。しかし、文学を読むことは、そこに描かれる人物の心の内を想像することであり、人生を考えることだと思うのです。

　自分でない誰かの心の内を想像すること、誰かが置かれているであろう状況を考えることは、人間だけに与えられた素晴らしい力です。

　未曾有の災害に見舞われることの多い昨今、犠牲になった方々や家族を失った人々、被災地の今に心を寄せ、自分たちに何かできることはないだろうかと思いを巡らすこともあるでしょう。世界には、戦争の砲弾におびえながら逃げ惑い、学校にも通えない子どもたちがいること、食べるものがなく栄養失調と病気の危険の中で生きる子どもたちがいることを学び、遠く地球のかなたの子どもたちの願いを受け止めたいと考えることもあるかもしれません。そんなとき、仲間と共に文学を読み、心をかたむけて語り合った経験は、子どもたちが深く思考すること、自己決定することを支える力になるはずです。

　今、フェイスブックやラインなど、ソーシャルネットワーキングサービスが生活に浸透し、インターネットを介して世界中の人々とコミュニケーションがとれる時代です。顔が見えない相手に対しても、相手の心の内を想像しながら言葉を選ぶ力を付けたいのです。

　新学習指導要領全面実施の今年、横浜市小学校国語教育研究会は、豊かな、そして確かな言葉の力を育む国語教室を応援すべく、この実践事例＆プラン集を作成しました。この小冊子が、子どもたちが深く学び合う授業を創ること、年間を通して、言葉による見方・考え方を働かせて、資質・能力を計画的に育むことの一助になれば幸いです。

　　令和２年３月

　　　　　　　　　　　　　　　　　横浜市小学校国語教育研究会　会長　平井佳江

国語科とカリキュラム・マネジメント
～PISA2018調査結果に触れて～

横浜国立大学　副学長　**髙木まさき**

1　カリキュラム・マネジメントの必要性

　カリキュラム・マネジメントと聞くと、また新しいことが降りてきたとの印象を持つかもしれないが、必ずしもそういうことではない。企業のみならず、学校も一つの組織である以上、当然、共通の目的・目標の実現に向けて、教育課程を軸に、構成員が協働して諸活動を行っているはずであり、その成果、手段の効果や効率性等を検証して改善を図るのは当然のことと言える。

　しかしながら、グローバル経済の下、経済格差・学力格差が拡大し、学習者・保護者の多様性も進んでいる。少子高齢化が進む中、生産年齢人口も減少を続け、さらには教員の人材確保も厳しい状況にある。そのような学校内外の厳しい環境の中、限られた人的・物的資源をもとに、より効果的・効率的に、目的・目標を実現するためには、教育課程を軸とした学校の諸活動の検証とその改善を図る営み、すなわちカリキュラム・マネジメントは、従来と比べ、格段にその重要性を増しているのは間違いないだろう。

　そうした現状を変え、限られた人的・物的資源の中で教育効果を最大化し、効果の薄い活動は大胆に取りやめるなどし、結果として教員の負担軽減にもつながるようなカリキュラム・マネジメントが求められている。

2　国語科から見たカリキュラム・マネジメント

　そこでまず、2016年12月の中教審答申におけるカリキュラム・マネジメントに関する記述を確認しておこう。

　　教育課程とは、学校教育の目的や目標を達成するために、教育の内容を子供の心身の発達に応じ、授業時数との関連において総合的に組織した学校の教育計画であり、その編成主体は各学校である。各学校には、学習指導要領等を受け止めつつ、子供たちの姿や地域の実情等を踏まえて、各学校が設定する学校教育目標を実現するために、学習指導要領等に基づき教育課程を編成し、それを実施・評価し改善していくことが求められる。これが、いわゆる「カリキュラム・マネジメント」である。

　冒頭で述べたように、組織（学校）の目的・目標の達成のために、子供や地域の実情を踏まえて、教育課程を軸にしたカリキュラム・マネジメントの必要性が強調されている。

　これを受けて、小学校学習指導要領総則では、次のように記述されている。

　　各学校においては、児童や学校、地域の実態を適切に把握し、教育の目的や目標の実

現に必要な教育の内容等を教科等横断的な視点で組み立てていくこと、教育課程の実施状況を評価してその改善を図っていくこと、教育課程の実施に必要な人的又は物的な体制を確保するとともにその改善を図っていくことなどを通して、教育課程に基づき組織的かつ計画的に各学校の教育活動の質の向上を図っていくこと（以下「カリキュラム・マネジメント」という。）に努めるものとする。（第1章第1の4）

そのポイントを、同解説は、次のように示している。

・児童や学校、地域の実態を適切に把握し、教育の目的や目標の実現に必要な教育の内容等を教科等横断的な視点で組み立てていくこと、

・教育課程の実施状況を評価してその改善を図っていくこと、

・教育課程の実施に必要な人的又は物的な体制を確保するとともにその改善を図っていくこと

児童（生徒）や学校、地域の実態を把握し、教育課程を教科横断的な視点で組み立てること、その実施状況を評価し、改善すること、さらに人的・物的資源の確保とその改善をはかること、の三点である。

また、カリキュラム・マネジメントの具体的な動かし方については、同総則の次の記述が重要である。

各学校においては、校長の方針の下に、校務分掌に基づき教職員が適切に役割を分担しつつ、相互に連携しながら、各学校の特色を生かしたカリキュラム・マネジメントを行うよう努めるものとする。また、各学校が行う学校評価については、教育課程の編成、実施、改善が教育活動や学校運営の中核となることを踏まえ、カリキュラム・マネジメントと関連付けながら実施するよう留意するものとする。（第1章第5の1のア）

学校評価をカリキュラム・マネジメントと関連づけるのは当然のこととして、ここで重要なのは、「教職員が適切に役割を分担しつつ、相互に連携しながら」とある点である。カリキュラム・マネジメントとは管理職のみが行うのではなく、個々の教員が連携して行う営みだということである。

以上を踏まえ、国語科から見たカリキュラム・マネジメントのポイントを整理してみよう。

・学習指導要領等を踏まえた学校教育目標の下で、教科等横断的な視点から、国語科の内容（言語活動を含む）を組み立て、他教科等との連携を図る。

・国や自治体等による学力・学習状況調査等の結果も踏まえ、個々の学習者に適切な支援をするとともに、国語科の授業や教育内容の改善を図る。

・国語科の授業やその改善に資する人的・物的資源（言語活動等の対象になる地域の人・組織や学校図書館等の整備）の確保に努める。

・国語を担当する教員個々がカリキュラム・マネジメントの意識をもち、日々の実践をもとに授業や教育課程等の改善に積極的に取り組む。

この最後の点について補足しておく。国語科を担当する教員は、教科に関する縦横の関係から、国語科の授業や教科の内容を組み立てていく必要がある。

まず教科内の領域間の縦横の関係がある。「知識及び技能」「思考力、判断力、表現力等」の関係、また後者のうちの「A話すこと・聞くこと」「B書くこと」「C読むこと」間の関係も重要だ。かつて指導事項が「表現」と「理解」の二領域に整理されたことなどを想起すれば、上記のABCが相互に密接に関わり合っていることは説明を要しない。

次に、担当する学年内だけでなく、前後の学年、義務教育段階、高等学校段階、さらには高等教育や社会生活までも見通して、当該学年の学習内容の意義を踏まえた授業実践や教育課程のあり方に自覚的であることが重要である。

さらには、国語科の内容が他の教科等の内容といかに関わるかという視点も大切だ。言語活動はあらゆる教科等での「主体的・対話的で深い学び」の土台となるし、学習指導要領に新設された「情報の扱い方に関する事項」も教科を超えて指導すべきことである。

以上のように、国語科の内外に渡る縦横の関係を視野に入れつつ、個々の教員が、日々の授業実践を振り返り、教育課程全体の改善に自覚的であることが求められている。

3　PISA2018調査結果から

最後に、2019年12月に結果が公表されたPISA2018を例に、カリキュラム・マネジメントの必要性について考えてみたい。PISAの方向性はすでに学習指導要領や全国学力・学習状況調査に反映されており、それらに適切に取り組めば、新たな取り組みは必要ないが、教科横断的なカリキュラム・マネジメントの必要性を考える上では分かりやすい事例でもあるので、確認したい。

PISA2018[1]は、「読解力」「数学的リテラシー」「科学的リテラシー」のうち、「読解力」を中心に実施された。それによれば、「数学的リテラシー」（日本平均得点527点、OECD平均得点489点）、「科学的リテラシー」（日本平均得点529点、OECD平均得点489点）は依然として世界トップレベルを維持しているが、「読解力」（日本平均得点504点、OECD平均得点487点）には課題があり、前回2015年調査（日本平均得点516点、OECD平均得点493点）よりも、結果が有意に低下していた。また同調査は、2015年調査からCBT（computer based testing）に移行しており、その影響も指摘された。

この「読解力」に関する調査結果を受けて、筆者は、中央教育審議会の第114回教育課程部会（2019年12月4日）において、「PISA2018『読解力』調査結果を受けて」と題して国語科の授業改善に向けた方向性の提案を行った。その中で筆者は「『カリキュラム・マネジメント』の観点から、国語科だけでなく、教科を超えた意図的な取組が必要」であることを述べた。以下、筆者作成の当日配付資料[2]を抜粋し、補足する。

・読解力を含め、言語生活全般の質を高める観点から、様々なテキストに触れ、言葉に対して自覚的になるような学習指導が必要。

・新学習指導要領国語において、小中高等学校を通じて求められている「語彙指導」、原因と結果、意見と根拠など情報と情報との関係を考える「情報の扱い方」、「読書指導」の改善・充実を一層進める。また、これらを適切に関連付けた指導の在り方も重要。

・現在、取り組まれている言語活動の更なる充実。

・目標や指導内容、学習過程の明確化とともに、学習者に学習の見通しをもたせ、適切に振り返りをさせること等を通じて、学びへの自覚を高め、自らの考えを形成させることが重要。

・学習者の達成感を高め、学習意欲を向上させるよう学習指導の在り方を改善することが重要。そのためには、能動的に学習に向かい、他者との協働の中から、自らの学びを自覚し、言葉の役割や働きへの理解を深めるような「主体的・対話的で深い学び」の視点からの授業改善が必要。

・学習者を取り巻く言語環境の変化を踏まえ、語彙の獲得や読書指導、学習過程・成果の共有、考えの形成などの観点から適切かつ積極的なICT活用を考えることが必要。

　PISAでは、世界的な傾向として、読書を好む生徒の得点が高い傾向にあるが、日本の生徒の場合はフィクションを読む割合は高いが、ノンフィクションや新聞など様々なテキストに触れることは極端に少ない。ノンフィクションや新聞等に触れる機会は国語科以外でも多様に存在するはずであり、教科を超えた取り組みが望まれる。また、日本の生徒は、調査問題の語彙に対して困難さを強く感じているが、「語彙指導」は「情報の扱い方」「読書指導」などとも関連させて指導することが効果的であるとともに、教科横断的な取り組みが語彙の質を向上させることは言うまでもない。さらに、学習者に学習の見通しをもたせたり、適切に振り返りをさせたりすることに日本の学校は依然として課題があることも示唆されたが、これらの活動は教科を超えて指導し習慣化することが、メタレベルからの学習活動の調整能力や学習者の思考力を向上させることは明らかであろう。またこうした積み重ねが「主体的・対話的で深い学び」を単なる形ではなく、その質を高めていくことも明らかであろう。なお、PISA2018では、「生徒の学校・学校外におけるICT利用」に関する補足調査も実施された。それによれば、日本の授業の内外におけるデジタル機器の活用率は、参加国の中で最低水準にあることが判明した。教育課程全体を通した適切なデジタル機器の活用方法を模索していく必要がある。

　以上のように、PISA2018の「読解力」の調査結果は、国語科を超えたカリキュラム・マネジメントの必要性を示唆するとともに、全ての教員が教科横断的に連携することの大切さを、改めて認識させるものであったと言えよう。（『月刊国語教育研究』No.575掲載の拙稿を改稿）

※１：OECD 生徒の学習到達度調査（PISA）Programme for International Student Assessment ～ 2018 年調査国際結果の要約～https://www.nier.go.jp/kokusai/pisa/pdf/2018/03_result.pdf
※２：中央教育審議会教育課程部会第114回（2019年12月4日）
　　　筆者発表資料https://www.mext.go.jp/content/1423048_6.pdf

目次

第 *1* 章 国語科で育成を目指す資質・能力

第 *2* 章 実践事例&プラン

第1学年

本書の見方

本書では、各学年において「見方・考え方」を働かせるための年間を通したカリキュラムと実践事例、プランを紹介しています。

また、紹介する実践で使用するワークシートの一部を研究会ホームページにて公開しています。URLもしくはQRコードからご覧ください。

URL＝https://edu.city.yokohama.lg.jp/sch/kenkyu/es-kokugo/wa-kusi-tosyuu.html

●カリキュラム

年間を見通して、各教材で指導する事項を整理しています。

それぞれ指導事項、教材名、主な学習内容の順に示し、言語活動は【】で示しています。

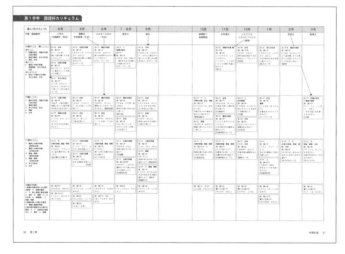

●実践事例

実践事例は、指導の具体がより分かるように4ページで構成しています。

1-2ページ目

1　単元について

2　単元の指導目標

3　単元の評価規準

4　単元の流れ

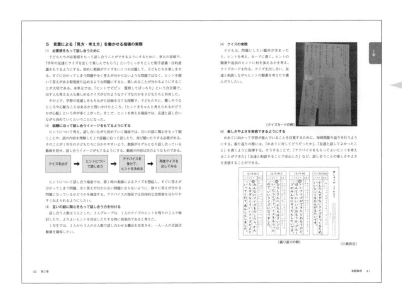

3-4ページ目

5 言葉による「見方・考え方」を働かせる指導の実際

●プラン

プランでは、単元の組み立てと指導のポイントが分かるように2ページで構成しています。

1 単元について　　　　　　　2 単元の指導目標

3 単元の評価規準　　　　　　4 単元の流れ

5 言葉による「見方・考え方」を働かせる指導のポイント

第 1 章

国語科で育成を目指す資質・能力

国語科9年間で育成を目指す資質・能力一覧表について

　横浜市においては、子どもの9年間の学びの連続性を図るために、国語科9年間で育成を目指す資質・能力を「知識及び技能」と「思考力、判断力、表現力等」とに分けて、一覧表としています。特色としては、学習指導要領で2学年ごとに示されている小学校の指導事項を学年ごとに整理し直したことが挙げられます。学年ごとに捉え直したことにより、国語科で育成を目指す資質・能力を一層明確にしています。

　一覧表の中では、指導事項の欄を上下段の欄に分け、上段には学習指導要領に示された指導事項を、下段には学年ごとに整理し直した指導事項をキーワード等で示しています。一覧表の中で「・」として示しているものは、継続して2学年を通して指導する事項、「◇」で示されているものは、特にその学年で重点的に指導する事項を表しています。ただし、それらは、必ずしも示された学年で指導しなくてはならないものではなく、学校や子どもの実態に応じて柔軟に計画できるように、学年の区切りは点線で示しています。

　また、「知識及び技能」、「思考力、判断力、表現力等」と関係があると考える「学びに向かう力、人間性等」を、それぞれの一覧表に示しています。そのことにより、授業づくりや単元づくりをする際に、三つの柱で整理された国語科で育成を目指す資質・能力を、構造的に捉えることができます。

〔知識及び技能〕

		小学校第1学年及び第2学年		小学校第3学年及び第4学年		
(1) 言葉の特徴や使い方に関する事項	言葉の働き	ア 言葉には、事物の内容を表す働きや、経験したことを伝える働きがあることに気付くこと。		ア 言葉には、考えたことや思ったことを表す働きがあることに気付くこと。		
		・事物の内容を表す働きに気付く	・経験したことを伝える働きに気付く	・思考や感情を表出する働きに気付く	・思考や感情を他者に伝える働きに気付く	
	話し言葉と書き言葉	イ 音節と文字との関係、アクセントによる語の意味の違いなどに気付くとともに、姿勢や口形、発声や発音に注意して話すこと。		イ 相手を見て話したり聞いたりするとともに、言葉の抑揚や強弱、間の取り方などに注意して話すこと。		
		・音節と文字との関係 ・姿勢や口形 ・発声や発音	・アクセントによる語の意味の違い	・言葉の抑揚や強弱	・間の取り方	
		ウ 長音、拗音、促音、撥音などの表記、助詞の「は」、「へ」及び「を」の使い方、句読点の打ち方、かぎ（「 」）の使い方を理解して文や文章の中で使うこと。また、平仮名及び片仮名を読み、書くとともに、片仮名で書く語の種類を知り、文や文章の中で使うこと。		ウ 漢字と仮名を用いた表記、送り仮名の付け方、改行の仕方を理解して文や文章の中で使うとともに、句読点を適切に打つこと。また、第3学年においては、日常使われている簡単な単語について、ローマ字で表記されたものを読み、ローマ字で書くこと。		
		・長音などの表記や助詞の使い方 ・平仮名及び片仮名の読み書き	・句読点やかぎを文章中で使う ・片仮名で書く語の種類 ・片仮名を文章中で使う	・送り仮名の付け方 ・ローマ字の読み書き	・句読点を適切に打つ	
	漢字	エ 第1学年においては、別表の学年別漢字配当表（以下「学年別漢字配当表」という。）の第1学年に配当されている漢字を読み、漸次書き、文や文章の中で使うこと。第2学年においては、学年別漢字配当表の第2学年までに配当されている漢字を読むこと。また、第1学年に配当されている漢字を書き、文や文章の中で使うとともに、第2学年に配当されている漢字を漸次書き、文や文章の中で使うこと。		エ 第3学年及び第4学年の各学年においては、学年別漢字配当表の当該学年までに配当されている漢字を読むこと。また、当該学年の前の学年までに配当されている漢字を書き、文や文章の中で使うとともに、当該学年に配当されている漢字を漸次書き、文や文章の中で使うこと。		
	語彙	オ 身近なことを表す語句の量を増し、話や文章の中で使うとともに、言葉には意味による語句のまとまりがあることに気付き、語彙を豊かにすること。		オ 様子や行動、気持ちや性格を表す語句の量を増し、話や文章の中で使うとともに、言葉には性質や役割による語句のまとまりがあることを理解し、語彙を豊かにすること。		
		・事物を表す言葉 ・意味による語句のまとまり	・体験したことを表す言葉 ・同義語、類義語、対義語	・様子や行動を表す語句 ・物の名前を表す語句のまとまり ・動きを表す語句のまとまり	・気持ちや性格を表す語句 ・様子を表す語句のまとまり	
	文や文章	カ 文の中における主語と述語との関係に気付くこと。		カ 主語と述語との関係、修飾と被修飾との関係、指示する語句と接続する語句の役割、段落の役割について理解すること。		
		・主語と述語	・主語と述語の適切な係り受け	・修飾語と被修飾語 ・指示する語句 ・段落相互の関係	・接続する語句 ・段落の役割	
	言葉遣い	キ 丁寧な言葉と普通の言葉との違いに気を付けて使うとともに、敬体で書かれた文章に慣れること。		キ 丁寧な言葉を使うとともに、敬体と常体との違いに注意しながら書くこと。		
		・丁寧な言葉と普通の言葉との違いを知る	・丁寧な言葉と普通の言葉とを使い分ける	・敬体と常体との違いを知る	・敬体と常体とを使い分ける	
	表現の技法					
	音読朗読	ク 語のまとまりや言葉の響きなどに気を付けて音読すること。		ク 文章全体の構成や内容の大体を意識しながら音読すること。		
		・明瞭な発音 ・言葉の響きやリズム	・内容や感じたことの把握	・あらすじを捉えて読む	・登場人物の行動や気持ちの変化を捉えて読む ・黙読	
(2) 情報の扱い方に関する事項	情報と情報との関係	ア 共通、相違、事柄の順序など情報と情報との関係について理解すること。		ア 考えとそれを支える理由や事例、全体と中心など情報と情報との関係について理解すること。		
		・時間や作業手順などに基づく順序	・重要度や優先度などに基づく順序	・考えと理由との関係	・考えと事例との関係	
	情報の整理			イ 比較や分類の仕方、必要な語句などの書き留め方、引用の仕方や出典の示し方、辞書や事典の使い方を理解し使うこと。		
				・語句や文章の引用 ・国語辞典、事典	・図表、グラフ、絵、写真などの引用 ・漢字辞典	

小学校第5学年及び第6学年		中学校第1学年	中学校第2学年	中学校第3学年
ア 言葉には、相手とのつながりをつくる働きがあることに気付くこと。			ア 言葉には、相手の行動を促す働きがあることに気付くこと。	
・他者との良好な関係をつくる言葉の働きに気付く	・他者との良好な関係をつくる言葉の働きの特徴に気付く			
イ 話し言葉と書き言葉との違いに気付くこと。			イ 話し言葉と書き言葉の特徴について理解すること。	
・話し言葉と書き言葉との違いを知る	・話し言葉と書き言葉との違いを意識して使い分ける			
		ア 音声の働きや仕組みについて、理解を深めること。		
ウ 文や文章の中で漢字と仮名を適切に使い分けるとともに、送り仮名や仮名遣いに注意して正しく書くこと。				
・送り仮名や仮名遣いに注意して書く	・漢字と仮名を適切に使い分けて書く			
エ 第5学年及び第6学年の各学年においては、学年別漢字配当表の当該学年に配当されている漢字を読むこと。また、当該学年の前の学年までに配当されている漢字を書き、文や文章の中で使うとともに、当該学年に配当されている漢字を漸次書き、文や文章の中で使うこと。		イ 小学校の学年別漢字配当表に示されている漢字に加え、その他の常用漢字のうち300字程度から400字程度までの漢字を読むこと。また、学年別漢字配当表の漢字のうち900字程度の漢字を書き、文や文章の中で使うこと。	ウ 第1学年までに学習した常用漢字に加え、その他の常用漢字のうち350字程度から450字程度までの漢字を読むこと。また、学年別漢字配当表に示されている漢字を書き、文や文章の中で使うこと。	ア 第2学年までに学習した常用漢字に加え、その他の常用漢字の大体を読むこと。また、学年別漢字配当表に示されている漢字について、文や文章の中で使い慣れること。
オ 思考に関わる語句の量を増し、話や文章の中で使うとともに、語句と語句との関係、語句の構成や変化について理解し、語彙を豊かにすること。また、語感や言葉の使い方に対する感覚を意識して、語や語句を使うこと。		ウ 事象や行為、心情を表す語句の量を増すとともに、語句の辞書的な意味と文脈上の意味との関係に注意して話や文章の中で使うことを通して、語感を磨き語彙を豊かにすること。	エ 抽象的な概念を表す語句の量を増すとともに、類義語と対義語、同音異義語や多義的な意味を表す語句などについて理解し、話や文章の中で使うことを通して、語感を磨き語彙を豊かにすること。	イ 理解したり表現したりするために必要な語句の量を増し、慣用句や四字熟語などについて理解を深め、話や文章の中で使うとともに、和語、漢語、外来語などを使い分けることを通して、語感を磨き語彙を豊かにすること。
・思考そのものに関わる語句 ・語句の構成や変化	・情報同士の関係を表す語句			
カ 文の中での語句の係り方や語順、文と文との接続の関係、話や文章の構成や展開、話や文章の種類とその特徴について理解すること。		エ 単語の類別について理解するとともに、指示する語句と接続する語句の役割について理解を深めること。	オ 単語の活用、助詞や助動詞などの働き、文の成分の順序や対応など文の構成について理解するとともに、話や文章の構成や展開について理解を深めること。	ウ 話や文章の種類とその特徴について理解を深めること。
・語句の係り方や語順	・話や文章の構成や展開についての意識			
キ 日常よく使われる敬語を理解し使い慣れること。			カ 敬語の働きについて理解し、話や文章の中で使うこと。	エ 敬語などの相手や場に応じた言葉遣いを理解し、適切に使うこと。
・敬語の理解	・敬語を相手や目的に応じて適切に使い分け、使い慣れる			
ク 比喩や反復などの表現の工夫に気付くこと。		オ 比喩、反復、倒置、体言止めなどの表現の技法を理解し使うこと。		
・直喩	・隠喩			
ケ 文章を音読したり朗読したりすること。				
・構成や内容について理解したことを伝える	・表現性を高めて思いや考えを伝える			
ア 原因と結果など情報と情報との関係について理解すること。		ア 原因と結果、意見と根拠など情報と情報との関係について理解すること。	ア 意見と根拠、具体と抽象など情報と情報との関係について理解すること。	ア 具体と抽象など情報と情報との関係について理解を深めること。
・原因と結果の関係を見いだす	・原因と結果を結び付け、筋道立てて捉える			
イ 情報と情報との関係付けの仕方、図などによる語句と語句との関係の表し方を理解し使うこと。		イ 比較や分類、関係付けなどの情報の整理の仕方、引用の仕方や出典の示し方について理解を深め、それらを使うこと。	イ 情報と情報との関係の様々な表し方を理解し使うこと。	イ 情報の信頼性の確かめ方を理解し使うこと。
・分解と統合 ・考えを明確にするための図示	・類推や系統化 ・思考をまとめるための図示			

〔知識及び技能〕

		小学校第1学年及び第2学年		小学校第3学年及び第4学年		
(3) 我が国の言語文化に関する事項	伝統的な言語文化	ア 昔話や神話・伝承などの読み聞かせを聞くなどして、我が国の伝統的な言語文化に親しむこと。		ア 易しい文語調の短歌や俳句を音読したり暗唱したりするなどして、言葉の響きやリズムに親しむこと。		
		・昔話 ・話の面白さ	・神話や伝承 ・独特の語り口調や言い回し	・響きやリズムの体感	・親しみやすい作者や代表的な歌集からの作品への親しみ	
		イ 長く親しまれている言葉遊びを通して、言葉の豊かさに気付くこと。		イ 長い間使われてきたことわざや慣用句、故事成語などの意味を知り、使うこと。		
		・かぞえうた、しりとり、なぞなぞ、早口言葉など ・言葉のリズムを楽しむ	・いろはうた、回文、折句、かるたなど ・言葉を用いて発想を広げる	・ことわざ	・慣用句、故事成語	
	言葉の由来や変化			ウ 漢字が、へんやつくりなどから構成されていることについて理解すること。		
				・「へん」と「つくり」	・「かんむり」「あし」「たれ」「かまえ」「にょう」	
	書写	ウ(ア) 姿勢や筆記具の持ち方を正しくして書くこと。		エ(ア) 文字の組立て方を理解し、形を整えて書くこと。		
		・硬筆の姿勢 ・鉛筆の持ち方（親指・人差し指・中指の3点で持つ） ・筆記具の持ち方を正しくして、直線や曲線を丁寧に書く	・硬筆の姿勢 ・鉛筆の持ち方（親指を握りこまないように持つ） ・筆記具の持ち方を正しくして、直線や曲線をなめらかに書く	・毛筆の姿勢、持ち方 ・用具の種類、置き方、扱い方 ・筆順 ・一つの文字の組立て方	・筆順 ・字形（概形、画の長さ、間隔、方向、接し方、交わり方） ・漢字の組立て方（左右、上下、内外「たれ」「にょう」「かまえ」）	
		ウ(イ) 点画の書き方や文字の形に注意しながら、筆順に従って丁寧に書くこと。		エ(イ) 漢字や仮名の大きさ、配列に注意して書くこと。		
		水書を用いて効果的な書き方の基礎を身に付ける		・漢字と仮名の大きさ ・配列（文字の中心、行の中心、字間） ・小筆の姿勢、持ち方 ・横書き（硬筆）	・漢字と仮名の相互のつり合い ・配列（行間、書き出しの位置） ・小筆の活用	
		・平仮名の線の種類（払い、止め、折れ、折り返し、曲がり、結び） ・漢字の点画の種類（横画、縦画、折れ、左払い、右払い、曲がり、そり、点） ・平仮名、漢字の概形	・平仮名、片仮名、漢字の線や点画 ・間違えやすい漢字の筆順 ・片仮名、漢字の概形			
		ウ(ウ) 点画相互の接し方や交わり方、長短や方向などに注意して、文字を正しく書くこと。		エ(ウ) 毛筆を使用して点画の書き方への理解を深め、筆圧などに注意して書くこと。		
		・平仮名の線の接し方と交わり方 ・平仮名の線の長短 ・平仮名の線の方向	・片仮名の画の長短 ・片仮名の画の方向 ・漢字の画の接し方と交わり方 ・漢字の画の長短 ・漢字の画の方向	・点画の種類（横画、縦画、左払い、右払い、折れ、曲がり、そり、点） ・平仮名、片仮名の筆使い ・始筆、送筆、終筆の筆圧 ・穂先の位置、穂先の通り道	・基本点画の書き方の理解 ・平仮名の筆使い（折れ、折り返し、曲がり、結び） ・点画の書き方と筆圧の関連	
	読書	エ 読書に親しみ、いろいろな本があることを知ること。		オ 幅広く読書に親しみ、読書が、必要な知識や情報を得ることに役立つことに気付くこと。		
		・表紙や題名などによる選書	・知りたいことや読んでみたい内容による選書	・種類や分野などの幅 ・学校図書館などの利用方法	・活用の仕方などの幅 ・必要な本などの選び方	
学びに向かう力人間性等		言葉がもつよさを感じ、国語を大切にしようとする態度。		言葉がもつよさに気付き、国語を大切にしようとする態度。		

小学校第5学年及び第6学年		中学校第1学年	中学校第2学年	中学校第3学年
ア　親しみやすい古文や漢文、近代以降の文語調の文章を音読するなどして、言葉の響きやリズムに親しむこと。		ア　音読に必要な文語のきまりや訓読の仕方を知り、古文や漢文を音読し、古典特有のリズムを通して、古典の世界に親しむこと。	ア　作品の特徴を生かして朗読するなどして、古典の世界に親しむこと。	ア　歴史的背景などに注意して古典を読むことを通して、その世界に親しむこと。
・古文や漢文	・近代以降の文語調の文章			
イ　古典について解説した文章を読んだり作品の内容の大体を知ったりすることを通して、昔の人のものの見方や感じ方を知ること。		イ　古典には様々な種類の作品があることを知ること。	イ　現代語訳や語注などを手掛かりに作品を読むことを通して、古典に表れたものの見方や考え方を知ること。	イ　長く親しまれている言葉や古典の一節を引用するなどして使うこと。
・作品の内容から昔の人のものの見方や感じ方を知る	・古典の背景について易しく解説した文章から、昔の人のものの見方や感じ方を知る			
ウ　語句の由来などに関心をもつとともに、時間の経過による言葉の変化や世代による言葉の違いに気付き、共通語と方言との違いを理解すること。また、仮名及び漢字の由来、特質などについて理解すること。		ウ　共通語と方言の果たす役割について理解すること。		ウ　時間の経過による言葉の変化や世代による言葉の違いについて理解すること。
・和語、漢語、外来語 ・時間の経過による言葉の変化 ・共通語と方言の違い、特質、よさ ・漢字の由来	・語源 ・世代に特有の言葉遣い ・仮名の由来			
エ(ア)　用紙全体との関係に注意して、文字の大きさや配列などを決めるとともに、書く速さを意識して書くこと。		エ(ア)　字形を整え、文字の大きさ、配列などについて理解して、楷書で書くこと。	ウ(ア)　漢字の行書とそれに調和した仮名の書き方を理解して、読みやすく速く書くこと。	エ(ア)　身の回りの多様な表現を通して文字文化の豊かさに触れ、効果的に文字を書くこと。
・用紙全体との関係から考えられる文字の大きさ ・書く場面や目的に応じた、書く速さや書き方の違いを理解する	・用紙全体との関係から考えられる文字の位置、字間、行間などの効果的な在り方 ・書く場面や目的に応じて、書く速さや書き方の違いを変えて書く			
エ(イ)　毛筆を使用して、穂先の動きと点画のつながりを意識して書くこと。		エ(イ)　漢字の行書の基礎的な書き方を理解して、身近な文字を行書で書くこと。	ウ(イ)　目的や必要に応じて、楷書又は行書を選んで書くこと。	
・穂先の動きと点画のつながり ・点画のつながりと筆順	・効率よい書写のリズム ・日常の書字活動に近づける（小筆、筆ペン等）			
エ(ウ)　目的に応じて使用する筆記具を選び、その特徴を生かして書くこと。				
・筆記具の種類や特徴を理解する	・目的に合った筆記具を選択し、効果的に書く			
オ　日常的に読書に親しみ、読書が、自分の考えを広げることに役立つことに気付くこと。		オ　読書が、知識や情報を得たり、自分の考えを広げたりすることに役立つことを理解すること。	エ　本や文章などには、様々な立場や考え方が書かれていることを知り、自分の考えを広げたり深めたりする読書に生かすこと。	オ　自分の生き方や社会との関わり方を支える読書の意義と効用について理解すること。
・今までになかった考えの発見	・自分を支える言葉の発見			
言葉がもつよさを認識し、国語を大切にしようとする態度。		言葉がもつ価値に気付き、我が国の言語文化を大切にしようとする態度。	言葉がもつ価値を認識し、我が国の言語文化を大切にしようとする態度。	言葉がもつ価値を認識し、我が国の言語文化に関わろうとする態度。

〔思考力、判断力、表現力等〕 A 話すこと・聞くこと

		小学校第1学年及び第2学年		小学校第3学年及び第4学年	
話すこと	話題の設定 情報の収集 内容の検討	ア 身近なことや経験したことなどから話題を決め、伝え合うために必要な事柄を選ぶこと。		ア 目的を意識して、日常生活の中から話題を決め、集めた材料を比較したり分類したりして、伝え合うために必要な事柄を選ぶこと。	
		◇学校や家庭での出来事 ◇写真や具体物を見て思い出す ◇伝え合うために必要な事柄かどうかを判断して選ぶ	◇地域での出来事 ◇対象物の特徴を考えながら手掛かりを得る ◇自分が聞きたいことを聞く前に具体的に予想し事柄を選ぶ	・学校や家庭、地域での出来事 ・必要に応じて本や文章、人から情報を得る ◇集めた材料を共通点や相違点に着目しながら比べる	◇共通する性質に基づいて分ける
	構成の検討 考えの形成	イ 相手に伝わるように、行動したことや経験したことに基づいて、話す事柄の順序を考えること。		イ 相手に伝わるように、理由や事例などを挙げながら、話の中心が明確になるよう話の構成を考えること。	
		◇行動や経験の時間的な順序 ・話の内容が伝わる順序を考える	◇物事や対象を紹介する順序	・理由や事例などを挙げ筋道を立てた構成にする ◇相手が知らないことに、丁寧に理由付けすることを考え、冒頭で話の中心を述べ、理由や事例を挙げる	◇相手にとって理解しやすい事例を挙げることを考え、最初に提示した内容と結論とがずれないようにする
	表現 共有	ウ 伝えたい事柄や相手に応じて、声の大きさや速さなどを工夫すること。		ウ 話の中心や話す場面を意識して、言葉の抑揚や強弱、間の取り方などを工夫すること。	
		◇伝えたい事柄や相手に応じて話す ◇相手に応じて声の大きさや速さなどに注意する	◇伝えたい事柄に応じて適切な話し方を工夫する ◇音声が明確に聞こえる速さで話す ◇大事なところを強調する	・相手との親疎、人数、目的や場の状況を意識 ◇言葉の抑揚や強弱	◇間の取り方や相手を見る視線
聞くこと	話題の設定 情報の収集	【再掲】 ア 身近なことや経験したことなどから話題を決め、伝え合うために必要な事柄を選ぶこと。		【再掲】 ア 目的を意識して、日常生活の中から話題を決め、集めた材料を比較したり分類したりして、伝え合うために必要な事柄を選ぶこと。	
	構造と内容の把握 精査・解釈 考えの形成 共有	エ 話し手が知らせたいことや自分が聞きたいことを落とさないように集中して聞き、話の内容を捉えて感想をもつこと。		エ 必要なことを記録したり質問したりしながら聞き、話し手が伝えたいことや自分が聞きたいことの中心を捉え、自分の考えをもつこと。	
		・事柄の順序を意識して聞き話の内容を把握する ◇自分にとって大事なことや知りたいことを落とさずに聞く ◇自分が興味をもったところや感心したところなどを伝える	◇自分の聞きたいことを明確にして話を聞く ◇自分の体験と結び付けるなどして感想が言えるようにする	◇話の要点を意識 ◇目的に応じて、重要な語句は何かを判断しながら聞き、記録する ◇話の内容を予想しながら聞き、自分の考えをまとめる	◇話の要点を聞き取る ◇聞いた内容を自分が知っていることと比べる ◇聞いた後に話の内容を振り返り、記録する
話し合うこと	話題の設定 情報の収集 内容の検討	【再掲】 ア 身近なことや経験したことなどから話題を決め、伝え合うために必要な事柄を選ぶこと。		【再掲】 ア 目的を意識して、日常生活の中から話題を決め、集めた材料を比較したり分類したりして、伝え合うために必要な事柄を選ぶこと。	
	話合いの進め方の検討 考えの形成 共有	オ 互いの話に関心をもち、相手の発言を受けて話をつなぐこと。		オ 目的や進め方を確認し、司会などの役割を果たしながら話し合い、互いの意見の共通点や相違点に着目して、考えをまとめること。	
		◇話の内容を理解した上で話題に沿って話す ◇話をつなぐためにはどうしたらよいか考え、質問したり復唱して確かめたりする	◇話の内容を理解した上で再び聞く ◇話をつなぐために考え、共感を示す感想をいったり復唱して確かめたりする	◇進行表に沿って進行する ◇役割を意識しながら話合いが目的に応じて適切に進行しているか判断し、結論に導く	◇役割を理解しながら進行する ◇結論が出ない場合でも発言の共通点や相違点を確認し、自分の考えをまとめる
言語活動例		紹介や説明、報告など伝えたいことを話したり、それらを聞いて声に出して確かめたり感想を述べたりする活動。		説明や報告など調べたことを話したり、それらを聞いたりする活動。	
				質問するなどして情報を集めたり、それらを発表したりする活動。	
		尋ねたり応答したりするなどして、少人数で話し合う活動。		互いの考えを伝えるなどして、グループや学級全体で話し合う活動。	
学びに向かう力・人間性等		言葉がもつよさを感じて、思いや考えを伝え合おうとする態度。		言葉がもつよさに気付いて、思いや考えを伝え合おうとする態度。	

	小学校第5学年及び第6学年		中学校第1学年	中学校第2学年	中学校第3学年
	ア　目的や意図に応じて、日常生活の中から話題を決め、集めた材料を分類したり関係付けたりして、伝え合う内容を検討すること。		ア　目的や場面に応じて、日常生活の中から話題を決め、集めた材料を整理し、伝え合う内容を検討すること。	ア　目的や場面に応じて、社会生活の中から話題を決め、異なる立場や考えを想定しながら集めた材料を整理し、伝え合う内容を検討すること。	ア　目的や場面に応じて、社会生活の中から話題を決め、多様な考えを想定しながら材料を整理し、伝え合う内容を検討すること。
	・目的や意図に応じて話題を決める ◇聞き手の求めていることに応じて集めた材料を整理する ◇目的や意図に応じて複数のまとまりに分類	◇聞いたり話し合ったりするために、関係する材料を整理する ◇目的や意図に応じて結び付け、異なる内容の材料を総合し、内容を明確にする			
	イ　話の内容が明確になるように、事実と感想、意見とを区別するなど、話の構成を考えること。		イ　自分の考えや根拠が明確になるように、話の中心的な部分と付加的な部分、事実と意見との関係などに注意して、話の構成を考えること。	イ　自分の立場や考えが明確になるように、根拠の適切さや論理の展開などに注意して、話の構成を工夫すること。	イ　自分の立場や考えを明確にし、相手を説得できるように論理の展開などを考えて、話の構成を工夫すること。
	◇事実と感想、意見の区別 ◇接続語や文末表現 ◇話の種類を意識して構成を考える	◇事実と感想、意見などの関係に説明を付加する ◇話の種類や特徴を意識して、構成を工夫する			
	ウ　資料を活用するなどして、自分の考えが伝わるように表現を工夫すること。		ウ　相手の反応を踏まえながら、自分の考えが分かりやすく伝わるように表現を工夫すること。	ウ　資料や機器を用いるなどして、自分の考えが分かりやすく伝わるように表現を工夫すること。	ウ　場の状況に応じて言葉を選ぶなど、自分の考えが分かりやすく伝わるように表現を工夫すること。
	◇文言や数値、実物や画像、映像などを用いる ◇目的や意図に応じて資料の順番を変えたり、提示したりしながら話す	◇図解したものや重要な語句の定義付け等を明示する ◇聞き手のうなずきや表情にも注意して話す			
	【再掲】 ア　目的や意図に応じて、日常生活の中から話題を決め、集めた材料を分類したり関係付けたりして、伝え合う内容を検討すること。		【再掲】 ア　目的や場面に応じて、日常生活の中から話題を決め、集めた材料を整理し、伝え合う内容を検討すること。	【再掲】 ア　目的や場面に応じて、社会生活の中から話題を決め、異なる立場や考えを想定しながら集めた材料を整理し、伝え合う内容を検討すること。	【再掲】 ア　目的や場面に応じて、社会生活の中から話題を決め、多様な考えを想定しながら材料を整理し、伝え合う内容を検討すること。
	エ　話し手の目的や自分が聞こうとする意図に応じて、話の内容を捉え、話し手の考えと比較しながら、自分の考えをまとめること。		エ　必要に応じて記録したり質問したりしながら話の内容を捉え、共通点や相違点などを踏まえて、自分の考えをまとめること。	エ　論理の展開などに注意して聞き、話し手の考えと比較しながら、自分の考えをまとめること。	エ　話の展開を予測しながら聞き、聞き取った内容や表現の仕方を評価して、自分の考えを広げたり深めたりすること。
	◇自分はどのような情報を求めているのか考える ◇話し手と自分の考えを比較し、内容を整理する	◇聞いた内容をどのように生かしていくか考える ◇共感した内容や納得した事例を取り上げる			
	【再掲】 ア　目的や意図に応じて、日常生活の中から話題を決め、集めた材料を分類したり関係付けたりして、伝え合う内容を検討すること。		【再掲】 ア　目的や場面に応じて、日常生活の中から話題を決め、集めた材料を整理し、伝え合う内容を検討すること。	【再掲】 ア　目的や場面に応じて、社会生活の中から話題を決め、異なる立場や考えを想定しながら集めた材料を整理し、伝え合う内容を検討すること。	【再掲】 ア　目的や場面に応じて、社会生活の中から話題を決め、多様な考えを想定しながら材料を整理し、伝え合う内容を検討すること。
	オ　互いの立場や意図を明確にしながら計画的に話し合い、考えを広げたりまとめたりすること。		オ　話題や展開を捉えながら話し合い、互いの発言を結び付けて考えをまとめること。	オ　互いの立場や考えを尊重しながら話し合い、結論を導くために考えをまとめること。	オ　進行の仕方を工夫したり互いの発言を生かしたりしながら話し合い、合意形成に向けて考えを広げたり深めたりすること。
	◇話合いの方法に関する意識を明確にする ・様々な視点からの検討 ◇自分の考えを広げたり互いの意見の共通点、相違点をまとめたりする	◇話合いの目的や方向性を検討する ◇利点や問題点等をまとめ、異なる意見も自分の意見に生かす			
	意見や提案など自分の考えを話したり、それらを聞いたりする活動。		紹介や報告など伝えたいことを話したり、それらを聞いて質問したり意見などを述べたりする活動。	説明や提案など伝えたいことを話したり、それらを聞いて質問や助言などをしたりする活動。	提案や主張など自分の考えを話したり、それらを聞いて質問したり評価などを述べたりする活動。
	インタビューなどをして必要な情報を集めたり、それらを発表したりする活動。				
	それぞれの立場から考えを伝えるなどして話し合う活動。		互いの考えを伝えるなどして、少人数で話し合う活動。	それぞれの立場から考えを伝えるなどして、議論や討論をする活動。	互いの考えを生かしながら議論や討論をする活動。
	言葉がもつよさを認識して、思いや考えを伝え合おうとする態度。		言葉がもつ価値に気付いて、思いや考えを伝え合おうとする態度。	言葉がもつ価値を認識して、思いや考えを伝え合おうとする態度。	言葉がもつ価値を認識して、思いや考えを伝え合おうとする態度。

〔思考力、判断力、表現力等〕 B 書くこと

	小学校第1学年及び第2学年		小学校第3学年及び第4学年		
題材の設定 情報の収集 内容の検討	ア 経験したことや想像したことなどから書くことを見付け、必要な事柄を集めたり確かめたりして、伝えたいことを明確にすること。		ア 相手や目的を意識して、経験したことや想像したことなどから書くことを選び、集めた材料を比較したり分類したりして、伝えたいことを明確にすること。		
	◇身近な生活の中で自分が行ったこと ・見聞きした身の回りの出来事	◇想像を膨らませて考えたこと ◇各教科等の学習で疑問に思ったこと	・調べたり聞いたりして得た情報 ◇共通点・相違点に着目して比べる	◇共通する性質に基づいて分ける	
構成の検討	イ 自分の思いや考えが明確になるように、事柄の順序に沿って簡単な構成を考えること。		イ 書く内容の中心を明確にし、内容のまとまりで段落をつくったり、段落相互の関係に注意したりして、文章の構成を考えること。		
	◇時間の順序 ・作業手順の順序	◇「始め-中-終わり」などの構成 ◇文章の冒頭で内容を大まかに説明すること	◇内容のまとまり（形式段落や意味段落の役割） ◇考えと事例 ・「冒頭部-展開部-終結部」	◇段落相互の関係 ◇考えと理由 ◇列挙された事例同士の関係	
考えの形成 記述	ウ 語と語や文と文との続き方に注意しながら、内容のまとまりが分かるように書き表し方を工夫すること。		ウ 自分の考えとそれを支える理由や事例との関係を明確にして、書き表し方を工夫すること。		
	◇一文の意味が明確になる語と語の続き方 ・時間や事柄の順序を表す語を用いた書き表し方 ・内容のまとまりが明確か確かめる	◇離れたところにある語と語、文と文とのつながり	◇自分の考えとそれを支える理由 ◇理由を表す表現 ◇敬体と常体の違い	◇自分の考えと事例との関係 ◇事例を表す表現 ◇敬体と常体の使い分け	
推敲	エ 文章を読み返す習慣を付けるとともに、間違いを正したり、語と語や文と文との続き方を確かめたりすること。		エ 間違いを正したり、相手や目的を意識した表現になっているかを確かめたりして、文や文章を整えること。		
	・音読して読み返す ◇主語、述語、長音、助詞などの表記の仕方や使い方	◇句読点やかぎなどの表記の仕方や使い方など	・相手や目的に照らして ◇修飾語と被修飾語の関係の明確さ ・書く相手や目的に応じた文末表現	◇敬体と常体の使い分け ◇断定や推量、疑問などの文末表現	
共有	オ 文章に対する感想を伝え合い、自分の文章の内容や表現のよいところを見付けること。		オ 書こうとしたことが明確になっているかなど、文章に対する感想や意見を伝え合い、自分の文章のよいところを見付けること。		
	◇順序の分かりやすさ ・文章の内容や表現のよいところ	◇語と語や文と文の続き方 ◇書き手の思いや発想のよいところ	・書こうとしたことが明確に表現されているところ	◇相手について配慮したところなど	
言語活動例	身近なことや経験したことを報告したり、観察したことを記録したりするなど、見聞きしたことを書く活動。		調べたことをまとめて報告するなど、事実やそれを基に考えたことを書く活動。		
	日記や手紙を書くなど、思ったことや伝えたいことを書く活動。		行事の案内やお礼の文章を書くなど、伝えたいことを手紙に書く活動。		
	簡単な物語をつくるなど、感じたことや想像したことを書く活動。		詩や物語をつくるなど、感じたことや想像したことを書く活動。		
学びに向かう力・人間性等	言葉がもつよさを感じて、思いや考えを文章で伝え合おうとする態度。		言葉がもつよさに気付いて、思いや考えを文章で伝え合おうとする態度。		

	小学校第5学年及び第6学年	中学校第1学年	中学校第2学年	中学校第3学年
	ア 目的や意図に応じて、感じたことや考えたことなどから書くことを選び、集めた材料を分類したり関係付けたりして、伝えたいことを明確にすること。	ア 目的や意図に応じて、日常生活の中から題材を決め、集めた材料を整理し、伝えたいことを明確にすること。	ア 目的や意図に応じて、社会生活の中から題材を決め、多様な方法で集めた材料を整理し、伝えたいことを明確にすること。	ア 目的や意図に応じて、社会生活の中から題材を決め、集めた材料の客観性や信頼性を確認し、伝えたいことを明確にすること。
	◇主張の理由とその事例を選ぶ ・更なる情報収集の必要性／◇集めた材料の優先順位を考える ◇賛成や反対の立場から集めた材料を分類する			
	イ 筋道の通った文章となるように、文章全体の構成や展開を考えること。	イ 書く内容の中心が明確になるように、段落の役割などを意識して文章の構成や展開を考えること。	イ 伝えたいことが分かりやすく伝わるように、段落相互の関係などを明確にし、文章の構成や展開を工夫すること。	イ 文章の種類を選択し、多様な読み手を説得できるように論理の展開などを考えて、文章の構成を工夫すること。
	◇原因と結果などのつながりや配列 ・序論－本論－結論 ・読み手の関心を喚起する事例からの書き出し／◇疑問と解決などのつながりや配列 ◇頭括型・尾括型・双括型			
	ウ 目的や意図に応じて簡単に書いたり詳しく書いたりするとともに、事実と感想、意見とを区別して書いたりするなど、自分の考えが伝わるように書き表し方を工夫すること。	ウ 根拠を明確にしながら、自分の考えが伝わる文章になるように工夫すること。	ウ 根拠の適切さを考えて説明や具体例を加えたり、表現の効果を考えて描写したりするなど、自分の考えが伝わる文章になるように工夫すること。	ウ 表現の仕方を考えたり資料を適切に引用したりするなど、自分の考えが分かりやすく伝わる文章になるように工夫すること。
	◇客観的な事象の裏付け ・文末表現に注意する／◇簡単に書く部分と詳しく書く部分を区別する			
	エ 引用したり、図表やグラフなどを用いたりして、自分の考えが伝わるように書き表し方を工夫すること。			
	◇本や文章から引用 ・観察や実験、調査の結果／◇主張に合う図表やグラフの吟味			
	オ 文章全体の構成や書き表し方などに着目して、文や文章を整えること。	エ 読み手の立場に立って、表記や語句の用法、叙述の仕方などを確かめて、文章を整えること。	エ 読み手の立場に立って、表現の効果などを確かめて、文章を整えること。	エ 目的や意図に応じた表現になっているかなどを確かめて、文章全体を整えること。
	・目的や意図に照らす ・内容や表現の一貫性 ・引用の仕方、図表、グラフなどの適切な使用 ◇事実と感想の区別／◇事実と意見との区別			
	カ 文章全体の構成や展開が明確になっているかなど、文章に対する感想や意見を伝え合い、自分の文章のよいところを見付けること。	オ 根拠の明確さなどについて、読み手からの助言などを踏まえ、自分の文章のよい点や改善点を見いだすこと。	オ 表現の工夫とその効果などについて、読み手からの助言などを踏まえ、自分の文章のよい点や改善点を見いだすこと。	オ 論理の展開などについて、読み手からの助言などを踏まえ、自分の文章のよい点や改善点を見いだすこと。
	・目的や意図に応じた文章の構成や展開／・目的や意図に応じた構成や展開が読み手に与える効果			
	事象を説明したり意見を述べたりするなど、考えたことや伝えたいことを書く活動。	本や資料から文章や図表などを引用して説明したり記録したりするなど、事実やそれを基に考えたことを書く活動。	多様な考えができる事柄について意見を述べるなど、自分の考えを書く活動。	関心のある事柄について批評するなど、自分の考えを書く活動。
		行事の案内や報告の文章を書くなど、伝えるべきことを整理して書く活動。	社会生活に必要な手紙や電子メールを書くなど、伝えたいことを相手や媒体を考慮して書く活動。	情報を編集して文章にまとめるなど、伝えたいことを整理して書く活動。
	短歌や俳句をつくるなど、感じたことや想像したことを書く活動。	詩を創作したり随筆を書いたりするなど、感じたことや考えたことを書く活動。	短歌や俳句、物語を創作するなど、感じたことや想像したことを書く活動。	
	事実や経験を基に、感じたり考えたりしたことや自分にとっての意味について文章に書く活動。			
	言葉がもつよさを認識して、思いや考えを文章で伝え合おうとする態度。	言葉がもつ価値に気付いて、思いや考えを文章で伝え合おうとする態度。	言葉がもつ価値を認識して、思いや考えを伝え合おうとする態度。	

〔思考力、判断力、表現力等〕 C 読むこと

	小学校第1学年及び第2学年		小学校第3学年及び第4学年		
構造と内容の把握	ア　時間的な順序や事柄の順序などを考えながら、内容の大体を捉えること。		ア　段落相互の関係に着目しながら、考えとそれを支える理由や事例との関係などについて、叙述を基に捉えること。		
	◇時間の経過に基づいた順序	◇手順や文章表現上の順序	◇「始め―中―終わり」などの段落のまとまり ◇考えとその事例などの段落と段落との関係	◇結論とその理由などの段落と段落との関係	
	イ　場面の様子や登場人物の行動など、内容の大体を捉えること。		イ　登場人物の行動や気持ちなどについて、叙述を基に捉えること。		
	◇時間や場所 ・行動や会話	◇周囲の風景	・行動の背景 ・登場人物の境遇や性格	◇登場人物の役割	
精査・解釈	ウ　文章の中の重要な語や文を考えて選び出すこと。		ウ　目的を意識して、中心となる語や文を見付けて要約すること。		
	◇時間の順序に関わって、文章の中で重要になる語や文 ・読み手として必要な情報を見付ける上で重要な語や文 ・目的に照らして重要な語や文	◇事柄の順序に関わって文章の中で重要になる語や文	◇目的を意識して、元の文章の構成や表現をそのまま生かした要約	◇目的により自分の言葉に言いかえる要約	
	エ　場面の様子に着目して、登場人物の行動を具体的に想像すること。		エ　登場人物の気持ちの変化や性格、情景について、場面の移り変わりと結び付けて具体的に想像すること。		
	◇表情、口調 ・行動の理由	◇登場人物の様子	・複数の叙述の関係付け ・変化のきっかけ	◇情景	
考えの形成	オ　文章の内容と自分の体験とを結び付けて、感想をもつこと。		オ　文章を読んで理解したことに基づいて、感想や考えをもつこと。		
	◇実際の経験	◇既有の知識	・既習の内容 ・疑問点や更に知りたい点	◇文章の捉えや理解の再確認	
共有	カ　文章を読んで感じたことや分かったことを共有すること。		カ　文章を読んで感じたことや考えたことを共有し、一人一人の感じ方などに違いがあることに気付くこと。		
	・感想や気付き ◇互いの思いを分かち合う	◇互いの感じ方や考え方を認め合う	◇感じ方などの違い	◇感じ方などのよさ	
言語活動例	事物の仕組みを説明した文章などを読み、分かったことや考えたことを述べる活動。		記録や報告などの文章を読み、文章の一部を引用して、分かったことや考えたことを説明したり、意見を述べたりする活動。		
	読み聞かせを聞いたり物語などを読んだりして、内容や感想などを伝え合ったり、演じたりする活動。		詩や物語などを読み、内容を説明したり、考えたことなどを伝え合ったりする活動。		
	学校図書館などを利用し、図鑑や科学的なことについて書いた本などを読み、分かったことなどを説明する活動。		学校図書館などを利用し、事典や図鑑などから情報を得て、分かったことなどをまとめて説明する活動。		
学びに向かう力・人間性等	楽しんで読書をする態度。		幅広く読書をする態度。		

小学校第5学年及び第6学年		中学校第1学年	中学校第2学年	中学校第3学年
ア 事実と感想、意見などとの関係を叙述を基に押さえ、文章全体の構成を捉えて要旨を把握すること。		ア 文章の中心的な部分と付加的な部分、事実と意見との関係などについて叙述を基に捉え、要旨を把握すること。	ア 文章全体と部分との関係に注意しながら、主張と例示との関係や登場人物の設定の仕方などを捉えること。	ア 文章の種類を踏まえて、論理や物語の展開の仕方などを捉えること。
・文章全体の構成 ・内容の中心	◇書き手の考えの中心			
イ 登場人物の相互関係や心情などについて、描写を基に捉えること。		イ 場面の展開や登場人物の相互関係、心情の変化などについて、描写を基に捉えること。		
◇登場人物同士の関わり ・心情の変化	◇複数の登場人物の関係			
ウ 目的に応じて、文章と図表などを結び付けるなどして必要な情報を見付けたり、論の進め方について考えたりすること。		ウ 目的に応じて必要な情報に着目して要約したり、場面と場面、場面と描写などを結び付けたりして、内容を解釈すること。	イ 目的に応じて複数の情報を整理しながら適切な情報を得たり、登場人物の言動の意味などについて考えたりして、内容を解釈すること。 ウ 文章と図表などを結び付け、その関係を踏まえて内容を解釈すること。	イ 文章を批判的に読みながら、文章に表れているものの見方や考え方について考えること。
・必要な情報の取捨選択、整理、再構成 ・書き手が自分の考えをより適切に伝えるための論の進め方 ◇図表などと文章との結び付き	◇説得力を高めるための理由や事例を用いた論の進め方			
エ 人物像や物語などの全体像を具体的に想像したり、表現の効果を考えたりすること。		エ 文章の構成や展開、表現の効果について、根拠を明確にして考えること。	エ 観点を明確にして文章を比較するなどし、文章の構成や論理の展開、表現の効果について考えること。	ウ 文章の構成や論理の展開、表現の仕方について評価すること。
・複数の叙述の関連付け ・人物の考え方 ・情景描写 ・特色のある表現	◇展開と関連付け ◇暗示性、メッセージ性のある表現			
オ 文章を読んで理解したことに基づいて、自分の考えをまとめること。		オ 文章を読んで理解したことに基づいて、自分の考えを確かなものにすること。	オ 文章を読んで理解したことや考えたことを知識や経験と結び付け、自分の考えを広げたり深めたりすること。	エ 文章を読んで考えを広げたり深めたりして、人間、社会、自然などについて、自分の意見をもつこと。
◇文章の内容 ・既有の知識と理解したことの結び付き	◇文章の構造			
カ 文章を読んでまとめた意見や感想を共有し、自分の考えを広げること。				
◇違いの明確化	◇よさの認め合い			
説明や解説などの文章を比較するなどして読み、分かったことや考えたことを、話し合ったり文章にまとめたりする活動。		説明や記録などの文章を読み、理解したことや考えたことを報告したり文章にまとめたりする活動。	報告や解説などの文章を読み、理解したことや考えたことを説明したり文章にまとめたりする活動。	論説や報道などの文章を比較するなどして読み、理解したことや考えたことについて討論したり文章にまとめたりする活動。
詩や物語、伝記などを読み、内容を説明したり、自分の生き方などについて考えたことを伝え合ったりする活動。		小説や随筆などを読み、考えたことなどを記録したり伝え合ったりする活動。	詩歌や小説などを読み、引用して解説したり、考えたことなどを伝え合ったりする活動。	詩歌や小説などを読み、批評したり、考えたことなどを伝え合ったりする活動。
学校図書館などを利用し、複数の本や新聞などを活用して、調べたり考えたりしたことを報告する活動。		学校図書館などを利用し、多様な情報を得て、考えたことなどを報告したり資料にまとめたりする活動。	本や新聞、インターネットなどから集めた情報を活用し、出典を明らかにしながら、考えたことなどを説明したり提案したりする活動。	実用的な文章を読み、実生活への生かし方を考える活動。
進んで読書をする態度。		進んで読書をする態度。	読書を生活に役立てる態度。	読書を通して自己を向上させる態度。

	話すこと・聞くこと					書くこと		

1・2年

話すこと・聞くこと：
ア　紹介や説明，報告など伝えたいことを話したり，それらを聞いて声に出して確かめたり感想を述べたりする活動。
イ　尋ねたり応答したりするなどして，少人数で話し合う活動。

書くこと：
ア　身近なことや経験したことを報告したり，観察したことを記録したりするなど，見聞きしたことを書く活動。

紹介する	事物の説明をする	経験を報告する	対話をする	話し合う	経験したことを報告する文章を書く	観察したことを記録する文章を書く
・自己紹介 ・挨拶	・クイズ作り ・連絡 ・伝言 ・好きなものや宝物の説明	・スピーチ ・夏休みの体験スピーチ	・問答	・ペアや少人数での話合い	・生活文 ・体験報告文 ・日記 ・短作文	・図鑑 ・観察記録文

3・4年

話すこと・聞くこと：
ア　説明や報告など調べたことを話したり，それらを聞いたりする活動。
イ　質問するなどして情報を集めたり，それらを発表したりする活動。
ウ　互いの考えを伝えるなどして，グループや学級全体で話し合う活動。

書くこと：
ア　調べたことをまとめて報告するなど，事実やそれを基に考えたことを書く活動。
イ　行事の案内やお礼の文章を書くなど，伝えたいことを手紙に書く活動。

調べたことを話したり聞いたりする		情報を集めたり発表したりする	グループで話し合う	学級全体で話し合う	調査報告文を書く	（行事の）依頼・案内する文を書く
・出来事の説明 ・調査の報告 ・学校や地域の行事の説明 ・季節にちなんだ行事の説明 ・教科や総合的な学習の時間に経験したことの説明 ・観察や実験，調査の報告 ・図表や絵，写真などから読み取ったことを基に話したり聞いたりする ・ポスターセッション		・質問する ・インタビュー	・ペアでの話合い ・少人数での話合い	・学級会 ・討論会 ・進行 ・司会	・調査報告文 ・新聞	・依頼文 ・案内文 ・FAX文書 ・メール ・招待状 ・問い合わせの手紙 ・ちらし ・リーフレット ・パンフレット

5・6年

話すこと・聞くこと：
ア　意見や提案など自分の考えを話したり，それらを聞いたりする活動。
イ　インタビューなどをして必要な情報を集めたり，それらを発表したりする活動。
ウ　それぞれの立場から考えを伝えるなどして話し合う活動。

書くこと：
ア　事象を説明したり意見を述べたりするなど，考えたことや伝えたいことを書く活動。

自分の考えを話したり聞いたりする	情報を収集したり発信したりする	目的に応じて話し合う	意見文を書く	説明文を書く
・○○の主張 ・○○の提案 ・資料（図表など）を提示して考えを話す ・資料を提示して提案する ・推薦	・インタビュー	・座談会 ・協議 ・学級討論会 ・ポスターセッション ・パネルディスカッション	・意見文 ・推薦文 ・提案文	・資料等（図表など）を使った説明文 ・解説文 ・観光案内等のリーフレット

読むこと

上段

書く活動等			読むこと				
イ 日記や手紙など、思ったことや伝えたいことを書く活動。	ウ 簡単な物語をつくるなど、感じたことや想像したことを書く活動。		ア 事物の仕組みを説明した文章などを読み、分かったことや考えたことを述べる活動。	イ 読み聞かせを聞いたり物語などを読んだりして、内容や感想などを伝え合ったり、演じたりする活動。			ウ 学校図書館などを利用し、図鑑や科学的なことについて書いた本などを読み、分かったことなどを説明する活動。
日記を書く 手紙を書く	**詩を書く**	**簡単な物語を書く**	**分かったことや考えたことを述べる**	**感想を書く**	**本の紹介をする**	**役割音読**	**図鑑を読む**
・暑中見舞い ・年賀状 ・招待状 ・手紙 はがき 絵手紙 カード 便箋	・日常生活から題材を決め詩を書く	・主人公の行動や会話を想像しながら物語を書く	・クイズブック ・ひみつカード ・動物図鑑 ・しかけ絵本 ・Q&Aブック	・紹介カード ・読書感想文 ・読書郵便	・おすすめカード ・本の小箱 ・お話かるた ・お話すごろく ・本のしおり ・ストーリーテリング	・音読発表会 ・紙芝居 ・ペープサート劇 ・音読劇 ・群読	・図鑑づくり ・再構成作文 ・紹介スピーチ

	書く活動		読むこと				
	ウ 詩や物語をつくるなど、感じたことや想像したことを書く活動。		ア 記録や報告などの文章を読み、文章の一部を引用して、分かったことや考えたことを説明したり、意見を述べたりする活動。	イ 詩や物語などを読み、内容を説明したり、考えたことなどを伝え合ったりする活動。			ウ 学校図書館などを利用し、事典や図鑑などから情報を得て、分かったことなどをまとめて説明する活動。
（お礼の）手紙を書く	**詩を書く**	**物語を書く**	**記録や報告の文章を読み説明したり意見を述べたりする**	**本の紹介をする**	**読書会をする**	**詩を読む**	**課題について調べてまとめる**
・お礼状	・想像したことを詩に表す。 ・感想を書く	・起承転結の展開を考え、登場人物の性格や場面設定を工夫して物語を書く	・パンフレット ・リーフレット ・ブックレット ・カード ・新聞 ・○○発表会 ・フリップで説明	・紹介文 ・紹介スピーチ ・読書ポスター ・本の帯 ・感想文 ・人物紹介カード	・テーマを決めて読書会 ・お話スタンド ・読書キューブ	・詩を読んで感想を述べ合う ・詩のアンソロジーを編む	・ポスター ・新聞 ・パンフレット ・ガイドブック ・説明書 ・報告書

	書く活動		読むこと					
	イ 短歌や俳句をつくるなど、感じたことや想像したことを書く活動。	ウ 事実や経験を基に、感じたり考えたりしたことや自分にとっての意味について文章に書く活動。	ア 説明や解説などの文章を比較するなどして読み、分かったことや考えたことを、話し合ったり文章にまとめたりする活動。		イ 詩や物語、伝記などを読み、内容を説明したり、自分の生き方などについて考えたことを伝え合ったりする活動。		ウ 学校図書館などを利用し、複数の本や新聞などを活用して、調べたり考えたりしたことを報告する活動。	
活動や行事の報告を書く	**詩・短歌・俳句を作る**	**随筆を書く**	**分かったことや考えたことを話し合う・報告する**	**分かったことや考えたことを文章にまとめ**	**随筆を読む 伝記を読む**	**物語・小説を読んで推薦・記録・読書会をする**	**調べたことを報告する**	**新聞などを活用する**
・活動報告書 ・行事の報告	・情景や心情を表す表現を工夫して詩を書く ・短歌 ・俳句 ・詩 ・身近に起こったことなど描写しながら感想を書く ・鑑賞文	・情景や心情を表す表現を工夫して物語を書く ・随筆	・意見交流会 ・ポスターセッション ・パネルディスカッション	・書評 ・提案文 ・図表を基にした説明文 ・レポート	・ポップ ・推薦文 ・推薦スピーチ ・書評 ・履歴書 ・ブックトーク ・読書感想文 ・読書会	・古典を読む ・ビブリオバトル ・人物ブックフェア ・本の帯 ・投書を読む	・報告スピーチ ・フリップやポスターを用いたプレゼンテーション	・新聞記事などのスクラップ ・新聞を読む ・新聞の読み比べ

　平成29年3月に公示された新学習指導要領の国語科では、語彙指導の改善・充実を図ることが示され、語彙を量と質の両面から豊かにすることが求められている。これを踏まえ、【知識及び技能】に「語彙」の事項が、以下の表のように系統的に示された。

第1学年及び第2学年	身近なことを表す語句／意味による語句のまとまり
第3学年及び第4学年	様子や行動、気持ちや性格を表す語句／性質や役割による語句のまとまり
第5学年及び第6学年	思考に関わる語句／語句の構成や変化／語感や言葉の使い方

　「語彙」とは、ある特定の範囲内（カテゴリー）における単語の集合体である。つまり、語彙の量を増すとは、①一つのカテゴリーに属する単語の数を増やす、②カテゴリーの数を増やす、の両面があるのである。さらに質を高めるには、一つの単語のカテゴリーが変化したり、複数のカテゴリーに入るようになったりすることを理解させる必要がある。子どもがこうした語彙意識をもつことは、単に言葉を知っているだけではなく、使えるようにするためにも重要である。

　こうした考え方に立ち、各学年で取り上げたい言葉をカテゴリー化してまとめてみた。国語科の指導事項や国語科教科書を踏まえて系統化しているので、単元づくりの際に参考にしていただければと思う。ただし、ここに挙げたカテゴリーや学年、一つ一つの言葉は、あくまでも目安であり、一例である。例えば【D　様相語彙系列】の言葉で「評価」のカテゴリーに位置付けられていない言葉であっても、文脈の中では評価語彙として表現される言葉も多くある。また、学年によっては空欄になっているカテゴリーもある。子どもの能力や言語活動経験といった実態や、指導の意図に応じて、指導者が工夫して取り上げていくことが大切である。

各学年で取り上げたい言葉（例）

【A　思考語彙（論理語彙）系列】

	1年	2年	3年	4年	5年	6年
思考判断	確かめる　分かる	考える　気付く	観察　知る	実験　疑問	意見　確認　結論　評価　理解	思考　推測　判断　認める
比較	同じ　一緒　みたい　違い	比べる　似る（似ている）　くらい	まるで　等しい　異なる　反対			対比　比較
順序	順番　はじめに　次に	順序　やがて　まず　変わる	さらに	変化	過程　きっかけ　発展	
理由	わけ　どうして	なぜ　ため	理由		根拠	

	1年	2年	3年	4年	5年	6年
類別	分ける みんな 一つ一つ	まとめる 全部 それぞれ 仲間	区別　普通 整理　特徴 特別	性質　部分 全体　分類	具体　具体的	一般 一般的 観点
条件			例えば　予想 参考　実際	原因　結果 方法　事実	条件	仮定
構造	はたらき 役目	つなげる つながり	仕組み 役立つ	関係　形式 役割 組み合わせる	構成　総合 総合的	関連　機能 状態　分析 要素
選択		選ぶ			効果　効果的 目的	あるいは

【B　心情語彙（感情語彙）系列】

	1年	2年	3年	4年	5年	6年
心感覚	勇気を出す 疲れる	飽きる すねる	緊張　退屈 元気づけられる くたびれる 照れる 感謝 ありがたい	肩の力を抜く 気を引き締める	声が弾む 張りつめる 胸に響く 思い出深い 記憶に残る 印象深い	心に響く いじける 圧倒される 解放感
感動興奮	驚く どきどきする びっくりする 感動する	感心する 忘れられない 目を丸くする	興奮　感激 あきれる はっとする 目を疑う ぎょっとする じんとくる	浮かれる 心が動く あっけにとられる 胸がいっぱいになる うっとり ぐっとくる 冷や汗をかく 気が遠くなる	共感 ときめく 熱を上げる 込み上げる 胸が高鳴る 息をのむ 目を輝かせる	感銘を受ける 我を忘れる
快喜び	楽しい 嬉しい おもしろい うきうきする	喜ぶ さっぱりする わくわくする 気持ちがいい 気持ちが悪い つまらない	さわやか 気分がいい 気分が悪い 機嫌がいい 愉快	熱が冷める いい気がしない 不機嫌 心が晴れる 心が弾む	胸がすく しらける 快い 軽快	そわそわする 痛快 心地よい 晴れやか 味気ない
恐れ怒り	怖い 苦しい	ぞっとする ひやひやする 残念　悔しい 恐ろしい 投げやり	腹が立つ かっとなる 頭にくる	恐れる	不気味 いまいましい	むっとする 名残惜しい 心残り
安心焦燥	安心する 心配する	ほっとする おろおろする 慌てる 気になる はらはらする 平気 幸せ	落ち着く 和む 満足 気楽 焦る 不安 心細い 落ち着かない 物足りない	気が済む じれったい 苦手 落ち込む	会心　安らぐ 気を静める 気が軽くなる 満ち足りる うろたえる あたふたする まごつく いらつく 心強い	くつろぐ 気が楽になる 肩の荷が下りる 心もとない 気がかり 気が気でない もどかしい ふさぐ

	1年	2年	3年	4年	5年	6年
苦悩 悲哀	悲しい	寂しい 困る	つらい やるせない 切ない	悩む 頭を抱える 気が重い	しんみり もの悲しい 哀れ　面倒 息苦しい 胸が痛む	悩ましい 煩わしい
好悪 愛憎	好き 嫌い かわいい 仲よくする	気に入る 羨ましい	懐かしい 気が合う	ひきつけられる 心あたたまる 好む 親しむ いたわる 憎い 恋しい	ほれぼれする ひかれる 顔を赤らめる ほほえましい 気の毒 痛々しい うんざり	慕う 愛しい あこがれる 好感をもつ 嫌気が差す 鼻につく
努力 自信	頑張る 恥ずかしい	取り組む 努力する 気合を入れる	反省 自慢 自信 得意になる 反省する 必死　本気 照れくさい 有頂天	夢中　苦心 辛抱　真剣 打ち込む 張り切る こらえる 懲りる 気恥ずかしい 誇らしい	精を出す 専念する のめり込む	意気込む たまらない くすぐったい 貫く 後悔
欲望 期待	がっかり	希望	気落ちする 待ち遠しい	期待 こだわる	しおれる げっそり	胸を膨らませる 待ち望む くじける 失望
認知 決心	気を付ける 注意	ぼんやりする うっかりする	決意 決心 迷う 意外	思い込む 関心をもつ 注目　用心 腹を決める しぶしぶ 気を配る	気に留める 戸惑う 気が進まない	ぐらつく ためらう わきまえる

【C　人物（人柄）語彙系列】

	1年	2年	3年	4年	5年	6年
性格	明るい 優しい	正直 そそっかしい 気が弱い 穏やか 意地っ張り ひょうきん 怖がり	陽気 朗らか のんびり 心優しい おとなしい 素直 臆病 負けず嫌い 怒りっぽい	あっさり のんき 気弱 さっぱり 短気 強がり 気のいい	潔い 控えめ おおらか おっとり せっかち 心配性 頑固 慎重	感情的 率直 まっすぐ 物静か 誠実 気難しい 遠慮がち
考え方			真面目	用心深い	積極的 消極的	論理的 楽観的 悲観的
態度 交わり	親切 意地悪	思いやりのある 素敵	感じがよい 威張る	温和 つんとした 生意気	品がいい 堂々とした	温かい

行動	元気 いたずら者	勇気のある 努力家 前向き たくましい しっかり者 我慢強い	頑張り屋 一生懸命 活発 勇ましい	熱心 勇敢 頼もしい いいかげん ずうずうしい 根気強い 幼い	豪快 すがすがしい 冷静 向こう見ず	
才能	頭のよい	知恵のある 得意	利口	行動力のある 器用	勝る 一、二を争う 力量がある 才能がある 評価が高い	鋭い 未熟 ～に明るい ～に強い

【D　様相語彙系列】

	1年	2年	3年	4年	5年	6年
性質 特徴	大事 普通 当たり前	そっくり 珍しい	大切 特別	比べものにならない 確か 重大 特色のある 身近 弱点	正確 不自然 意義深い 重要 型破り	同一　共通 不規則 明確 確実　不確か 的確 現実的 理想的
様子 状態	するどい 太い　細い 曲がった 平べったい	細かい 窮屈 ひっそり 簡単　難しい 便利 危ない 詳しい	上回る 丁寧 はっきりした あやふや 力強い	単調 きつい 粗い 激しい 怪しい 大げさ	順調 不都合 すさまじい 明らか	抽象的 具体的 曖昧
評価	上手 下手 きれい	目立つ 見事 人気のある 立派 よく分かる ふさわしい ぴったり	役立つ 好評 美しい 重苦しい 分かりやすい 分かりにくい	素晴らしい さすが 言うことなし 二つとない 完璧　清潔 望ましい 予想どおり 親しみのある 魅力がある 興味深い 気味が悪い 堅苦しい 代表作	華やか 名作 優れた 鮮やか みずみずしい 名高い 評判がいい しっくり 欠かせない 思いの外	適切 好ましい うってつけ おそらく ～にかなう 不釣り合い 不向き 気品がある たいしたもの モダン 得も言われぬ
量 時間	広い　狭い たくさん 少し 重い　軽い	素早い のろのろ 新しい 古い	あっけない どっしりした 十分　不十分 完全	ゆとりのある 豊か　かすか わずか ささやか 軽やか	重々しい とてつもない 余計	雄大 徐々に 豊富 まれ

（岸田薫）

　予測困難な時代を迎える子どもたちには、様々な情報を見極め、情報を再構成するなどして新たな価値につなげていく力や、複雑な状況の変化の中で目的を再構築することができるようにする力など、新しい時代を切り拓いていくために必要な資質・能力を育んでいくことが求められる。そのためには、単に知識を記憶する学びにとどまらず、身に付けた資質・能力が様々な課題の解決に生かせることを実感できるような学びが重要となる。この点から、今回の学習指導要領の改訂において、「主体的・対話的で深い学び」は、一層重視されている。「主体的な学び」「対話的な学び」「深い学び」は、相互に影響し合うものである。教師には、単元のまとまりの中で、子どもたちの学びがこれら三つの視点を満たすものになっているのか、それぞれの視点の内容と相互のバランスに配慮しながら、授業改善を図っていくことが望まれる。

○「主体的・対話的で深い学び」の視点からの授業改善

　平成28年の中央教育審議会答申において、下の三つの視点に立った授業改善を行うことが示された。

　①学ぶことに興味や関心を持ち、自己のキャリア形成の方向性と関連付けながら、見通しを持って、粘り強く取り組み、自己の学習活動を振り返って次につなげる「主体的な学び」が実現できているか。

　②子供同士の協働、職員や地域の人との対話、先哲の考え方を手掛かりに考えること等を通じ、自己の考えを広げ深める「対話的な学び」が実現できているか。

　③習得・活用・探求という学びの課程の中で、各教科等の特質に応じた「見方・考え方」を働かせながら、知識を相互に関連付けてより深く理解したり、情報を精査して考えを形成したり、問題を見いだして解決策を考えたり、思いや考えを基に創造したりすることに向かう「深い学び」が実現できているか。

　このように国が示したことを踏まえ、横浜市は、「主体的・対話的で深い学び」について、授業で大切にしたい子どもの姿として「じっくり考え、高め合い、次につなげる確かな学び」と示し、次のような例を挙げている。

・自ら問いを設定し、その問いに言葉を通してじっくり向き合い、協働的に学んでいる。

・新たに学ぶ言葉に興味をもって、学習の見通しを立てたり振り返ったりしている。

・実社会や実生活との関わりを重視した学習課題に意欲をもって取り組んでいる。

・新たに学んだ言葉や言葉を通して身に付いた資質・能力を自覚して、次の学習に関連させて考えたりつなげたりしている。

・子ども同士、子どもと大人、あるいは地域の人たちと関わりをもち、思いを伝え合ったり議論したりしながら、自分の考えを広げている。

・本などを読むことを通して筆者の考えに触れ、多様な表現を通して、自分の考えを

広げたり深めたりしている。

・他者との関わりを通して新たな考え方に気付き、子ども自身が言葉で自分の思いを振り返ったり、考えを深めたりしながら、思考を深めるための語彙を豊かにしている。

・学びの課程の中で、「どのような視点で物事を捉え、どのような言葉を使って表現したらよいか。」ということについて記述された言葉や表現に着目し、自分の見方や考え方を広げている。　　　　「横浜市立学校 カリキュラム・マネジメント要領 国語科編」P5より

「主体的・対話的で深い学び」の視点からの授業改善とは、特定の指導方法ではない。

教師が、「じっくり考え、高め合い、次につなげる確かな学び」をしている子どもの具体的な姿を想定し、その姿が見られるような手立てを考えていくことが授業改善につながる。

〇学びの深まりの鍵となる「言葉による見方・考え方」

国語科は、「言葉」そのものを学習対象としている。子どもには、言葉に着目して、吟味したり、判断したり、評価したりして理解・表現することや、言葉を通して自分の思いや考えが形成されていくことへの気付きを大切にすることが求められる。「〇〇を実現するためにあの人に伝えたい、あの人の考えを理解したい」といった思いがあって初めて、「言葉による見方・考え方」が働く。つまり、子どもが本気で課題解決に向かう、明確な目的意識と相手意識とが大切である。言い換えれば、教師には、子どもの学習過程において、目的や相手に応じて「言葉による見方・考え方」を働かせていくような単元や授業を組み立てることが求められる。子どもが言葉に立ち止まるために、どのような導入にするか、思考場面をどこに設定するか、どんな発問をするかなどの授業改善をし続けることが「主体的・対話的で深い学び」の実現につながる。

言葉による見方・考え方を働かせている例

・言葉の意味を知り、状況に応じて使い分けて関連付けている。

・文章の書き方や使う言葉を吟味している。

・相手意識をもって話す言葉を選んでいる。

・分かりやすい語句に書き換えるなど言葉を取捨選択している。

・自分の意見をもつために、根拠を明確にして考えを書いている。

・他者との交流や相互評価を通して新たな自分の考えに気付いている。

「横浜市立学校 カリキュラム・マネジメント要領 国語科編」P6より

（深沢恵子）

第 *2* 章

実践事例
＆
プラン

身に付けたい力	4月	5月	6月	7・8月	9月
行事・関連教科	入学式 ・学級開き（特活）	運動会 学校探検（生活）	おおきくなあれ （生活）	夏休み	遠足
「A話すこと・聞くこと」 〈話すこと〉 ア　話題の設定、情報の収集、内容の検討 イ　構成の検討、考えの形成、表現、共有 〈聞くこと〉 エ　構造と内容の把握、精査解釈、考えの形成、共有 〈話し合うこと〉 オ　話合いの進め方の検討、考えの形成、共有	A(1)オ　共有 知・技(1)ア 「いい　てんき」進んで話を聞いたり話したりしよう。 A(1)エ　内容の把握 知・技(1)ア 「あつまって　はなそう」聞きたいことを落とさず聞こう。 A(1)イ　考えの形成 知・技(1)ア 「どうぞ　よろしく」伝えたいことを見つけて書こう。【自己紹介カード】	A(1)エ　内容の把握 知・技(1)ア 「ききたいな、ともだちの　はなし」友達の話を聞いて感想を伝えよう。【ペアトーク】	A(1)イ　構成の検討 知・技(1)イ 「わけを　はなそう」絵と出来事からわけについて考えよう。【グループトーク】	A(1)ア　イ 話題の設定 B(1)ウ 知・技(1)ア 「すきな　もの、なあに」一番好きなものを選んで友達に伝えよう。【グループトーク】	A(1)エ　共有 知・技(1)ア 「ききたいな、ともだちの　はなし」遠足での楽しかった思い出を聞き合おう。【ペアトーク】
「B書くこと」 ア　題材の設定、情報の収集、内容の検討 イ　構成の検討 ウ　考えの形成、記述 エ　推敲 オ　共有	A(1)ア　内容の検討 知・技(1)キ 「なんて　いおうかな」場面に合った言葉や動作を考えて伝え合おう。 A(1)ア　情報の収集 知・技(1)キ 「こんな　もの　みつけたよ」見つけたものを友達に伝えよう。	B(1)ウ　記述 知・技(1)カ 「ぶんを　つくろう」「～が」を使って文を書こう。 B(1)ウ　記述 知・技(1)カ 「ねこと　ねっこ」平仮名を書こう。	B(1)ア　題材の設定 知・技(1)オ 「おおきく　なった」観察したことをカードにまとめよう。【観察記録】 B(1)ウ　記述 知・技(1)カ 「おもちゃと　おもちゃ」「～へ」を使って文を書こう。	B(1)ア　題材の設定 知・技(1)オ 「こんな　ことが　あったよ」夏休みの思い出を日記に書こう。【絵日記】 B(1)ウ　記述 知・技(1)カ 「『は』『を』『へ』を　つかおう」はをへを使って文を書こう。	B(1)ウ　記述 知・技(1)カ 「かたかなを　みつけよう」かたかなで書くものを見つけて書こう。 B(1)ウ　記述 知・技(1)エ 「かずと　かんじ」教室にあるものを数えて漢字で書こう。
「C読むこと」 ア　構造と内容の把握（説明的文章） イ　構造と内容の把握（文学的文章） ウ　精査・解釈（説明的文章） エ　精査・解釈（文学的文章） オ　考えの形成 カ　共有	C(1)イ　オ 内容の把握、精査・解釈 知・技(3)エ 「おはなし　たのしいな」読み聞かせを、楽しもう。【読み聞かせを聞く】	C(1)イ　内容の把握 知・技(1)ク 「こえに　だして　よもう」詩を音読しよう。 C(1)イ　内容の把握 知・技(1)ク 「はなの　みち」好きな場面を音読しよう。　　【音読】	C(1)ア　ウ 内容の把握、精査・解釈 知・技(1)カ 「くちばし」問いと答えを確かめながら読もう。【クイズ作り】	C(1)イ　内容の把握 知・技(1)ク 「おおきな　かぶ」登場人物になりきって読もう。【音読劇】 C(1)イ　内容の把握 知・技(1)ク(3)ア 「おむすび　ころりん」動作をつけて楽しみながら音読をしよう。【音読発表会】	C(1)イ　内容の把握 知・技(1)ク 「こえに　だして　よもう」 C(1)ウ　解釈 知・技(1)ク 「やくそく」青虫や木になりきって音読をしよう。【役割分担】 C(1)ア　ウ　精査・解釈 知・技(1)ク 「うみの　かくれんぼ」自分の好きな生き物を紹介しよう。【紹介】【図鑑作り】
〔知識及び技能〕 (1)言葉の特徴や使い方に関する事項　ア　言葉の働き イ・ウ　話し言葉と書き言葉　エ　漢字　オ　語彙　カ　文や文章　キ　言葉遣い　ク　音読、朗読 (2)情報の扱いに関する事項　ア　情報と情報の関係 (3)我が国の言語文化に関する事項　ア・イ　伝統的な言語文化　ウ　書写　エ　読書	知・技(3)ウ 「えんぴつと　なかよし」 知・技(1)イ(3)イ 「うたに　あわせて　あいうえお」	知・技(1)オ 「たのしいな、ことばあそび」 知・技(3)エ 「としょかんへ　いこう」 知・技(3)エ 「かきと　かぎ」	知・技(1)ウ 「おばさんと　おばあさん」 知・技(1)ウ　(3)イ 「あいうえおで　あそぼう」	知・技(3)エ 「としょかんと　なかよし」	知・技(1)オ 「たのしいな、ことばあそび」

10月	11月	12月	1月	2月	3月
前期終了 後期開始	全校遠足	ともだちを たすけたゾウたち （道徳）		音楽会	終業式
	A(1)エ　情報の収集 B(1)アオ 知・技(1)オ 「ともだちの　こと、しらせよう」 インタビューして分かったことを他の友達に伝えよう。 【紹介】	A(1)オ　共有 知・技(1)アオ 「ものの　なまえ」 物の名前を集めてお店屋さんごっこをしよう。 【問答】	A(1)エ　考えの形成 知・技(1)ア 「ききたいな、ともだちの　はなし」 自分の好きな本を友達に紹介しよう。 【紹介カード】	A(1)アオ　構成の検討 知・技(2)ア 「これは、なんでしょう」 よく話を聞いたり大事なことを話したりしてクイズを出し合おう。 【問答】	
B(1)ア　ウ　エ 情報の収集、記述、推敲 知・技(1)ウ 「しらせたいな、見せたいな」 学校でみつけた物をお家の人に知らせよう。 【観察記録文】 B(1)エ　推敲 「まちがいを　なおそう」 間違い探しをして正しく書こう。	B(1)ウ　記述 知・技(1)ウ 「かたかなを　かこう」 片仮名で書く言葉を集めて書こう。 【言葉集め】 B(1)イ　構成の検討 知・技(1)ア 「じどう車ずかんをつくろう」 自分が好きな自動車を紹介しよう。 【自動車紹介カード】	B(1)ウ　エ 記述推敲 知・技(1)キ 「てがみで　しらせよう」 知らせたいことを決めて手紙を書こう。 【手紙】 B(1)カ　共有 知・技(3)ア 「わらしべちょうじゃ」 感想を伝え合おう。 【お話会】	B(1)ウ　記述 語彙 知・技(1)オ 「ことばを　見つけよう」 言葉を見つけてクイズを作ろう。 【クイズブック】		B(1)ア　話題の設定 イ構成の検討 知・技(1)ア 「いい　こと　いっぱい、一年生」 一年生の思い出を書いてまとめよう。 【文集】
C(1)イ　エ 内容の把握、精査・解釈 知・技(1)Cウク 「くじらぐも」 場面の様子を思い浮かべながら読もう。 【音読発表会】	C(1)ア　ウ 内容の把握、精査・解釈 知・技(2)ア 「じどう車くらべ」 自動車の仕事とつくりを確かめながら読もう。 【自動車紹介カード】	B(1)ウ　記述 C(1)カ　共有 知・技(3)エ 「おかゆの　おなべ」 昔話を読み感想を伝えよう。 【感想カード】	C(1)イ 知・技(1)ク 「こえに　だして　よもう」 気もちを想像して詩を音読しよう。 C(1)イ　エ 知・技(1)Cク 「たぬきの　糸車」 好きなところを友達に伝えよう。 【音読発表会】	C(1)ア　ウ　カ 内容の把握、精査・解釈、共有 知・技(2)ア 「どうぶつの　赤ちゃん」 赤ちゃんを比べながら読もう。 【おすすめカード】	C(1)エ　カ 精査・解釈、共有 知・技(1)オ 「ずっと、ずっと、大すきだよ」 お話の好きなところを伝え合おう。 【本のしおり】
知・技(1)イ　ク(3)イ 「ことばを　たのしもう」	知・技(1)エ 書くことB(1)ウ 「かん字の　はなし」	知・技(1)オ 書くことB(1)ウ 「日づけと　よう日」	知・技(1)オ 「たのしいな、ことばあそび」 知・技(1)イウ 書くことB(1)ウ 「かたかなの　かたち」		知・技(1)エ 書くことB(1)ウ 「にて　いる　かん字」

ヒントをじっくりかんがえて、出す人もこたえる人もたのしめるクイズたいかいをしよう

📖 **教材名** 「これは、なんでしょう」（光村）

1　単元について

　3人程度の少人数で話したり応答したりするなどして、話し合う言語活動である。クイズ大会で自分が出す問題のヒントを選ぶために話し合うことで、互いの話を関心をもって聞く力や、相手の発言に関連した話をして話題をつなぐ力が付く。クイズのテーマは、小学校でしている好きな遊びや給食、勉強、経験した行事など、「○○小の好きなもの・好きなこと」にする。みんなに知らせたいという思いをもって題材を選んだり、楽しかった思い出を想起しながらヒントを考えたりすることができる。

2　単元の指導目標

○楽しめるクイズ大会にするために、クイズのヒントを集めながら身近な事物の特徴を表す語句の量を増し、語彙を豊かにする。

○楽しめるクイズ大会にするために、クイズにする内容を思い出してヒントを考えたり、クイズに使うヒントを決めるために互いの話を集中して聞き、話題に沿って話をつないだりする。

○楽しめるクイズ大会にするために、ヒントにする事柄について考え、話題に沿って質問するなどしながら進んで話し合おうとする。

3　単元の評価規準

知識・技能	思考・判断・表現	主体的に学習に取り組む態度
❶事物の特徴を表す語句の量を増し、話の中で使うとともに、言葉には意味による語句のまとまりがあることに気付き、語彙を豊かにしている。(1)オ	❷「話すこと・聞くこと」において、身近なことや経験したことなどの中から話題にしたいことを選んでいる。（ア） ❸「話すこと・聞くこと」において、互いの話に関心をもって聞き、話題に沿って質問するなどして話をつないでいる。（オ）	❹話し合うことのよさや楽しさを感じながら、話題に沿って質問するなどして進んで話し合おうとしている。

4　単元の流れ（全4時間）

時	○学習活動	◆評価規準　●指導の手立て
1	○教師によるクイズを楽しむことで、クイズを作って出題するというめあてをもち、学習計画を立てる。 　　5　指導の実際(1)	◆❹クイズを出し合う活動に関心をもち、楽しめるクイズとはどんなクイズなのかについて考えている。【発言の内容・様子】 ●すぐ答えが分かってしまう問題、ヒントや応答によって徐々に分かる問題、全く分からない問題などいくつかのパターンを出題することで、楽しめるクイズにはヒントが重要であることが分かるようにする。
2	○クイズにする題材を決め、その内容を思い出してヒントとなる事柄を集める。	◆❷示された視点を手がかりに題材の内容を思い出し、ヒントになる事柄を集めている。 ◆❶ヒントになる事柄を集めながら、言葉には、意味による語句のまとまりがあることに気付いている。【発言の内容・様子、ワークシートの記述】 ●出来事の内容を詳しく思い出してヒントを考えられるように、視点を示す。
3	○集めたヒントからクイズに使うものと出す順序について、実際に問題を出し合いながら検討する。 　　5　指導の実際(2) 　　5　指導の実際(3)	◆❸互いの話に関心をもって聞き、相手の話を理解したり、相手の発言を受けて自分の考えを話したりしながらヒントを検討している。【発言の内容・様子】 ●楽しいクイズにするために、ヒントの内容やヒントを出す順序について確かめながら、さらによいクイズになるようにする。 ●3人が互いに関わり合いながら話し合えるように、映像モデルを見せながら、大切にしたいポイントが分かるようにする。
4	○クラスの友達とクイズを出し合って楽しむ。	◆❸互いの話に関心をもって聞き、相手の話を理解したり、相手の発言を受けて自分の考えを話したりしながらクイズを出している。【発言の内容・様子】 ◆❹クイズを出し合うことのよさや楽しさを感じながら話題に沿って質問するなどして進んで話し合おうとしている。【発言の内容・様子】 ●出題・解答や、質問・応答のやり取りに慣れるため、グループの組み合わせをかえながら繰り返してクイズを行えるようにする。
事後	○クイズ大会を開いて、ほかのクラスの友達を楽しませる。	

5　言葉による「見方・考え方」を働かせる指導の実際

⑴　必要感をもって話し合うために

　子どもたちが必要感をもって話し合うことができるようにするために、単元の冒頭で、「学年の友達にクイズを出して楽しんでもらう」というしっかりとした相手意識・目的意識をもてるようにする。初めに教師がクイズをいくつか出題して、子どもたちを楽しませる。すぐに分かってしまう問題や全く答えが分からないような問題ではなく、ヒントを聞いて答えがある程度絞り込めるような問題にすると、楽しめることが分かるようにすることが大切である。本単元では、「ヒントでピピッ　質問してばっちり」という合言葉で、出す人も答える人も楽しめるクイズがどのようなクイズなのかを子どもたちと共有した。

　その上で、学習の見通しをもちながら計画を立てる段階で、子どもたちに、難しそうなところや心配なことはあるかと問いかけたところ、「ヒントをちゃんと考えられるかどうかが心配」という声が多く上がった。そこで、ヒントを考える場面では、友達と話し合いながら決めていくということになった。

⑵　話題に沿って話し合うイメージをもてるようにする

　ヒントについて考え、話し合いながら決めていく場面では、互いの話に関心をもって聞くことや、話の内容を理解した上で話題に沿って話したり、再び聞いたりする必要がある。そのことが１年生の子どもたちに分かりやすいよう、教師がモデルとなり話し合っている動画を見せ、話し合うイメージがもてるようにする。動画の内容は次のようなものである。

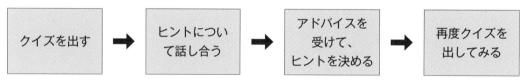

　ヒントについて話し合う場面では、第１時の教師によるクイズを想起し、すぐに答えが分かってしまう問題、全く答えが分からない問題にならないように、徐々に答えが分かる問題になっているかどうかを確認する。アドバイスの場面では具体的な改善案を分かりやすく伝えられるようにしたい。

⑶　互いの話に関心をもって話し合う力を付ける

　話し合う人数は３人とした。３人グループは、１人のクイズのヒントを残りの２人で検討したり、よりよいヒントを決定したりする時に効果的であると考えた。

　１年生では、２人から３人の少人数で話し合わせる機会を充実させ、一人一人の言語活動量を確保したい。

⑷ クイズの実際

　子どもは、問題にしたい題材が決まった
ら、ヒントを考え、カードに書く。ヒントの
順番や追加のヒントに何を加えるかを考え、
クイズカードを作る。クイズを出し合い、友
達と相談しながらヒントの順番を考えたり選
んだりしたい。

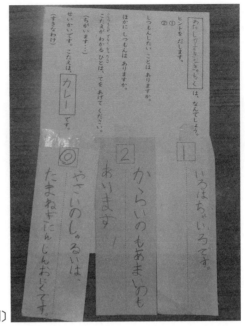

〔クイズカードの例〕

⑸ 楽しさやよさを実感できるようにする

　めあてに向かって学習が進んでいることを自覚するために、毎時間振り返りを行うよう
にする。振り返りの際には、「めあてに対してどうだったか」、「友達と話してよかったこ
と」を書くように指導する。そうすることで、「アドバイスをもらってよいヒントを考え
ることができた」「友達と相談することで安心した」など、話し合うことの楽しさやよさ
を実感することができる。

〔振り返りの例〕

学しゅうの　ふりかえり	11/30 (きん)		12/4 (か)		12/5 (すい)		12/6 (もく)	
	めあて	ふりかえり	めあて	ふりかえり	めあて	ふりかえり	めあて	ふりかえり
	学しゅうのめあてをきめて、けいかくをたてよう。	かんたんすぎないクイズをつくるため、いいヒントをかんがえたいです。	わたしのすきなかみごう小クイズのもんだいをきめて、ヒントをかんがえよう。	いいクイズができたとおもうけど、ほんとうにいいとおもうか、グループのみんなにそうだんしたいです。	たのしめるクイズになるように、グループのともだちとはなしあってヒントをきめよう。	ひろしさんに、かたちはさいごにいったらとアドバイスをもらったので、いいクイズになりました。	一ねん一くみでクイズたいかいをひらいて、たのしめるクイズができたかどうかたしかめよう。	みんなにクイズをだしたら、かんたんすぎなくていいクイズだよといってくれて、あんしんしました。

（川瀬貴是）

もっと　しりたい　ともだちのこと
―にこにこ　スマイル　〇くみ　大さくせん―

📖 **教材名** 「ききたいな、ともだちの　はなし」（光村）

1　単元について

　テーマに沿って、友達にインタビューをして、分かったことや感想を紹介する言語活動を行う。単発の単元ではなく、年間を通して計画的に単元を位置付け、それぞれ異なるテーマを設定することで、継続的に話したり聞いたりする力を身に付けられるようにすることが大切である。学習時間を柔軟に設定し、短時間で回数を多くするなどの工夫も考えられる。本単元では、特に話し手が知らせたいことや自分が聞きたいことを落とさないように集中して聞き、話の内容を捉えて感想をもつ力を付けていく。テーマについては、学校行事や学校生活との関連を考えながら、子どもたちにとって関心の高い話題を取り上げることで、友達のことを知りたいと思ったり、もっとこんなことを聞きたいと思ったりする必然性が生まれてくると考えられる。

2　単元の指導目標

〇言葉には、事物の内容を表す働きや、経験したことを伝える働きがあることに気付く。

〇話し手が知らせたいことや自分が聞きたいことを落とさないように集中して聞き、話の内容を捉えて感想をもつ。

〇これまでの学習を生かしながら、積極的に話し手が知らせたいことを聞き、質問や感想を述べようとする。

3　単元の評価規準

知識・技能	思考・判断・表現	主体的に学習に取り組む態度
❶言葉には、伝えたいことを表す働きや、経験したことを伝える働きがあることに気付いている。(1)ア	❷「話すこと・聞くこと」において、話し手が知らせたいことや自分が聞きたいことを落とさないように集中して聞き、友達が話した内容を捉えて感想をもっている。(エ)	❸これまでの学習を生かしながら、積極的に話し手が知らせたいことを聞き、質問や感想を述べようとしている。

4　単元の流れ（全6時間　※2時間ずつ、年3回実施）

1　学習の見通しをもつ。
2　最近クラスで話題になっていることから題材を決める。
3　知らせたいことの内容について考える。
4　発表の仕方について確認する。
5　テーマについて発表したり、聞き合ったりする。
6　学習を振り返る。

5　言葉による「見方・考え方」を働かせる指導のポイント

⑴　身近なことや経験したことなどから話題を決め、伝え合うために必要な事柄を選ぶ力を付ける

　テーマを選ぶに当たって、子どもたちにとって関心の高い話題を取り上げることが重要になってくる。学級づくりのスタートの時期であれば「友達の好きな○○について」、夏休み明けであれば「夏休みの思い出」、読書月間であれば「好きな本について」など、年間を見通して行事や学校生活との関連を図るようにする。日常的に、ノートやワークシートに友達に聞きたいことをメモする活動を積み重ねておくと、短い時間で取り組むことができる。繰り返し学習することが、話したり聞いたりする力を付けるためには効果的である。

⑵　話し手が知らせたいことや自分が聞きたいことを落とさないように集中して聞き、話の内容を捉えて感想をもつ力を付ける

　年間を通して取り組む活動である。その時期のテーマや児童の実態に応じて整理できるように、継続的に活用できる形式のワークシートにしておくとよい。

　子どもの姿を具体的にイメージしながら、ワークシートのどの部分で、どんな力を付けたいのかを明確にしておくことが大切である。

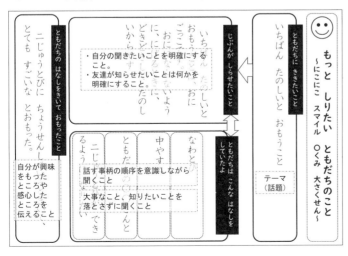

（髙﨑智志）

しってほしいな、つたえたいな。大すきなモルモット！
―ぜん校のみんなやおうちの人に、大すきなモルモットを、しょうかいしよう―

📖 **教材名** 「しらせたいな、見せたいな」（光村）

1 単元について

　昨年度から、学校飼育としてモルモットを飼い始めている。昨年度の１年生が、生活科を通して続けていたモルモットの飼育活動を、頑張りたい・やってみたいという興味・関心を高めて引き継いだ。生活科の学習において、モルモットと関わりながら、もっと仲よしになりたいという思いをもてるように学習を進める。そして、モルモットをあまり知らない３〜６年生や、保護者にモルモットのことを紹介することで、不足している週末ボランティアを引き受けてもらいたいという願いをもつことができるようにする。

　本単元では、生活科と関連付けて、そのような子どもたちの思いを受けて、言語活動を「観察したことを記録する文章を書く」と設定し、モルモットについて知らせる文を書いて、多くの人に伝える。本単元を通して、「観察の視点」に沿って観察し、よく観察して必要な事柄を集める力、語と語、文と文の続き方に気を付けて書く力を育成する。

2 単元の指導目標

○モルモットのことを伝えるために、助詞の使い方や句読点の打ち方を理解し、文章の中で使う。

○モルモットのことを伝えるために、「観察の視点」に沿って観察し、必要な事柄を集めたり、語と語、文と文の続き方に気を付けて書いたりする。

○モルモットの観察から、発見したことや感じたことなどを全校児童や保護者に伝えたいという思いを膨らませて、観察文を書こうとする。

3 単元の評価規準

知識・技能	思考・判断・表現	主体的に学習に取り組む態度
❶助詞「は・を・へ」の使い方、句読点の打ち方を理解して、文や文章の中で使っている。(1)ウ	❷「書くこと」において、観察したことから書くことを見つけ、必要な事柄を集めたり確かめたりしている。（ア） ❸「書くこと」において、語と語、文と文の続き方に注意しながら書き表している。（ウ） ❹「書くこと」において、文章を読み返す習慣を付けるとともに、間違いを正したり、語と語、文と文との続き方を確かめたりしている。（エ）	❺観察したことを知らせたいという思いを膨らませて、見つけたことや感じたことを文章にして伝えようとしている。

4　単元の流れ（全10時間）

時	○学習活動	◆評価規準　●指導の手立て
1	○モルモットへの思いを出し合い、モルモットのことをより多くの人に伝えたいという思いをもつ。 ○観察したことを書いて知らせるための学習の見通しをもつ。	◆❺モルモットの観察を通して、伝えたい相手を意識して、学習の見通しをもとうとしている。【発言内容・様子】 ●2年生からのモルモット飼育の引継ぎをきっかけに、モルモットと関わる時間を十分設定する。（生活科） ●伝える相手を明確にするために、モルモットが学校にやってきた時期や、週末預かりボランティア不足であることを伝える。
2	○観察の視点を基に、「見つけたよカード」と「♡カード」の書き方を確かめる。 　5　指導の実際(2)	◆❷ぬいぐるみの観察から書くことを見付け、観察の視点を基にして、必要な事柄を集めている。【観察カード】 ●諸感覚を基に、観察の視点を提示する。 ●ぬいぐるみを見ながら、観察の視点を基に、全体で考える。 ●「見つけたよカード」「♡カード」の書き方を押さえる。
3 4	○モルモットをよく見て、絵を描いたり、観察したりして、「見つけたよカード」や「♡カード」を書く。	◆❷モルモットの観察から書くことを見付け、観察の視点を基にして、必要な事柄を集める。【観察カード】 ●モルモットをよく見て、絵を大きく描くことで、より特徴に気付きやすいようにする。 ●「見つけたよカード」や「♡カード」を書くために、観察の視点を確認する。
5 6	○「見つけたよカード」を基に、「短冊カード」に一つの事柄につき、一つの文を書く。 　5　指導の実際(3)	◆❶助詞「は・を・へ」の使い方、句読点の打ち方や使い方を理解して、文や文章の中で使っている。【短冊カード】 ●短冊カードに書く書き方「～は、○○です。」の型を示す。
7 8	○短冊カードを並び替えて、考えた順序で、まとまりごとの下書きをする。 　5　指導の実際(4)	◆❷モルモットの観察から書くことを見付け、必要な事柄を確かめている。【観察カード・ワークシート】 ◆❸語と語、文と文の続き方に注意しながら書き表している。【短冊カード・ワークシート】 ●モルモットの体の部分から全体へ、伝えたい順序に短冊カードを並び替えるように促す。 ●順番の入ったマス入りのカードを準備する。 ●相手を意識し必要な情報を示す。
9	○書いた文章を、助詞や句読点などに気を付けて読み返し、間違いを正す。 ○書いた文章を友達と読み合い、自分や友達の文のよさに気付く。	◆❹書いた文章を読み返し、間違いを正したり、語と語、文と文との続き方を確かめたりしている。【原稿用紙・用紙】 ●推敲の視点を提示する。 ●同じモルモットを書いた友達や、違うモルモットを書いた友達と読み合うことができるように設定する。
10	○伝えたい相手を意識して、丁寧に清書をする。 ○単元の振り返りをする。	◆❺相手を意識して、自分の伝えたいことを丁寧に文章にして伝えようとしている。【原稿用紙】 ●相手を意識して、丁寧に正しく書くように促す。

5　言葉による「見方・考え方」を働かせる指導の実際

⑴　他教科と関連させて、単元構成を工夫する

　2年生から、モルモットの飼育活動を引き継いだことをきっかけとして、生活科を通して、モルモットとたくさん関わり、それぞれのモルモットに愛着をもってきた。昨夏モルモットの出産により数が増えたことも、全校のみんなやおうちの人に伝えたい・知らせたいという思いの高まりにつながっている。目的意識・相手意識を明確にして、生活科「いきものとなかよし」・国語科「しらせたいな、見せたいな」・道徳科「生命尊重」で、横断的な学習として、単元構成を工夫し、学習を進める。

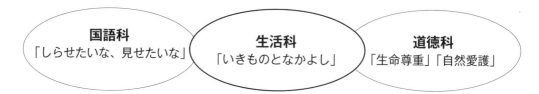

| 国語科「しらせたいな、見せたいな」 | 生活科「いきものとなかよし」 | 道徳科「生命尊重」「自然愛護」 |

⑵　観察の視点を活用して、観察の仕方を身に付け、必要な事柄を集める力を付ける

　対象事物をじっくりと観察できるように、観察の視点を提示する。学校図書館にあるぬいぐるみを使って、クラス全員で観察の視点を活用した観察の仕方を確認する。その後、自分が担当しているモルモットをじっくり観察し、観察したことをカードに書き、どんどん増やす。伝えたい相手を考えながら、必要な事柄を集められるように促す。

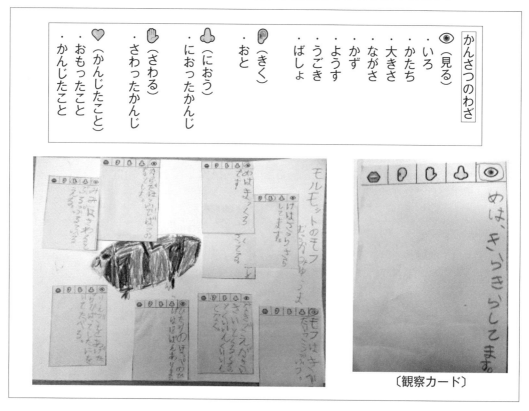

〔観察カード〕

⑶ 観察カードを基に、正確に文を書く力を付ける

　観察カードから正確に文に表すことができるように、「〜は、○○です。」の型で短冊カードに書く。そのときに、1枚のカードに一文を書くように指導する。同時に、既習内容である「、」「。」の使い方の指導も併せて行う。

⑷ 伝えたい順番に並び替え、順番の入った原稿用紙に書く書き方を身に付ける

　書いた短冊カードを、モルモットの体の部分から全体へ、伝えたい順序でまとまりごとに並び替えるように促す。伝えたい事柄の優先順位を示すことで、相手にモルモットの何を一番伝えたいか、子どもたちの思いを引き出す。

　伝えたい順序に沿って、順番の入った原稿用紙に下書きをするように指導する。その際に、はじめのマスを一つ空けて書くという約束を伝える。

〔短冊カード〕

（〜は、〜が）（〜です）

みみは、ちょっとやわらかいです。

みみは、ぺらぺらしています。

せなかは、さわるとふわふわです。

カードを増やしていく。

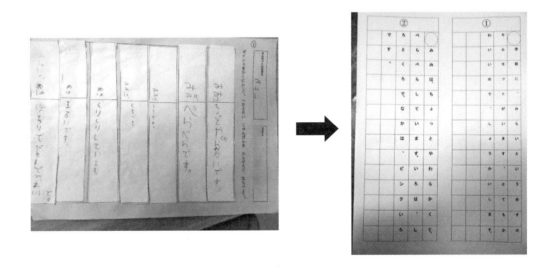

（巽由佳）

わたしの　こころに　のこったできごとを
えにっきで　ともだちに　しらせよう

📖 **教材名** 「こんなことがあったよ」（光村）

1　単元について

　夏休み前までに学習したことを生かして、体験を知らせる文章を書く。「したこと」「見たこと、見つけたもの」「聞いたこと」など自分の身の回りの出来事から心に残った出来事と、そのときに「思ったこと」を合わせて三文程度で書くことを目指す。また、「いつ」「誰が」「何を」「どうした」ということを書くよう指導する。さらに詳しく「誰と」「どのようにしたのか」や自分や友達が言ったことなども書き足せるとよい。また、書きたいことの中心をはっきりさせるために、一番伝えたい場面の絵を描き、その絵を基にして文章を書くようにする。

2　単元の指導目標

○絵日記で伝えたい出来事を伝えるために、気持ちを表す語彙を豊かにして文章を書いている。

○身近な生活の中から絵日記に書きたいことを明確にして書き、友達と感想を伝え合って自分の文章のよいところを見付ける。

○身近な生活の中から進んで絵日記に書きたいことを選び、日々の出来事や感想を書く楽しさを感じながら、よりよく出来事が伝わる絵日記を書こうとする。

3　単元の評価規準

知識・技能	思考・判断・表現	主体的に学習に取り組む態度
❶文の中における主語と述語との関係に気付いている。(1)カ ❷言葉には意味による語句のまとまりがあることに気付き、語彙を豊かにして文章を書いている。(1)オ	❸「書くこと」において、身近な生活の中で自分が行ったことや見聞きした身の回りの出来事から、絵日記に書きたいことを明確にしている。(ア) ❹「書くこと」において、絵日記に対する感想を伝え合い、自分の文章の内容や表現のよいところを見付けている。(オ)	❺学習課題に沿って、身の回りの出来事から進んで絵日記に書きたいことを選び、日々の出来事や感想を書く楽しさを感じながら絵日記を書こうとしている。

4　単元の流れ（全6時間）

1　最近の心に残った出来事を話し合い、「絵日記を書く」という学習計画を立てる。

2　絵日記の作例を見て、書き方を理解する。

3　前時に学んだ書き方を生かして、共通の話題で絵日記を書く。

4　自分の書きたいこと（心に残ったこと）を決めて絵を書く。

5　自分の書きたいことについて絵日記に書く。

6　友達と読み合って感想を伝え合う。

5　言葉による「見方・考え方」を働かせる指導のポイント

⑴　自分の気持ちを表すための語彙を増やす

　「心に残った出来事」とは、自分の気持ちが動いた出来事であることを子どもが理解できるようにする。笑った顔、怒った顔、困った顔、泣いた顔、驚いた顔など、様々な表情の絵を用意し、それぞれの表情のとき、どんな気持ちなのかを話し合うことで、「心に残った出来事」を理解すると同時に、気持ちを表すための語彙を増やすことができる。

　※気持ちを表す語彙は掲示しておき、絵日記を書くときに活用できるようにする。

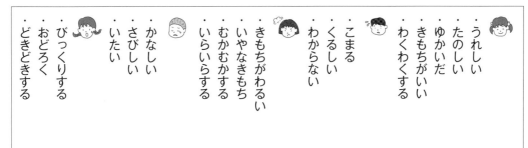

〔気持ちを表す語彙の掲示例〕

⑵　よかったところを伝える視点を明確にする

　友達の文章を読み、主語と述語が適切に対応し、「いつ」「誰が」「何を」「どうした」「どう思った」が伝わる文章になっているか、また特にどの言葉から「心に残った出来事」がよく伝わってきたのかを伝え合うことを指導し、自分の文章のよさを感じられるようにする。

⑶　継続して書くことの力を付ける

　絵日記を友達同士で読み合って、詳しく知りたいことや感想を伝え合い、取材の力を計画的に育みたい。また、絵日記を書く活動を定期的に繰り返し行うことで書くことの力が付く。「会話文を入れること」など、少しずつ条件を増やして書くことによって、さらに力を高めていきたい。

（小山奈津子）

「もっとなかよしパーティー」で、クラスのなかまにともだちをしょうかいしよう

プラン

📖 **教材名** 「ともだちのこと、しらせよう」（光村）

1　単元について

　学年の半分が過ぎ学校生活に慣れてきたが、まだあまり話したり遊んだりしたことのない友達もいることが予想される。そこで、みんなが互いのことを知り仲よくなるために、言語活動を「経験したことを報告する文章を書く」と設定し、文章を読み合うことで友達を紹介し合う。ここでは、友達を紹介する必要感がもてるように、「もっとなかよしパーティー」を設定した。

　本単元を通して、読み手に伝えたいことを明確にし、言葉を選んで文章で表す力を育成する。併せて、紹介するために必要な事柄を考えて質問したり感想を伝えたりする力も付けていく。

2　単元の指導目標

○「もっとなかよしパーティー」で友達を紹介するために必要な言葉に気付き、語彙を豊かにする。

○友達を紹介するために読み手に伝わるような書き表し方を工夫し、文章を読み合って感想を伝え合う。

○「もっとなかよしパーティー」で互いに紹介し合い、もっと仲のよいクラスにしようという思いを膨らませ、進んで質問したり紹介する文章を書いたりしようとする。

3　単元の評価規準

知識・技能	思考・判断・表現	主体的に学習に取り組む態度
❶身近なことを表す語句の量を増し、話や文章の中で使うとともに、言葉には意味による語句のまとまりがあることに気付き語彙を豊かにしている。(1)ア	❷「書くこと」において、語と語や文と文との続き方に注意しながら、内容のまとまりが分かるように書き表し方を工夫している。（ウ） ❸「書くこと」において、文章に対する感想を伝え合い、自分の文章の内容や表現のよいところを見付けている。（オ）	❹紹介するという見通しをもち、進んで友達に質問したり、友達について書こうとしたりしている。

4　単元の流れ（全6時間）

1　本単元の学習課題を確認し、学習の見通しをもつ。

2　友達への質問の仕方と質問の内容を確かめる。

3　友達にインタビューをする。

4　インタビューカードを基に、紹介カードに文を書く。

5　「もっとなかよしパーティー」で文章を読み合い、感想交流をする。

6　単元の振り返りをする。

5　言葉による「見方・考え方」を働かせる指導のポイント

⑴　紹介カードに書く視点を明確にして示すことで、書く力を付ける

　インタビューの内容を基に紹介カードを書くためには、文と文の続き方に気を付けて書く力が必要となる。そこで、モデルで示されたインタビューメモと紹介カードを比較し、相違点を見つける活動をする。メモを基にどのように書くとよいのか、子どもたちが自分で考えて紹介カードを書くことができるように視点を明らかにするとよい。

〔モデル例〕

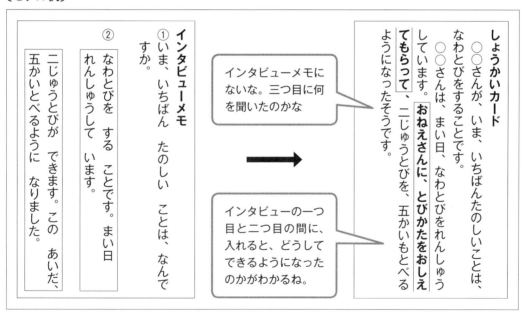

⑵　動画を活用することでインタビューの仕方を理解し、正しい話型で話す力を付ける

　書く力を付けることが中心の教材だが、インタビューしたことを紹介カードに書いていくため、話型についても指導する。今回のインタビューでは、もっと知りたいことを考えながら聞くことができるようにする。つまり、一つめの質問からさらに話題をつなげて二つめ、三つめの質問ができるようにするため、動画で実際の様子を見せてどのように話すとよいのか、何を質問するとよいのかについて理解を促していく。

（西かおり）

ぱっと見て　くらべられる　どうぶつの赤ちゃん
ひみつブックを　つくって　おうちの人に
どうぶつの赤ちゃんのひみつを　しらせよう

📖 **教材名**「どうぶつの　赤ちゃん」（光村）

1　単元について

　本単元では、時間を表す言葉に着目したり事柄の順序に気を付けたりしながら読み、生まれたばかりの様子や大きくなっていく様子をカードにまとめることで内容の大体を読む力を付けることをねらいとしている。

　カードで保護者に動物の赤ちゃんの秘密を教えるという相手意識と目的意識を設定した。そのために、カードは項目を揃え、リングで綴るようにした。そうすることで、取り外してぱっと比べることを可能にした。また、比べやすくするために、カードに大事な言葉や文をできるだけ短く抜き出すように考える姿も期待できると考える。

　いろいろな動物を比較することで育ち方の違いに気付き、自然界の厳しさにも思いを馳せ、それらについてみんなで共有する時間もとっていきたい。

2　単元の指導目標

○動物の赤ちゃんの秘密を教えるために、共通、相違、事柄の順序など情報と情報の関係について理解しながら本を読み、いろいろな本があることに気付く。

○動物の赤ちゃんの秘密を教えるために、時間的な順序や事柄の順序などを考えながら、内容の大体を捉えて読み、重要な語や文を考えて選び出す。

○動物の赤ちゃんの秘密を教えるために、文章の内容を比べながら読んで、感じたことや分かったことを知らせようとする。

3　単元の評価規準

知識・技能	思考・判断・表現	主体的に学習に取り組む態度
❶共通、相違、事柄の順序など情報と情報の関係について理解している。(2)ア ❷読書に親しみ、いろいろな本があることを知っている。(3)エ	❸「読むこと」において、時間的な順序や事柄の順序などを考えながら、内容の大体を捉えている。（ア） ❹「読むこと」において、文章の中の重要な語や文を考えて選び出している。（ウ） ❺「読むこと」において、文章を読んで感じたことや分かったことを共有している。（カ）	❻学習の見通しをもち、文章の内容を比べながら粘り強く読むことで。本から得たことを友達に知らせようとしている。

4 単元の流れ（全8時間）

時	○学習活動	◆評価規準 ●指導の手立て
1	○教師が「どうぶつの赤ちゃんクイズ」を出し、動物に関する意識を高め、「どうぶつの赤ちゃんカードをつくっておうちの人にひみつをしらせよう」という課題を設定し、学習計画を立てる。	◆❻動物の赤ちゃんの秘密をまとめるカードを作るために、見通しをもって学習しようとしている。【発言内容の把握】 ●生活経験で得た動物の赤ちゃんの情報交換が活発になるように、動物の赤ちゃんの話をしたり、写真を見せたりする。
2	○「どうぶつの　赤ちゃん」を読み、既習事項を生かして「問い」や「答え」の文章、挿絵とのつながりから、内容の大体を捉える。	◆❸教材文から、カード作りに必要な事柄（生まれたばかりの様子と成長していく様子）を、文章表現上の順序を考えながら読み取り、内容の大体を捉えている。【発言・教材文への書き込み】 ●問いと答えという形式を意識できるように、既習事項を振り返ったり、繰り返し音読したりする。
3 4	○教材からライオンとしまうまの赤ちゃんの生まれたばかりの様子を読み取りカードにまとめる。	◆❹動物の赤ちゃんを比べるために必要な語や文を選び出している。【発言・カード】 ●文章構成上の順序や時間を表す言葉に気付くよう、ライオンの赤ちゃんとしまうまの赤ちゃんの教材文を縦に並べて提示する。
5 6	○教材からライオンとしまうまの赤ちゃんの大きくなっていく様子を読み取りカードにまとめる。	◆❻他の動物の赤ちゃんの成長について調べて伝えようとしている。【観察】
7	○「カンガルーの赤ちゃん」を読み、生まれたばかりの様子と大きくなっていく様子をカードにまとめる。	●他の動物の赤ちゃんについてはどうなのか話題にしたり、興味・関心を高めるような助言をしたりする。 ◆❶他の動物の赤ちゃんと比べるために必要な語や文を理解している。【発言・カード】
8	○どうぶつ図鑑や教師が作成した教材文から、動物の赤ちゃんの生まれたばかりの様子と大きくなっていく様子を読み取り、カードにまとめる。	●子どもの実態に応じ、教材文と構成を同じにし、学んだことを生かして活用できるような教師自作の教材文を提示する。 ◆❷他の赤ちゃんと比べるために、いろいろな本を手にとり読んでいる。【観察】 ●学んだことを生かせるような図鑑等を選書し、「動物の赤ちゃんの本コーナー」として単元に入る前から教室に設置しておく。
9 10	○カードを読み合い、ライオンの赤ちゃんやしまうまの赤ちゃんと、成長していく様子の違いを比べ、そのおもしろさや不思議さを交流する。 ○単元全体の振り返りをする。	◆❺ぱっと見て比べられるカードを友達と読み合い、感じたことや分かったことを伝え合っている。【観察・振り返りの記述】 ●カードを読み合って友達の感じたことや分かったことを伝え合う場を設定する。

5 言葉による「見方・考え方」を働かせる指導の実際

⑴ ぱっと見て比べられるカード

　ぱっと見て比べられるカードは、「生まれたばかり」と「大きくなっていくようす」のそれぞれ注目させたい3点についてまとめられるような構成とした。

　カードはリングで綴るようにし、カードを取り外して縦に並べるとそれぞれの動物を比べられるようになっている。また、綴る順番を変えたり、カードを増やしていく楽しさも味わったりすることができるようになっている。

〔ぱっと見て比べられるカード〕

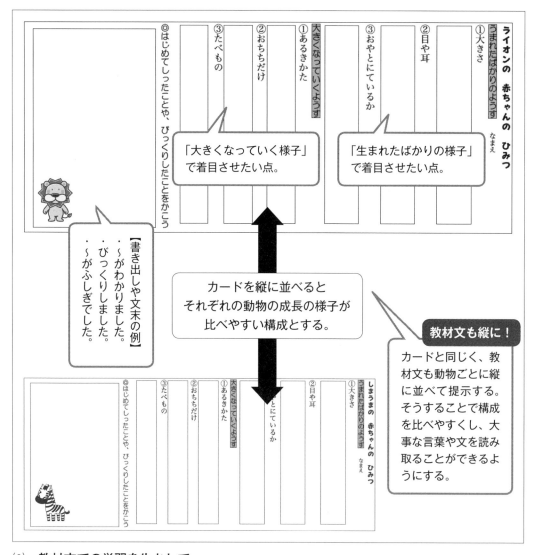

- 「大きくなっていく様子」で着目させたい点。
- 「生まれたばかりの様子」で着目させたい点。
- カードを縦に並べるとそれぞれの動物の成長の様子が比べやすい構成とする。
- 【書き出しや文末の例】
  - ・〜がわかりました。
  - ・びっくりしました。
  - ・〜がふしぎでした。

教材文も縦に！
　カードと同じく、教材文も動物ごとに縦に並べて提示する。そうすることで構成を比べやすくし、大事な言葉や文を読み取ることができるようにする。

⑵ 教材文での学習を生かして

　「どうぶつの赤ちゃん」の教材文を、文章構成上の順序や時間を表す言葉に着目しながら読んできた学習を生かし、ほかの動物の成長の様子について書かれた図鑑等を同じ視点で読み、カードにまとめて、身に付けた力を確実なものとしてく。

　子どもたちの実態に応じ、図書室等にある図鑑を使ったり、教材文と構成を同じにし、学んだことを生かして活用できるような教師自作の教材文を提示したりする。単元に入る前から、「動物の本コーナー」として教室内に設置しておき、子どもたちが自由に手に取ることができるようにしておくとよい。

〔子どもたちに提示した教材文の例〕

どうぶつの
赤ちゃん
ずかん

> 必要な情報を網羅し、子どもたちが教材文で学んだことを生かすことができるようにしてある。

名まえ

キリンの赤ちゃんは、生まれたときは、人げんのおとなくらいの 大きさを しています。目も あいていて、耳も ぴんと 立って います。くびは 長く、あしめの もようも しっかりと ついていて、おかあさんに そっくりです。

キリンの 赤ちゃんは、生まれてから、五ふんで、立ち上がります。すうじかん あとには、じゆうに はしるように なります。

二しゅうかんくらい たつと、おちちだけでなく、木のはっぱも たべるように なります。おちちは 一さいに なるまで のみつづけます。

三、四さいに なると、オスは、おかあさんの そばをはなれて、べつの とちへ たびだちます。メスは そのまま、おかあさんの そばで くらします。七さいくらいで りっぱな おとなの キリンに せいちょうするのです。

> 新たな動物のカードもリングで綴り、カードが増えていく楽しさを味わえるようにする。

名まえ

…ちゃんは、二年くらい おかあさんの おなかにいて、そのあと 生まれて きます。生まれたときは 百キロも あり ます。目も あいて い…は 百キロも あり ます。目も あいて いて、ぞうの 赤ちゃんは、おかあさんで ささえて たすけ ます。ふらつく 赤ちゃんを、おかあさんで ささえて たすけ ます。三十分くらいで 立ち上がれる ように なり ます。三赤ちゃんは しっかりと あるける ように まだ、はなを じょうずに つかえない のちちを のみ ます。じぶんの あしで、はころんで しまう ことも あり ます

三か月 たつと、草を ぬいて しめ ます。ぬ はなで 口に れる ことが でき なり ます。らいに なると、てて きます。そきばは、だんく、おとなに なく、おとなに なを するので

イラスト・写真提供：PIXTA

（本田邦人）

わたしのいちばんおきにいりのものがたりをえらんで、どくしょの木にカラフルなみをつけよう

📖 **教材名** 「ずうっと、ずっと、大すきだよ」（光村）
📖 **補助教材** 西宮達也「おまえうまそうだな」（ポプラ社）、
　　　　　ルース・エインズワース「こすずめのぼうけん」（福音館書店）ほか

1　単元について

　自分のお気に入りの一冊を見つけることで、本に愛着をもち、読書がさらに好きになるきっかけをつくる。読書経験を豊富にするために、学校司書と連携を図り、図書館オリエンテーションやブックトークを通して図書館にはどんな本があるのか知る活動を進める。これまでの読書経験を振り返り、大人になっても忘れられない本に出合えるよう、「心が温かくなるお話」「わくわくするお話」など様々なお話を紹介していく。

　読書の木に付けるカードには、自分の好きな場面や心に残る登場人物の行動、せりふを書いていく。友達はどんな物語のどんな場面やせりふが好きで、どのように感じたのかを知ることで、さらに、読書への興味・関心が高まるようにする。

2　単元の指導目標

○お気に入りの物語を紹介するために、様々なジャンルの物語を進んで読み、必要な感想を表す言葉を理解する。
○お気に入りの物語を紹介するために、紹介したい物語を想像を広げながら読み、互いの思いや考えを共有する。
○友達にお気に入りの物語を紹介したいという思いをふくらませながら、楽しんで読書している。

3　単元の評価規準

知識・技能	思考・判断・表現	主体的に学習に取り組む態度
❶お気に入りの物語を紹介するために、必要な言葉を理解して使っている。(1)オ	❷「読むこと」において、お気に入りの場面の様子について想像を広げながら読んでいる。（エ） ❸「読むこと」において、物語の中のお気に入りの場面やせりふについて互いの思いや考えを認め合っている。（カ）	❹本の紹介をするために、どのようにすれば選んだ本に対する思いや本の楽しさを伝えることができるかを考えながら、自らいろいろなジャンルの本を選んで読んだり、繰り返し文章を読んで登場人物の行動を想像したりして、自分の好きなところをまとめようとしている。

4 単元の流れ（全8時間）

時	○学習活動	◆評価規準　●指導の手立て
1	○「ずうっと、ずっと、大すきだよ」の読み聞かせを聞き感想を交流し、学習計画を立てる。 ・教師の読書の木に付けるカードを読んで、カードに書く内容を知る。　5　指導の実際(3) 【並行読書】 読書カードを振り返ったり、選んだ物語を再読したりしながら紹介したい本を見つける。	◆❹教師のカードを読み、読書経験を振り返りながら学習の見通しをもつ。【発言の内容・様子】 ●同じ物語でも様々な感想があることに気付くことができるよう、多くの気持ちの言葉が子どもたちの発言から出てくるようにする。 ●これまでの読書経験を想起したり、教師の読書の木に付けるカードを見たりすることで、「自分もこんなカード書いてみたい」という学習活動への意欲がもてるようにする。
2 3	○「ずうっと、ずっと、大すきだよ」の登場人物の行動や思いを確かめながら読み、読書の木に付けるカードを書く。	◆❷登場人物の行動や会話から、様子を想像しながら読んでいる。【発言やワークシートの内容】 ●読書の木に付けるカードに書く内容（登場人物、お気に入りの場面やせりふなど）を示す。
4	○「ずうっと、ずっと、大すきだよ」の読書の木に付けるカードを使い、友達と交流する。	◆❶物語の題名や感想など、物語を紹介するときに必要な事柄を書いている。【ワークシートの内容】 ●教師のモデル文を示し、読書の木に付けるカードに書く内容を捉えられるようにする。
5 6 7	○これまで読んだ物語や、学校司書や教師が紹介した物語の中から、いちばんお気に入りの物語を選び、読書の木に付けるカードを書く。	◆❸登場人物のせりふやその行動について、自分の考えをもって、読書の木に付けるカードを書いている。【読書の木に付けるカードの内容】 ●物語のいちばん好きな場面を決めるために本に付箋を付けたり、教師や学校司書とどんなお話なのかを話したりすることで紹介したいところを明確にしていく。
8	○友達の読書の木に付けるカードを読み、その感想をメッセージカードに書き交流する。 　5　指導の実際(4)	◆❸お気に入りの物語の好きなところについて考えをまとめ、話している。【発言の内容】 ◆❹友達の読書の木に付けるカードを読み、「この物語を読んでみたい」など、これからの読書活動への意欲をもっている。【発言やメッセージカードの内容】 ●実際に教師のモデル文を使って交流の方法を示すことで、メッセージカードに書く内容を明確にする。

5　言葉による「見方・考え方」を働かせる指導の実際

⑴　「はまっ子読書ノート」を活用した読書記録を使い、読書経験を増やす

　5月より、年間を通して読書記録を行う。読書経験が偏らないように、学習中の単元に沿った読書目標を決め、様々なジャンルのお話を学校司書に集めてもらい、紹介する。

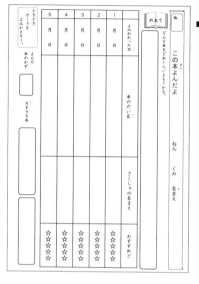
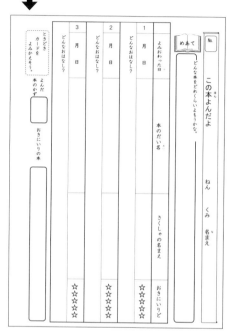

⑵　子どもとともに気持ちを表す言葉を集め、語いを増やす

　子どもの様々な記述や発言から、気持ちを表す言葉を見つけ、「きもちのことば」にまとめていく。周りには、くまの顔の表情のある絵を貼り、どんな気持ちかを絵からも分かるように掲示する。

⑶　お気に入りの場面やせりふを探しながら読む力を付ける

　お気に入りの場面やせりふを自信をもって紹介できるように、「ずうっと、ずっと、大すきだよ」で読書の木に付けるカードの書き方や交流の方法を明確にする。物語のいちばん好きな場面を決めるために本に付箋を貼ったり、教師や学校司書とどんなお話なのかを話したりすることで紹介したいところを明確にしていく。

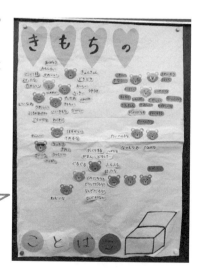

「きもちのことば」
赤…うれしい気持ち（たのしい、うっとり　など）
青…かなしい気持ち（こわい、かわいそう　など）
黄…上記以外（びっくりする、どきどきする　など）

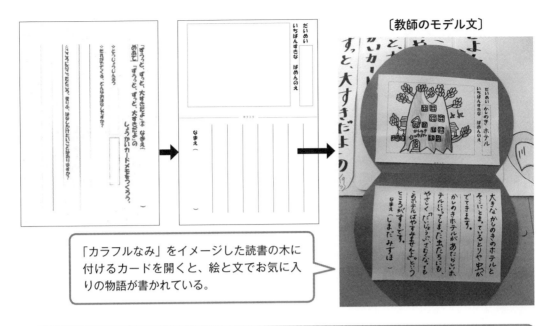

〔教師のモデル文〕

「カラフルなみ」をイメージした読書の木に付けるカードを開くと、絵と文でお気に入りの物語が書かれている。

書く力を付けたいなら、ます目のカードにするのも有効！
・罫線のよさ…文字数を気にせず書くことができる。書き直しがしやすい。
・ますのよさ…「、」や「。」、段落変更や書き始めに1ます開けるなどの指導がしやすい。

(4) 互いの感じたことや分かったことを共有する

　「読書の木」は、学校スローガンの「カラフルな木」をイメージして作製した。スローガンには「一人ひとりすてきな色（個性）がある」という思いが込められているため、読書の木の中でも友達のよさを認め合える工夫がされている。

　並行読書を進める中で、自分のお気に入りの物語が決まった児童の本から順次、他の児童も見える場所に「しょうかい本コーナー」を設置する。「まだ読んではいけない」というきまりにすることで、早く紹介し合いたくなる環境をつくる。

メッセージカードからは…
・紹介を聞いて、その本がとても読みたくなりました。
・私も心があったかくなったよ。
という内容から紹介者の思いがしっかり伝わっていたことが読み取れる。

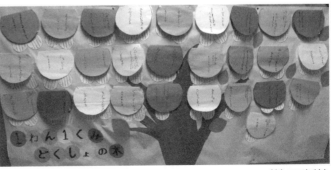

（嶋田瑞穂）

ずかんから、いきもののかくれかたをみつけて、クラスのともだちに「かくれんぼずかん」をはっぴょうしよう

プラン

📖 **教材名** 「うみのかくれんぼ」（光村）
📖 **補助教材** 「うみのかくれんぼ　全3巻」（金の星社）、「うみのかくれんぼ」（ポプラ社）など

1　単元について

　本教材では、海の生き物の体の仕組みや特徴を使った隠れ方を説明している。そこで、説明の仕方がどう書かれているのかを読み取り、さらに図鑑を読んで（並行読書）ほかの生き物の隠れ方について理解し、「かくれんぼずかん」を作る言語活動を行う。ワークシートに書き込みながら、図鑑に書かれた大事なことを見つける力、そして自分の知識や経験と結び付けて感想をもつ力を育成していく。

2　単元の指導目標

○生き物の隠れ方について紹介するために、いろいろな図鑑があることを知り、知りたいことや目的に合わせて選ぶ。
○生き物の隠れ方について紹介するために、「隠れ場所」「体の仕組みや特徴」「隠れ方」を見つけながら本や文章を読み、自分の知識や経験などと結び付けて感想をもつ。
○生き物の隠れ方を紹介するために、知りたいことから自ら進んで図鑑を読んだり、生き物の隠れ方について大事なことを見つけたりしようとする。

3　単元の評価規準

知識・技能	思考・判断・表現	主体的に学習に取り組む態度
❶読書に親しみ、いろいろな本があることを知り、知りたいことや内容から選んで読んでいる。(3)エ	❷「読むこと」において、生き物の隠れ方について大事なことを見つけている。（ウ） ❸「読むこと」において、文章の内容と自分の知識や経験とを結び付けて図鑑を読み進め、感想をもっている。（オ）	❹生き物の隠れ方を紹介するために、知りたいことから自ら進んで図鑑を読んだり、生き物の隠れ方について大事なことを見つけたりしようとしている。

4　単元の流れ（全8時間）

1　本単元の学習課題を確認し、学習計画を立てる。
2　問いの文と答えが書かれている箇所を確認する。
3　「はまぐり」の事例を読み、隠れ方を捉えてワークシートに書く。

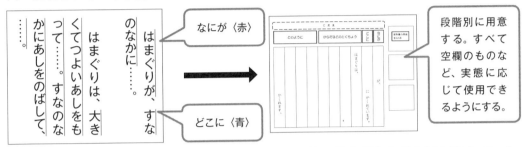

4 「たこ」の事例を読み、隠れ方を捉えてワークシートに書く。

5 「もくずしょい」の事例を読み、隠れ方を捉えてワークシートに書く。

6・7 自分で選んだ図鑑を読み、生き物の隠れ方を捉えてワークシートに記述し、自分の知識や経験と隠れ方を結び付けて感想を書く。

8 作製した「かくれんぼずかん」を友達と交流（クイズ形式）し、学習を振り返る。

5 言葉による「見方・考え方」を働かせる指導のポイント

(1) 説明されている事柄や順序に気を付けて図鑑を読む力を身に付ける

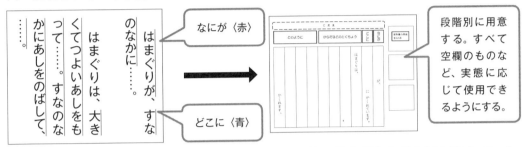

はまぐりが、すなのなかに……。
はまぐりは、大きくてつよいあしをもって……。すなのなかにあしをのばして、……。

なにが〈赤〉
どこに〈青〉

段階別に用意する。すべて空欄のものなど、実態に応じて使用できるようにする。

　何がどこに書かれているのかを全文シートに色鉛筆で線を引きながら読み進めていく。項目ごとに色を指定し、実際の図鑑をコピー（出版社に許諾確認）したシートにもその色で書きこむ。ワークシートに書き写すことで何が書かれているのかが分かるようにしていく。

(2) クイズ形式での交流にすることで、見つけた生き物を楽しく紹介し、図鑑を読む楽しさを感じさせるようにする

　作成したワークシートをそれぞれ下のように貼り付け、一番上には自分の選んだ図鑑のワークシートがくるようにする。その裏面には、選んだ生き物の写真を貼り付け、その写真を見せながら、「なにがどのようにかくれているのでしょうか」と問いかける。交流に慣れていなかった児童も、クイズ形式であることで楽しみながら生き物の隠れ方を紹介し合うことができる。

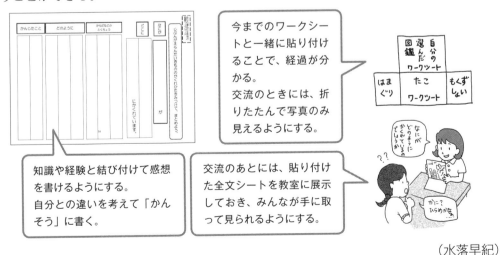

今までのワークシートと一緒に貼り付けることで、経過が分かる。
交流のときには、折りたたんで写真のみ見えるようにする。

知識や経験と結び付けて感想を書けるようにする。
自分との違いを考えて「かんそう」に書く。

交流のあとには、貼り付けた全文シートを教室に展示しておき、みんなが手に取って見られるようにする。

（水落早紀）

すきなところを　こえにだしてよみ みんなでおはなしをたのしもう

📖 **教材名** 「やくそく」（光村）

1　単元について

　これまでの学習で、せりふを考えたり動作をつけたりして楽しんで音読をしながら物語の内容の大体を捉えてきた。本教材はこれまでの物語に比べ、会話文が多い。そこで、グループで役割音読をする活動を通して、誰が何を言ったのか、何をしたのかに注目し、想像して読む力を身に付けるようにする。

2　単元の指導目標

○物語を楽しむために、語のまとまりや言葉の響き、リズムに気を付けて音読する。
○物語を楽しむために、場面の様子などから内容の大体を捉え、登場人物の行動などをイメージしたり行動の理由を想像したりする。
○友達に物語の好きなところを伝えたいという思いをふくらませて、登場人物の行動について具体的に想像したことを進んで音読に生かそうとする。

3　単元の評価規準

知識・技能	思考・判断・表現	主体的に学習に取り組む態度
❶語のまとまりや言葉の響きやリズムなどに注意して音読している。(1)ク	❷「読むこと」において、場面の様子や登場人物の行動、会話、挿絵などから、物語の内容の大体を捉えている。（イ） ❸「読むこと」において、場面の様子の叙述を基に、登場人物の行動や表情・口調・様子などをイメージしたり行動の理由を想像したりしている。（エ）	❹物語の好きなところを伝えるために、登場人物の行動について具体的に想像したことを進んで音読に生かそうとしている。

4 単元の流れ（全8時間）

1 教師の範読を聞き、場面の様子や登場人物の行動についての感想を発表し合う。

2 本単元の学習課題を設定し、学習計画を立てる。

3 誰が言った言葉かを考えて、登場人物の行動を動作化しながら音読する。

4 青虫になりきって何が見えるのか考え、物語の内容の大体を捉える。

5 三匹のその後を想像して伝え合い、物語の余韻を楽しむ。

6 物語の好きなところを選び、登場人物の行動を想像しながら音読する。

7 友達とグループを組み、役割音読をする。

8 グループの音読を聞き合って感想を伝え合い、学習を振り返る。

5 言葉による「見方・考え方」を働かせる指導のポイント

(1) 青虫たちが見ているものに着目して、話の内容の大体を捉えよう

　大きな木の一言で、三匹の青虫はけんかをやめ、広い世界に気付く。青虫たちの視点の変化を確認することを通して内容を捉えたり、青虫の行動を想像したりすることができるようにする。

　青虫の視点を挿絵や言葉に合わせて、次のようにまとめ、理解できるようにする。①自分が食べている葉→②自分とそっくりな青虫→③自分たちとそっくりな青虫→④大きな木のもっと上を目指してのぼっている（枝や葉、自分以外の青虫）→⑤遠くに海（空、大きな木以外の木々）→⑥くんねりくんねりおりていく（枝や葉、自分以外の青虫）。青虫たちが何を見ているのかを考えると、青虫の行動に着目して読むことができる。

(2) 声を出しながら動作化して、言葉の意味を捉えよう

　「いいかえす」「めをまるくする」など、1年生にとって難しいと考えられる表現については、動作化を取り入れることで、「めをまるくする」とは、どのような表情になるのかを確かめ、どのような時にそのような表情になるかを考えることができるようにする。

　また、「むしゃむしゃ」「もりもり」「くんねり」など声に出すと楽しい表現については、「むしゃむしゃ」と「もりもり」ではどのような違いがあるのか、声を出しながら動作化し、音の響きやリズムを感じられるようにする。「くんねり」とはどういうことか実際に動いてみると、様々な「くんねり」が出てくる。そうすることで、この青虫たちはどのような「くんねり」だったのか想像を広げながら読むことができるようにする。

(3) 役割読みをして、誰が言った言葉なのかを考えよう

　この物語の後半の会話文は、どの青虫が言った言葉なのか明確に書かれていない。三匹の青虫の行動を想像しながら役割音読をすることで、誰がその言葉を言ったのか、自分なりの根拠をもって考えることができるようにする。

（阿部真央）

きらきら五つぼし、がいこくのむかしばなしのすきな ところをおんどくして、ともだちにしょうかいしよう!

📖 **教材名** 「おかゆのおなべ」（光村）
📖 **補助教材** 「ジャックとまめの木」（講談社）「きたかぜとたいよう」（岩崎書店）
「しらゆきひめ」（金の星社）「ブレーメンのおんがくたい」（偕成社）
「ライオンとネズミ」（岩崎書店）「ながぐつをはいたねこ」（講談社）

1 単元について

　本単元では、１年生の友達に大好きな外国の昔話を選び、好きなところを音読して紹介する活動を行う。外国の昔話に興味をもちながら、「ぼくもその本読んだよ」「私も同じところが好きだよ」と感想を分かち合えるような昔話の紹介交流を目指したい。そのために単元に入る前に、朝読書の時間等を活用し、外国の昔語を読みきらきら五つぼしカードに記録する。「おかゆのおなべ」の学習を通して、登場人物の行動や会話、場面の様子、言葉や文章に着目して好きなところを見付け、自分の体験と結び付けて理由を考える。同じところが好きでも、なぜ好きなのか、その理由を共有することで、一人一人の感じ方、表現の違いやそのよさに気付けるようにする。

2 単元の指導目標

○外国の昔話の好きなところを紹介するために、語のまとまりや言葉の響きに気を付けて音読し、いろいろな昔話があることに気付く。

○外国の昔話の好きなところを紹介するために、文章の内容と自分の体験を結び付けて好きなところと理由を考え、「好きだな」と感じたことを伝え合う。

○大好きな昔話に対する思いをふくらませ、好きなところを進んで見付けて、友達にその理由を伝えようとする。

3 単元の評価規準

知識・技能	思考・判断・表現	主体的に学習に取り組む態度
❶語句のまとまりや言葉の響きなどに気を付けて音読している。(1)ク ❷いろいろな昔話があることに気付いている。(3)エ	❸「読むこと」において、文章の内容と自分の体験を結び付けて好きなところと理由を考えている。（オ） ❹「読むこと」において、文章を読んで「好きだな」と感じたことを友達と伝え合っている。（カ）	❺昔話の好きなところが伝わるように、文章と自分の体験とを結び付けて好きなところやその理由を進んで考え、紹介しようとしている。

4　単元の流れ（全8時間）

1　学習目標を設定し、並行読書を生かして学習計画を立てる。

2　「おかゆのおなべ」を読んで感想を書き、紹介の仕方を考える。

3　「おかゆのおなべ」の1～3場面を音読し、好きなところとその理由を考える。

4　「おかゆのおなべ」の4～6場面を音読し、好きなところとその理由を考える。

5　「おかゆのおなべ」のいちばん好きなところを選んで紹介カードに書き、伝え合う。

6　大好きな外国の昔話を選び、紹介カードを書く。

7　紹介の練習をする。

8　友達に大好きな外国の昔話を紹介し、感想を伝え合う。

5　言葉による「見方・考え方」を働かせる指導のポイント

⑴　いろいろな昔話があることに気付き、感じたことを共有するために

○学校司書と連携し、外国の昔話を選書する

　感想の共有化を図るために、並行読書の本を10冊に絞り、そのうちの6冊は必読とする。選書の視点は、アイテムが出てくる話、呪文を使う話、教訓のある話をテーマに選書する。

○「きらきら五つぼし がいこくのむかしばなし大すきカード」の活用

　外国の昔話のリストカードを渡し、読んだ本の大好き度を五つ星で表すようにする。

○「おかゆのおなべ」で紹介カードの書き方を考え、友達と交流しておく

　「おかゆのおなべ」の学習の中で、いちばん好きなところを基に紹介カードを書き、交流しておくことで、お気に入りの昔話の紹介に活用できるようにする。

⑵　紹介したい好きなところを見付けるために

○おはなしの「好きだな」と思うのは、どんなところか捉えておく

　「好きだな」と思うところは、お話の「おもしろいな、すてきだな、ふしぎだな」などと自分の体験と結び付けて感じるところだということを確認しておく。

○好きなところを見付けるポイントを押さえる

　挿絵だけでなく、①言葉の楽しさやおもしろさ、②登場人物の行動や会話のおもしろさ、③場面の様子のおもしろさ、などに着目して好きなところを見付けるように学習していく。

（佐々木真理）

身に付けたい力	4月	5月	6月	7月	8月
行事・関連教科	入学式 1年生との学校探検	生活科　野菜の観察	全校遠足	生活科 -- まちたんけん	
「A話すこと・聞くこと」 〈話すこと〉 ア　話題の設定、情報の収集、内容の検討 イ　構成の検討、考えの形成 ウ　表現、共有 〈聞くこと〉 エ　構造と内容の把握、精査解釈、考えの形成、共有 〈話し合うこと〉 オ　話合いの進め方の検討、考えの形成、共有	A(1)エ 「じゅんばんにならぼう」聞きたいことを落とさないで聞こう。【ゲーム】 A(1)エ 「ともだちをさがそう」聞きたいことを落とさないように聞こう。【お知らせ】			A(1)ア　エ 情報の収集、考えの形成 「あったらいいな、こんなもの」伝え合うために必要な情報を選ぶ。聞きたいことを落とさないように聞く。【こんなもの発表会】	
「B書くこと」 ア　題材の設定、情報の収集、内容の検討 イ　構成の検討 ウ　考えの形成、記述 エ　推敲 オ　共有	B(1)ア　話題の設定 「春が　いっぱい」経験したことなどから書くことを決めよう。【感想カード】 B(1)ア　話題の設定 「きょうのできごと」経験したことなどから書くことを決めよう。【日記を書く】	B(1)ア　イ 内容の把握、構成の検討 「かんさつ名人に　なろう」書く事柄を収集し、順序に沿って簡単な構成を考える。【観察記録文】	B(1)ア　題材の設定 「うれしいことば」経験したことなどから書くことを決める。【短作文】 B(1)ア　話題の設定 「メモをとるとき」経験したことなどから書くことを決める。【短作文】	B(1)ア　話題の設定 知・技(1)ア 「夏がいっぱい」【感想カード】 B(1)イ　ウ　オ 構成の検討、考えの形成、共有 「こんな　もの、見つけたよ」順序に沿って構成を考える。書き方を工夫し書いた文章の感想を伝え合う【報告の文】	
「C読むこと」 ア　構造と内容の把握（説明的文章） イ　構造と内容の把握（文学的文章） ウ　精査・解釈（説明的文章） エ　精査・解釈（文学的文章） オ　考えの形成 カ　共有	C(1)イ 内容の把握 知・技(1)ク 「ふきのとう」様子や行動など、内容の大体を捉える。【役割音読】	C(1)ア　ウ 内容の把握、精査・解釈 知・技(2)ア 「たんぽぽの　ちえ」内容の大体を捉え、重要な語や文を選ぶ。【説明カード】	C(1)エ 精査・解釈 知・技(1)オ 「スイミー」読む 場面の様子に着目して、登場人物の行動を具体的に想像する。【紹介文】	C(1)カ　共有 知・技(3)エ 「ミリーのすてきなぼうし」 分かったことや感じたことを共有する【読書紹介】	C(1)カ　共有 知・技(1)ク 「雨のうた」読む 分かったことや感じたことを共有する。【音読】	
〔知識及び技能〕 (1)言葉の特徴や使い方に関する事項　ア　言葉の働き　イ・ウ　話し言葉と書き言葉　エ　漢字　オ　語彙　カ　文や文章　キ　言葉遣い　ク　音読、朗読 (2)情報の扱いに関する事項　ア　情報と情報の関係 (3)我が国の言語文化に関する事項　ア・イ　伝統的な言語文化　ウ　書写　エ　読書	知・技(3)エ 「図書館探検」 知・技(1)イ(3)イ 「うたにあわせてあいうえお」 知・技(3)エ 学習の進め方 「しょしゃたいそう」	知・技(3)ア 「いなばの　白うさぎ」 知・技(1)エ 「同じ　ぶぶんを　もつ　かん字」 知・技(3)エ 点と画の名前 「犬・気・四」	知・技(1)エ B(1)ウ 「かん字のひろば(1)」 知・技(1)ウ B(1)ウ 「かたかなの　ひろば」 知・技(3)エ 「はらい」「おれ」のほうこう 「干・人・天・月」 「日・口・子」	知・技(3)エ げんこう用紙に書くとき原稿用紙の使い方	知・技(3)イ 「ことばあそびをしよう」 知・技(3)ア 「なかまのことばとかん字」 知・技(3)エ 「そり」のほうこう 「気・思」	

	9月	10月	11月	12月	1月	2月	3月
行事等	前期終了 秋の遠足 図工	後期開始 運動会 道徳「親切・思いやり」	学習発表会 生活科		算数科 「はこの形」	生活科	6年生を送る会 卒業式
A	A(1)イ　エ 構成の検討、共有 「ことばでみちあんない」相手に伝わるように話す。また、聞きたいことを落とさないように聞く。【道案内】	A(1)ア　オ 情報の収集、進め方の検討 「そうだんにのってください」 身近なことから話題を決める。相手の発言を受けて話をつなぐ。 【相談の話合い】				A(1)ア　イ　ウ 話題の設定、構成の検討 「楽しかったよ二年生」身近なことから話題を決め、構成を考える。声の大きさや速さを工夫する。 【思い出発表会】	
B		B(1)ア　話題の設定 知・技(1)ア 「秋がいっぱい」【感想カード】	B(1)イ　ウ 構成の検討、記述 「馬のおもちゃの作り方」「おもちゃの作り方をせつめいしよう」 事柄の順序にそって簡単な構成を考え、内容のまとまりが分かるように書き方を工夫する。 【おもちゃ作り手順書】 C(1)ア　内容の把握 事柄の順序を考えながら、内容の大体を捉える。 知・技(2)ア	B(1)ア　話題の設定 知・技(1)ア 「冬がいっぱい」 【感想カード】 B(1)イ　オ 構成の検討、共有 「お話のさくしゃになろう」簡単な構成を考える。また、友達の表現の良いところを伝える。 【お話作り】	B(1)ウ　記述 「ようすをあらわすことば」 語と語や文と文の続き方に注意してつながりのある文を書く。【短作文】	B(1)ア 話題の設定、内容の検討「見たことかんじたこと」経験したことや想像したことから書くことを選ぶ。 【詩作り】	B(1)ア　イ　エ 話題の設定、構成の検討、推敲「すてきなところをつたえよう」経験したことから書くことを選び、順序に沿って構成。間違いを直すために読みかえす。 【手紙】
C	C(1)ア　ウ 内容の把握、精査・解釈 知・技(2)ア 「どうぶつ園のじゅうい」 内容の大体を捉え、重要な語や文を選ぶ。【説明カード】	C(1)エ　カ 精査・解釈、共有 知・技(1)ク 「お手紙」登場人物の行動を具体的に想像する。分かったことや感じたことを共有する。【音読劇】 C(1)エ　精査・解釈 知・技(3)ア 「せかい一の話」		C(1)エ　オ 精査・解釈、考えの形成 知・技(1)オ 「わたしはおねえさん」登場人物の行動を具体的に想像し、体験と結びつけ感想をもつ。【感想文】	C(1)ウ　カ 精査・解釈、共有 知・技(3)エ 「おにごっこ」重要な語や文を選ぶ。文章を読み感じたことや分かったことを共有する。【説明】		C(1)エ　カ 精査・解釈、共有 知・技(1)オ 「スーホの白い馬」登場人物の行動を具体的に想像し、感じたことや分かったことを共有する。【感想交流】
知・技	知・技(1)エ B(1)ウ 「かん字の　ひろば(2)」 知・技(1)エ B(1)ウ 「かん字の　ひろば(3)」 「点」のほうこう 「立・小・点」	知・技(1)エ 「かん字の読み方」 知・技(1)カ 「主語と述語に気を付けよう」 知・技(3)エ 画の長さ 点や画の間 「書・読書・二年」	知・技(1)ウB(1)ウ 「かたかなで書くことば」 知・技(3)エ 点と画の書き方のまとめ 「青・千・田・月・魚」	C(1)カ 知・技(3)ク 「ねこのこ」「はんたいことば」 知・技(3)エ 字の中心 「出口・天空」 知・技(3)エ 水ふでで書いてみよう 「小川・子犬」	知・技(1)エ B(1)ウ 「かん字の　ひろば(5)」 知・技(3)エ 書きぞめ	知・技(1)エ 「カンジーはかせの大はつめい」【クイズ】 知・技(1)エ「ことばを楽しもう」 知・技(3)エ 2年生のまとめ	

「にじクラス」のとっておきの道ぐを
くわしくして はっぴょうしよう

📖 **教材名** 「あったらいいな　こんなもの」（光村）

1　単元について

　本単元は、子どもたちが自由な発想で、自分があったらいいなと思うものを考え、その道具の働きやその道具を詳しく説明するために、質問しながら話す内容を深めていく言語活動である。また、友達が考えた道具の説明について集中して聞いて感想を述べたり質問したりする。そのために「聞くこと」に重点を置いて指導する必要がある。あったらいいなと思う道具の説明を聞いて、友達の話したい内容を詳しくするための質問を考えて質問すること・相手の考えに共感しながら聞くことを学ばせたい。そして、自分の経験と結び付けながら感想を述べる力を育成したい。

2　単元の指導目標

○あったらいいなと思うものを友達に伝えるために、丁寧な言葉と普通の言葉との違いに気付いたり、語彙を豊かにしたりする。

○あったらいいなと思うものをさらに詳しくするために、友達が考えたものを聞き落とさないように聞き、話の内容を捉えて質問したり、自分の経験と結び付けながら感想を述べたりする。

○粘り強く話を集中して聞いて内容を捉え、学習課題に沿って質問や感想を述べようとする。

3　単元の評価規準

知識・技能	思考・判断・表現	主体的に学習に取り組む態度
❶丁寧な言葉と普通の言葉との違いに気を付けて話している。(1)キ ❷身近なことを表す語句の量を増やし、話の中で使い、語彙を豊かにしている。(1)オ	❸「話すこと・聞くこと」において、話し手が知らせたいことや自分が聞きたいことを落とさないように集中して聞き、話の内容を捉えて質問したり、自分の経験を結び付けながら感想を述べたりしている。(エ)	❹粘り強く話を集中して聞いて内容を捉え、学習課題に沿って質問や感想を述べようとしている。

4　単元の流れ（全8時間）

時	○学習活動	◆評価規準　●指導の手立て
1 2	○「今まで学級目標に近づいたこと」「学級目標に近づくためにこうなるといいなと思うこと」について話し合う。 　　5　指導の実際(2) ○「にじクラスになるための道具を詳しく考えて、友達に発表しよう」という学習課題を決め、学習計画を立てる。	◆❹あったらいいなと思う道具に興味をもち、その道具や学習計画を進んで考えようとしている。【発言の内容・様子・ワークシート】 ●教師が作った道具をモデルとして提示し、ゴールの姿がイメージできるようにする。 ●道具が思い付かない子どもには、友達や自分が困った場面や、こんなクラスになったらいいなという場面を具体的に思い出し、そこから道具を考えられるようにする。
3 4 5	○あったらいいなと思うものを考えて絵を描く。 　　5　指導の実際(1) ○道具の説明が詳しくなるような尋ね方を話し合う。	◆❷言葉には、事物の内容を表す働きがあることに気付いて、自分が考えた道具を分かりやすく説明している。【ワークシート】 ●道具の効果について短い言葉で付箋に一つずつ書く。 ◆❸どのような質問をすれば、詳しい説明になるのかを考えている。【発言の内容・様子・ワークシート】 ●詳しく伝えるために、どのようなことを質問していけばよいかを教師の発表を基に全体で考え、まとめていく。
6	○友達と二人組で質問し合い、考えを明確にする。	●二人組になって、再度質問し合う。 ●質問に対する答えを、付箋に書いて貯めていく。
7	○グループで発表会を開く。	◆❶丁寧な言葉で発表や質問をしている。【発言の内容】 ●伝えたい順番に付箋を置き換える。 ◆❸友達が考えた道具について自分が聞きたいことを落とさないように集中して聞き、質問したり自分の経験と結び付けて、感想を述べたりしている。【発言の内容・ワークシート】 ●丁寧な言い方を知り、発表や質問で用いる。 ●一人の発表につき全員が一言ずつ「もっと詳しく説明してほしいところ」を質問したり、「いちばん気に入ったところ」についての感想を言ったりする。
8	○学習の振り返りを行う。	◆❹単元を振り返り学習課題を解決した課程や身に付けた力について確かめようとしている。【発表の振り返り・様子】 ●話し方・聞き方の観点を再確認し、発表したり質問したりする時に大事なことを確認する。

5　言葉による「見方・考え方」を働かせる指導の実際

(1)　道具の説明をより詳しくするための質問する力を付ける

○質問する項目をワークシートに貯めていく

　教師のモデル文を見て、その文をより詳しくするための質問を全体で考える。みんなで考えた質問を一般化（大きさはどのぐらいですか、など）したものを個人のワークシート

にする。自分が質問する際には、そのワークシートを見ながら行い、使えたら○を付けて語彙を増やしていく。ペア学習後に、さらに新しい質問が出れば全体共有を行い、質問メモをどんどん増やしていく。

〔絵を見せながらモデル文を読む〕

〔子どもからでた質問を型にしたワークシート〕

形や色、大きさなど	はたらき（できること）	わけ（どうして考えたか）	名前	
				じぶんで考える
				しつもんしてもらってつけくわえたいこと

「にじ」クラスの とっておきの道ぐを くわしく せつめいしよう

○質問するよさを実感するために、可視化して貯めていく

　今回の学習では、子ども自身が「質問するよさ」について実感できるように指導していく。そこで、自分が思い付いた「あったらいいな」と思うメモは青い付箋に、友達から質問を受けて付け加えたいと思うメモは赤い付箋に書いて貯めていく。この質問は1ペアだけではなく、ペアを代えながら何度も行い、さらに詳しいメモに仕上げていく。そして、赤い付箋が増えることにより、質問するよさにも気付きやすくする。

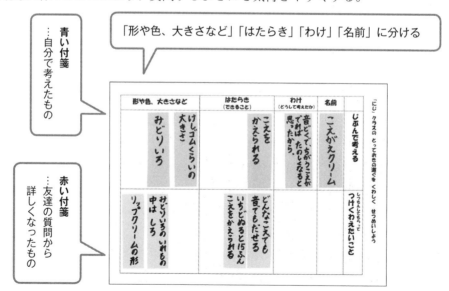

　発表の際は、伝えたいものの順に付箋を整理し、メモを見ながら「～は、～です（ます）。」という形で友達に伝える。

(2) 学級目標と関連させて言語活動を行う

本単元の目的意識は「もっとにじクラスになる（学級目標）道具を考える」。相手意識は「クラスの友達」と設定した。

はじめに、「今までで学級目標に近付いたこと」「学級目標に近付くためにこうなるといいなと思うこと」について近くの人と話し合い、全員が考える機会を設ける。その後、全体共有を

〔発表原稿〕

形は　色は　大きさは	はたらきは（できることは）	わけは（どうして考えたかというと）	名前は
リップクリームの形　みどりいろの　いれもの　中は　しろ　けしゴムくらいの　大きさ	どんなこえでも　音でもだせる　いちどぬると15ふん　こえをかえられる	音どくで、ちがうこえが　でれば　たのしくなると　思ったから。	こえがえクリーム

「にじ」クラスの とっておきの道ぐを ともだちに はっぴょうしよう！　はっぴょうすること

しながら模造紙にまとめていく。この学習では、道具を考える目的が明確になるとともに、クラスで何に困っているのかも同時に明確になるので、子どもたちがクラスを振り返るよい機会にもなる。また、学級目標との関連を図ることで、学級目標を振り返りながら道具の話をする子どもの姿がたくさん見られ、国語科の学習を充実させることにもつながると思われる。

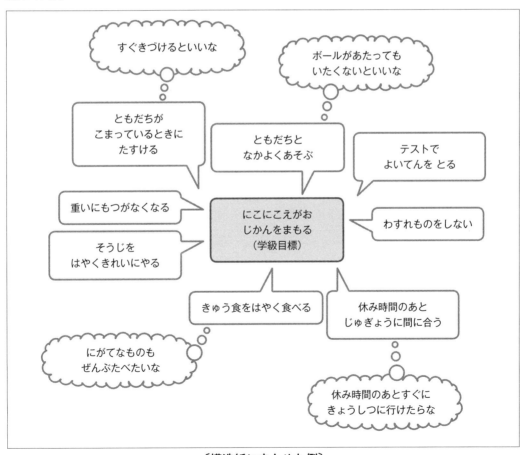

〔模造紙にまとめた例〕

（藤原順子）

プラン

みんなで話をつなげて、そうだんにこたえよう

📖 **教材名** 「そうだんにのってください」（光村）

1 単元について

　この単元は、友達の相談ごとを聞いたり、共感したりすることで話がつながり、相談することの楽しさ、相談に答える楽しさを感じることができる単元である。また、2年生になり初めての話し合い活動である。話し合いの約束や進め方を確認しながら学習していく。

2 単元の指導目標

○共通、相違、事柄の順序の、どの情報と関係があるかについて理解する。
○身近なことや経験したことなどから相談ごとを決め、伝え合うために必要な事柄を選ぶ。
○友達の相談ごとに関心をもち、相手の相談を聞いて話をつなげ話し合おうとしている。

3 単元の評価規準

知識・技能	思考・判断・表現	主体的に学習に取り組む態度
❶共通、相違、事柄の順序のどの情報と関係があるかについて理解している。(1)ア	❷「話すこと・聞くこと」において、身近なことや経験したことなどから話題を決め、伝え合うために必要な事柄を選んでいる。（ア） ❸「話すこと・聞くこと」において、互いの話に関心をもち、相手の発言を受けて話をつないでいる。（オ）	❹積極的に相手の発言を受けて話をつなぎ、学習の見通しをもって話し合おうとしている。

4 単元の流れ（全8時間）

1　教師の相談ごとをモデルとして示し、相談することの楽しさに気付く。

2　「みんなで話をつなげて、そうだんにこたえよう」という課題を設定し、学習の進め方を確かめ、学習の見通しをもつ。

3　話題を決めるために、「こんな自分になりたい」「こんなことしたいな」という思いをふくらませ、そのことから、友達に相談してみたいことを出し合う。

4・5　出し合った相談ごとの中で話し合いの進め方を確かめる。

6・7　グループで話し合う。

8　相談してよかったと思うことなどを発表し、学習を振り返る。

5 言葉による「見方・考え方」を働かせる指導のポイント

○自分の相談ごとを決めるために

　2年生のこの時期、相談ごとがなかなか思い付かない。そのために「どんなことがしたいのか」「どんな自分になりたいのか」を考え、そこからいくつかの相談ごとを付箋に書く。そして友達と相談しながら、どの事柄がよいのかを考えていくようにする。

```
やってみたいこと

┌─────────────────────────┐
│ 野菜の育て方を、教えてくれた上田さん │
│ に、ありがとうの気持ちを伝えたいな。 │
└─────────────────────────┘
        ↓         ↓
┌──────────┐ ┌──────────────┐
│ プレゼントは  │ │ ありがとうパーティ  │
│ 何にしようかな。│ │ を開いていいのかな。 │
└──────────┘ └──────────────┘
┌──────────────┐
│ ありがとうの気持  │
│ ちを伝えるにはどう │
│ したらいいのかな。 │
└──────────────┘
```

> みんなに何を相談すればよいのかな。

> パーティーは、時間などもあるから、先生に聞いたほうがいいね。

> ありがとうの気持ちを伝えるのであれば、プレゼントかな。喜んでもらえそうだね。

> 私もそのことを話し合いたいな。みんなもプレゼントは作ったことがあるので、相談に答えやすいね。

○話をつなげるために

・相談者が司会を行う ➡

> 　私は、野菜の育て方を教えてくれた、上田さんにありがとうの気持ちを伝えたいです。そのためにみなさんに聞きたいことがあります。プレゼントを何にするかです。みなさんどう思いますか。

・答える側は、話をつなげる言葉を使いながら相談ごとを解決する

> **質問➡分からないことや、詳しく聞きたいこと**
> （そのプレゼントはみんなで作るのですか。今は、どんな物を考えていますか。）
> 確認➡確かめたいこと　（一人一人、言葉を書くのですね。）
> 共感➡**同じ考えの時**　（私もその考えはいいと思います。理由は〜）
> 感想➡**自分の考えたことを伝えるとき**　（それは、上田さんも喜んでくれると思います。）
> ※話をつなぐことが、より友達の相談ごとを詳しく知ることができ、解決につながることを押さえる。

○振り返り

　学習の振り返りには友達に相談をして解決したことや、やってみたいと思ったことを発表し、みんなで共有する。「ありがとうカード」には、友達からのどんな言葉が自分の相談ごとの解決につながったのかを書くようにする。

（武部夏希）

> みんなへ
> 　上田さんへのプレゼントは、自分が育てる野さいの形を切ったカードに、上田さんへの言葉を書いて、それをがよう紙にはったものにします。
> 　理由は、野さいの形のカードの方が、かわいいし、楽しみがつたわることと、自分の気持ちをカードに書けることもいいなと思ったからです。

プラン

たいせつなことを　おとさずに　きこう

📖 教材名 「ともだちを さがそう」（光村）

1　単元について

　教科書の挿絵を基に行う「迷子探し」を通して、目的に合わせて大事なことを落とさずに聞き、短い言葉でメモを取るという言語活動に取り組む。迷子になったときの気持ちを思い起こして、「早く見付けてあげたい」という目的を明確にすることも、メモを効果的にとることにつながる。友達を見付け出す手がかりを聞き落とさないようにメモをとることが必要となる。日常生活においても、自分が大切だと思うことや相手が知らせたいことについて、必要に応じてメモをとる力を生かすことができるようにしたい。

2　単元の指導目標

○アクセントによる語の意味の違いや強調されているところに気付いて、迷子のお知らせを聞く。

○話し手が知らせたいことを聞き落とさないようにしながら聞く。

○目的に合わせた必要な事柄を選び、聞き落とさないようにメモを取ろうとする。

3　単元の評価規準

知識・技能	思考・判断・表現	主体的に学習に取り組む態度
❶語句や色、大きさ、形を表す語句など、意味による語句のまとまりがあることやアクセントによる意味の違いに気づいて話したり聞いたりしている。(1)イ	❷「話すこと・聞くこと」において、話し手が知らせたいことは何かを考え、事柄の順序を意識しながら話したり聞いたりして、話の内容を把握している。（エ）	❸話し手が知らせたいことを考えながら、自分にとって大事なことは何かを落とさないようにメモを取ろうとしている。

4　単元の流れ（全3時間）

1　学習課題を捉え、学習計画を立てる。

2　落としてはいけない必要な情報を絞り、迷子のアナウンスを聞く。

3　単元の振り返りをする。

5 言葉による「見方・考え方」を働かせる指導のポイント

(1) 相手が何を伝えようとしているのかを予想したり、知りたい情報を聞くための準備をしたりして、メモを取るときに情報を選択する力を付ける

　目的に応じて、必要な情報だけをメモするためには、話し手が何を話すのかをある程度想定することで、自分にとって必要な情報とそうでない情報を選別することが容易になる。

【ワークシート】大事なことを落とさずに聞く聞き方を考えよう（第2時）

　たくさんの情報を出し合い、分類することによって、次に違うアナウンスが流れても必要な情報だけをメモすることができるようにする。

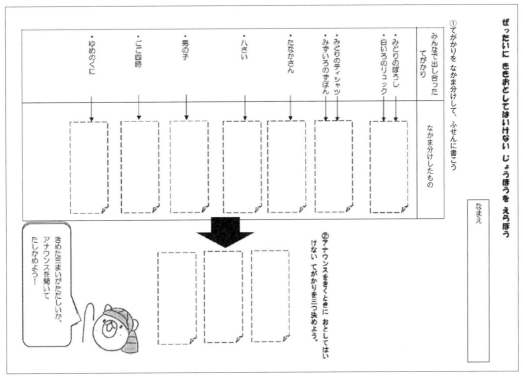

(2) 単元を振り返り、日常生活へとつなげ、定着させていく

　本単元では、自分が大切だと思うことや相手が知らせたいことをメモするという、目的に応じて適切にメモをとる力を育成することを目指している。そのためには、メモの内容をなかま分けして、いくつかのまとまりにすることや、箇条書きにすることなどが必要となる。国語科だけでなく、他教科等の学習や日常生活の中で、本単元の学習を生かし、目的や場面に合ったメモの取り方ができるようにしたい。

（乾さつき）

2年生の友だちに、「楽しかったよ」と言ってもらえるようなお話をつくろう

📖 **教材名** 「お話のさくしゃになろう」（光村）
📖 **補助教材** 「スイミー」（光村）、教師作成のお話

1 単元について

　本単元では、「2年生の友達に、『楽しかったよ』と言ってもらえるようなお話をつくろう」という目的のもと、お話づくりを行う。簡単な物語をつくるなど、感じたことや想像したことを書く言語活動を通して、事柄の順序に沿って簡単な構成を考えたり、文章に対する感想を伝え合い、自分の文章の内容や表現のよいところを見付けたりする資質・能力の育成を目指す。また、身に付けた資質・能力を活用して、次の学習に生かしていくことも大切にしていきたい。

2 単元の指導目標

○長音、拗音、促音、撥音などの表記、助詞の「は」、「へ」及び「を」の使い方、句読点の打ち方やかぎ（「　」）の使い方を理解する。

○2年生の友達に、自分がつくったお話のよさが伝わるようにするために、事柄の順序に沿って簡単な構成を考えたり、自分の文章の内容や表現のよいところを見付けたりする。

○2年生の友達に、自分がつくったお話のよさが伝わるようにするために、事柄の順序に沿って粘り強く構成を考え、学習課題に沿ってお話を書こうとする。

3 単元の評価規準

知識・技能	思考・判断・表現	主体的に学習に取り組む態度
❶長音、拗音、促音、撥音などの表記、助詞の「は」、「へ」及び「を」の使い方、句読点の打ち方、かぎ（「　」）の使い方を理解して文や文章の中で使っている。(1)ウ	❷「書くこと」において、自分の思いや考えが明確になるように、事柄の順序に沿って簡単な構成を考えている。（イ） ❸「書くこと」において、文章に対する感想を伝え合い、自分の文章の内容や表現のよいところを見付けている。（オ）	❹事柄の順序に沿って粘り強く構成を考え、学習課題に沿ってお話を書こうとしている。

4 単元の流れ（全10時間）

時	○学習活動	◆評価規準　●指導の手立て
0	○朝の読書タイムを活用し、「始め－中①－中②－終わり」の構成からなる物語の読み聞かせを聞く。	●子どもがお話づくりに興味をもったり、活動にスムースに入ったりできるよう、左記に示す簡単な構成からなる物語の読み聞かせを、単元に入る前に意図的に行う。学校司書と連携を図り、それらの本を集め、教室に置いていつでも手にとって読める環境をつくる。
1	○「2年生の友達に、自分がつくったお話が『楽しかったよ』と言ってもらえるようなお話をつくろう」という学習の見通しをもち、学習計画を立てる。	◆❷「スイミー」や教師作成のお話から、お話には人物や人物像、場面設定、行動や会話、簡単な構成と展開からなっているということを捉えている。【発言内容の把握、振り返りの記述内容の分析】
2	○「スイミー」や教師作成のお話から、物語の特徴を捉える。	●子どもが物語の特徴を捉えられるよう、既習の「スイミー」や教師作成のお話を提示し、比較しながら共通の特徴を見付ける活動を設定する。 （例）人物や人物像、場面設定、行動や会話、「始め－中①－中②－終わり」の構成と展開
3 4	○絵から想像を広げ、構成メモを書く。　5　指導の実際(1)	◆❹事柄の順序に沿って粘り強く構成を考え、学習課題に沿って構成メモを書こうとしている。【構成メモの記述内容の分析、振り返りの記述内容の分析】 ●自分の思いや考えが明確になるよう、内容のまとまりを意識した構成シートを基に構成メモを書く。
5 〻 8	○構成メモを基に、600〜800字程度のお話を書く（各場面150〜200字程度）。　5　指導の実際(2) ○交流するときの視点に沿って友達と読み合い、推敲する。 ○内容のまとまりを意識して、丁寧に清書する。	◆❷時間や事柄の順序を表す語を適切に用いたり、内容のまとまりが明確になっているかを確かめたりしながら、お話を書いている。【原稿用紙の記述内容の分析、振り返りの記述内容の分析】 ●内容のまとまりを意識して書けるよう、第2時で見付けた「時間」を表す言葉を、掲示物や手元の言葉カード〔図3〕を基に活用してよいということを助言する。 ◆❶長音、拗音、促音、撥音などの表記、助詞の「は」、「へ」及び「を」の使い方、句読点の打ち方、かぎ（「　」）の使い方を理解して文や文章の中で使っている。【推敲時の発言内容の把握、推敲の前と後の原稿用紙の記述内容の分析】
9 10	○書いたお話を友達と読み合い、感じたことや分かったことを共有し、単元の振り返りをする。　5　指導の実際(3)	◆❸文章に対する感想を伝え合い、自分の文章の内容や表現のよいところを見付けている。【感想を伝え合う様子の把握、感想カードの記述内容の分析、振り返りの記述内容の分析】

5 言葉による「見方・考え方」を働かせる指導の実際

(1) 自分の思いや考えが明確になるよう、内容のまとまりを意識した構成シートを基に構成メモを書く〔図1〕

　第1学年及び第2学年では、構成を考えることによって自分の考えを明確にしていくことを重視している。「始め」では、人物や人物像〔図2〕、場面の設定、「中①」では事件が起き、「中②」で事件が解決に向かい、「終わり」で事件が解決するという構成とした。中を「①事件が起きる場面」と「②解決に向かう場面」とに分けることで、自分の考えをより明確にして書くことができると考えた。構成シートや構成メモには、子どもの思考に沿ったなげかけの言葉を入れ、その言葉と絵から想像を広げて構成メモを書くようにした。また、構成を意識しやすいよう、色別の構成メモを用意し、記述の際に使用する原稿用紙も同色にして指導の関連を図った。

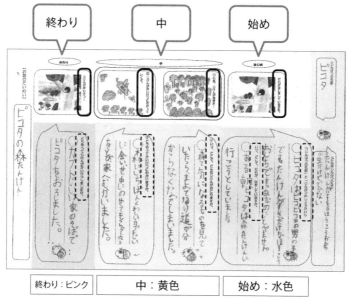

| 終わり：ピンク | 中：黄色 | 始め：水色 |

〔図1〕一目で「始め−中−終わり」の構成が分かる「構成シート」と「色別構成メモ」

子どもの思考の流れに沿った、なげかけの言葉の工夫【構成シート】
始め：だれが何をしているかな。
中①：わあ、事件が起きた。
中②：事件が解決に向かっていくぞ。
終わり：事件が解決！

子どもの思考の流れに沿った、なげかけの言葉の工夫【構成メモ】
始め：人物の名前と人物の紹介。
　　　いつ、どこで、誰が、何をしていますか。
中①：いつ、どこで、どんな事件が起こりますか。
中②：どうやって解決に向かいますか。
終わり：どうやって事件が解決しましたか。

〔図2〕
「人物」を表す言葉カード

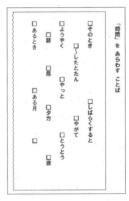

〔図3〕「時間」を表す言葉カード

　構成メモを書くときには、友達に「楽しかったよ」と言ってもらえるよう、事件の内容、事件の解決方法、行動や会話などについて、友達と対話しながら想像を広げていった。対話を通して、友達がいちばん楽しいと思ってくれるだろうと予想する事柄を選び、構成メモを書いた。構成メモが書き終わったら、「始め－中①－中②－終わり」の筋が通っているかを友達と確認し合った。

(2)　**内容のまとまりを意識できるよう、「時間」を表す言葉カード〔図3〕を適宜活用する**

　教科書教材には、「始め」と「終わり」の挿絵が提示されている。空の色、花やキノコの様子の比較から、時間の順序に沿ってお話が展開していくことが読み取れる。子どもたちは、第2時で共有した「時間」を表す言葉を使うことで、そこから場面が変わるということが分かった。場面が変わるときにそれらの言葉を意識して使うことで、書き手も読み手も内容のまとまりをより意識できるようになった。また、今後も言葉を増やして活用できるよう、カードに書き込めるスペースを作った。

(3)　**簡単なお話を書く言語活動を通して、どんな資質・能力を身に付けたのかを子ども自身が自覚し、それを意識して活用することができるよう、感想を伝え合う視点を明確にして交流する**

　本単元では、「2年生の友達に『楽しかったよ』と言ってもらえるようなお話をつくろう」という目的のもと、お話づくりをしてきた。子どもたちから出された「楽しかったよ」という言葉の具体を共有し、「構成の検討」や「考えの形成・記述」、「共有」のときにもその視点で見合うことで、資質・能力の確実な育成につながると考えた。また、交流を通して目的が達成できた喜びを実感するとともに、自分に身に付いた資質・能力も自覚できるだろう。お話の楽しさやおもしろさは、例えば、下に示す視点から感じられるものだということを、子ども自身が実感することが大切だと考える。ここで身に付けた資質・能力を使って、次の学習に生かしていくことも大切にしたい。

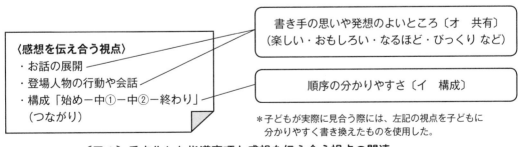

〔図4〕重点化した指導事項と感想を伝え合う視点の関連

（板橋美智恵）

おもちゃワールドで牛乳パックおもちゃの作り方を説明文で伝えよう

📖 **教材名** 「おもちゃの作り方をせつめいしよう」（光村）
📖 **補助教材** 『しかけおもちゃであそぼう』（岩波書店）
　　　　　　　『ペットボトル・牛乳パックでかんたん工作』（メイツ出版）他

プラン

1　単元について

　本単元では、生活科で作った動くおもちゃの作り方の順序が分かるように説明文を書く言語活動を行う。教材の特色は、「始め」に材料と道具、「中」に作り方、「終わり」に遊び方、の三つの構成に分けられている。また、言葉や文で説明しにくいことを絵で補うようにし、より分かりやすい説明文になっている。文と絵や写真を関係付け、資料を活用しながら、事柄の順序を意識した記述力を本単元で身に付けたい。

2　単元の指導目標

○言葉には、おもちゃの作り方を伝える働きがあることや、事柄の順序には、時間、作業手順、重要度、優先度などの観点に基づいたものがあることに気付く。

○おもちゃの作り方の順序に沿いながら、説明的文章の簡単な構成を考えるとともに、語と語や文と文との続き方に注意しながら、内容のまとまりが分かるような書き表し方を工夫する。

○学習発表会に来てくださった人におもちゃの作り方を伝えたいという目的を明確にして、作り方や遊び方を分かりやすく伝えるために、進んで構成を考えたり、よりよく書こうとしたりする。

3　単元の評価規準

知識・技能	思考・判断・表現	主体的に学習に取り組む態度
❶言葉には、経験したことを伝える働きがあることに気付いている。(1)ア ❷事柄の順序には、時間、作業手順、重要度、優先度などの観点に基づいたものがあることに気付いている。(2)ア	❸「書くこと」において、作り方、遊び方が明確になるように、事柄の順序に沿って簡単な構成を考えている。（イ） ❹「書くこと」において、語と語や文と文との続き方に注意しながら、内容のまとまりが分かるように書き表し方を工夫している。（ウ）	❺今までの学習を生かして、経験したことや伝えたいことを言葉で知らせたいという思いを膨らませ、進んで構成を考えたり、書いた文章を読んでもらうことで、書くことのよさを実感し、よりよく書こうとしたりしている。

4　単元の流れ（全10時間）

1〜3　作り方が書かれている複数の説明文を比較し、共通して書かれている内容から学習課題を設定し、学習計画を立てる。

4　「おもちゃの作り方」の構成をとらえ、説明書の構成を考える。

5・6　生活科で作った自分のおもちゃを作る手順に沿って、作り方カードを書き、写真を撮りためる。

7　作り方カードと写真のつながりに着目しながら写真の選択をしたり、写真に合う文章に書き直したりする。

8・9　説明書を友達と読み合い、より分かりやすくするために、文や言葉を書き加え、説明文を仕上げる。

10　単元全体の振り返りをする。

5　言葉による「見方・考え方」を働かせる指導のポイント

⑴　生活科の学習と関連付けた単元づくり

　本単元は、生活科「あそんでためしてくふうして」という動くおもちゃ作りの学習をきっかけとしている。また、いろいろな人に学習発表会で自分たちが作ったおもちゃで楽しんでもらいたいという思いと関連付けることで、相手意識、目的意識、自分の課題を明確にしながら、学習を進めていけると考える。生活科の学習では、身近にある物の特徴を生かしてできる楽しい遊びを考えたり、遊びに使うものを工夫して作ったりし、みんなで遊ぶ楽しさに気付き、気付いたことを表現することをねらいとしている。

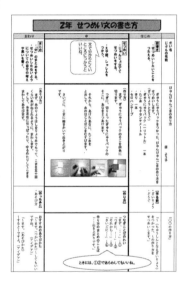

⑵　課題に合わせた意図的なグループ編成

〔ワークシート〕

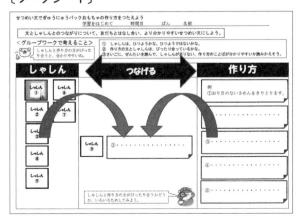

　単元の前半は、同じおもちゃを作った子ども同士のグループ編成にする。おもちゃの作り方を理解しているもの同士なので、互いに意見を出しやすくなる。また、後半では、違うおもちゃを作った子ども同士でのグループ編成にし、分かりにくいところを書き手に質問することで、より分かりやすい説明文になると考える。

（原陽子）

かんさつ名人になって、わたしの「やさいの せいちょうきろく」をつけてともだちと読みあおう

プラン

📖 **教材名** 「かんさつ名人になろう」（光村）

1 単元について

　生活科で育てている野菜を観察し、野菜の観察記録に書き表す言語活動を行う。育てる楽しさ、育つ喜びを書く活動につなげて、苗の段階から記録を続ける。観察するときの観点を子どもたちから引き出し共有することで、言葉による見方・考え方を働かせて記録文を書く力を付ける。また、観察する際にペアで対話する時間をもつことで、観点を広げたり深めたりすることができるとともに、野菜が育つ喜びを分かち合うことができる。

2 単元の指導目標

○野菜の観察記録を書くために、身近なことを表す語句の量を増し、語や文章の中で使う。
○野菜の観察記録を書くために、丁寧に観察して必要な事柄を集め、事柄の順序に沿って
　簡単な構成を考えて書く。
○野菜が育つ課程を書き残すために、育てている野菜を丁寧に観察したり友達と助言し合
　ったりしながら、その育ちを記録に書き表そうとする。

3 単元の評価規準

知識・技能	思考・判断・表現	主体的に学習に取り組む態度
❶身近なことを表す語句の量を増し、語や文章の中で使っている。(1)オ	❷「書くこと」において、丁寧に観察して必要な事柄を集めたり確かめたりしている。（ア） ❸「書くこと」において、事柄の順序に沿って簡単な構成を考えて書いている。（イ）	❹野菜が育つ過程を書き残すために、対象を丁寧に観察し、その育ちを記録に書き表そうとしている。

4 単元の流れ（全10時間）

1　自分の育てる野菜の観察記録文を書いてみる。

2　観察記録文を詳しく書くために、教材文を読んで「わざ」を見付ける。

3　相手、目的を考えて、学習計画を立てる。

4　育てている野菜を丁寧に観察し、メモをとる。

5　メモを基に、「やさいのせいちょうきろく」をつける。

6〜9　育つ期間を空け、4・5時同様に、「やさいのせいちょうきろく」をつける。

10　「やさいのせいちょうきろく」を読み合い、感想を交流し、学習を振り返る。

5　言葉による「見方・考え方」を働かせる指導のポイント

○「かんさつ名人のわざ」を見付け、観察の方法・観点を共有する

教材文から、観察の方法・観点を学ぶ。子どもが気付いたことを取り上げて、「かんさつ名人のわざ」として掲示しておくことで、いつでも参考にできるようにする。「わざ」は、子どもの気付きがあったら、随時増やしていく。

> かんさつ名人のわざ
> 〈どうやって〉
> 見て
> かいて
> さわって
> 〈なにに気をつけて〉
> その①　大きさ
> その②　長さ

〔「かんさつ名人のわざ」
の掲示例〕

○「やさい　お話タイム」を設ける

ペアの友達と育てている野菜について話す時間を設ける。具体的には、野菜を観察する際に、①1人で観察　②ペアで対話　③メモを書く、という手順で行う。友達に、自分の育てている野菜の生長について話す時間を設けることにより、以前と比べて変化したところを詳しく見るようになるとともに、喜びをより実感することができる。

○生活科と関連させる

2年生の生活科では、野菜を育てたり小さな生き物（虫など）を飼育したりする学習が行われる。観察記録文を書くという言語活動にとても適しており、生活科との関連を図ることが、国語科の学習を充実させることにつながる。

観察の対象として、野菜は、次のような特徴があることを押さえておくとよい。

・変化が捉えやすい。

・野菜の種類によって目立つところや手触りなどが違う。

・天候が育ちに影響する。

・動きはない。

（青木寛）

〔教師のモデル〕

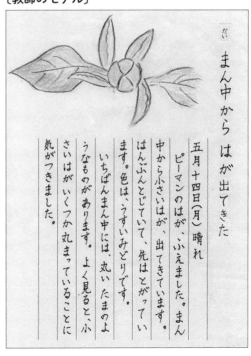

> だい　まん中から はが出てきた
>
> 五月十四日（月）晴れ
> ピーマンのはが、ふえました。まん中から小さいはが、出てきています。先はとがっています。
> 色は、うすいみどりです。
> いちばんまん中には、丸いたまのようなものがあります。よく見ると、小さいはがいくつか丸まっていることに気がつきました。

この本を読んだあなたへ
―わたしの大すきな場面、しょうかいします―

📖 **教材名** 「スイミー」（光村）
📖 **補助教材** 「コーネリアス」「フレデリック」など　　レオ＝レオニ作品

1　単元について

　この時期の子どもたちは、絵本や児童書などの読書や読み聞かせなどたくさんの物語に出会う。子どもたちの心には、多くの感動が生まれているが、感想を尋ねると、「おもしろかった」といった言葉でしか伝えられない子どももいる。

　本単元では、心に感じたことを相手に伝えるために、言葉で表現する力を付ける。物語の大体をつかんだ上で、どの場面が気に入ったか自分の好きな場面について紹介をするという言語活動を設定した。友達に紹介することよって、自分の作品に対する思いを明確にし、言葉で伝える力を育成する。

2　単元の指導目標

○レオ＝レオニ作品のお気に入りの本を紹介する活動を通して、人物の様子などを表す言葉を理解し、使っている。

○登場人物の行動などを基に内容の大体をつかみ、登場人物の行動などを物語の展開と結び付けて想像しながら読んでいる。

○レオ＝レオニ作品の好きなところを紹介するために本を選んで読んだり、選んだ本に対する思いが伝わるように本の楽しさを紹介したりしようとする。

3　単元の評価規準

知識・技能	思考・判断・表現	主体的に学習に取り組む態度
❶物語を読んで感じたことを表す語句の量を増やし、語彙を豊かにしている。(1)オ	❷「読むこと」において、登場人物の行動などを基に、誰が、どうして、どうなったかを把握し、物語の大体を捉えている。（エ） ❸「読むこと」において、登場人物の行動などを物語の展開と結び付けて想像したことを紹介の文に用いている。（オ）	❹レオ＝レオニ作品の好きなところを紹介するために本を選んで読んだり、選んだ本に対する思いが伝わるように、本の楽しさを紹介したりしようとしている。

4　単元の流れ（全10時間）

時	○学習活動	◆評価規準　●指導の手立て
1	○レオ＝レオニの作品について並行読書をし、初発の感想を述べ合い、学習の見通しを立てる。	◆❹レオ＝レオニ作品の好きなところを紹介するために本を選んで読んでいる。【読書カード・一言感想】
2 3	○誰が何をしたかに着目しながら「スイミー」を読み、物語の内容の大体を捉える。 　5　指導の実際(1)	◆❷スイミーの行動や会話を基に、誰が、どうして、どうなったかを把握し、物語の大体を捉えている。【ワークシート】
4	○「スイミー」の好きな場面について、わけや想像したことをメモに書く。	●適切な感想語彙等も用いることができるよう語彙表を活用する。 ◆❶好きなわけを表すときに感想語彙を用いることで、内容や自分の思いを伝える語彙を知り、使っている。【ワークシート】
5	○メモを基に、紹介の文を書く。 　5　指導の実際(2)	●好きな場面を見つけながら読むために、付箋紙を活用する。また、ペアやグループなどで伝え合う対話的な学習を取り入れ、自分の考えを明確にしていく。
6	○紹介の文を友達と読み合い、よいところを伝え合う。	●友達の紹介文を読んで、共感したり新たな気付きがあったりしたことをメッセージに書いて、交流する。
7 8	○並行読書したレオ＝レオニの作品から紹介したい一冊を選び、誰が何をしたかに着目しながら読み、物語の内容の大体を捉える。	●並行読書した本の内容を記録するブックリストを活用し、選書に生かせるようにする。
9	○好きな場面を選び、わけや、想像したことをメモに書く。 　5　指導の実際(3) ○メモを基に、紹介の文を書く。	●同じ作品を選んだグループで学習できるよう場を設定し、自分の考えを明確にしていけるようにする。 ◆❸「読むこと」において、場面の様子に着目し、登場人物の行動などを物語の展開と結び付けて想像したことを紹介の文に用いている。【ワークシート】
10	○紹介の文を書いて、友達と読み合い、学習の振り返りをする。	◆❹レオ＝レオニ作品の好きなところを紹介するために選んだ本に対する思いが伝わるように、本の楽しさを紹介したりしようとしている。【交流の様子・付箋】 ●互いの紹介文を読み合い、感じたことや思いを交流できるよう、付箋を活用する。

5 言葉による「見方・考え方」を働かせる指導の実際

(1) 主語・述語に着目し、人物の行動や会話から内容の大体をつかむ力を付ける

　自分が心動かされたお気に入りの場面を見付けるためには、まずきちんと内容の大体を把握することが求められる。「スイミー」という主教材を通して、誰が、何をしたかという主語・述語に着目しながら読んで内容の大体をつかみ、そこからどのようにして紹介の文に表していくのかということを学んでいく（ワークシート）。さらに身に付けた力を三次で活用し、子どもたちが身に付けた力を自覚していけるような単元構成とした。

〔ワークシート〕

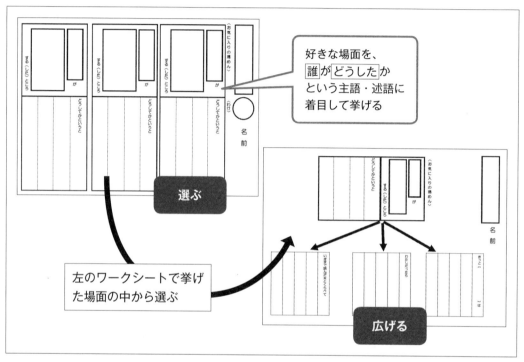

(2) 紹介する文を書く時に活用できる語彙を共有する

　紹介する文を書く時には、これまでに学習した感想語彙などを蓄積しておいて、必要な場面で活用できるようにしておく。

　好きな場面などを伝える時に、「おもしろかった」だけにとどまらず、多様な表現の中から自分の思いに合致するものを選択して活用していく経験を繰り返していけるようにする。

　言葉集めは、「かんそうのことば」のほかにも、評価語彙や心情語彙など、機能ごとに蓄積していくとさらに効果的である。

かんそうのことば		二年
うれしい気もちになった。		
どきどきした。	□ ほっとした。	
わくわくした。	□ はらはらした。	
心があたたかくなった。		
こころにのこった。		
おもしろかった。		
おどろいた。		
わすれられない。		

(3) 実際の読書生活へつながる、子どもたちの意欲を高めるための言語活動

　本単元では、言語活動を「本の紹介」として、ブックポケットに表す。「紹介」とは、自分のために読むだけでなく、人に紹介することによって自分の作品に対する思いを深める言語活動である。

　①伝える内容は、好きなところが中心となる。②紹介する相手と、本を読みたい気持ちを共有して読書の輪を広げていく。③紹介のための言葉を活用できるよう、具体的なモデルを示し、紹介文の書き方の要素を見いだすことができるようにする。

〔教師のモデル〕

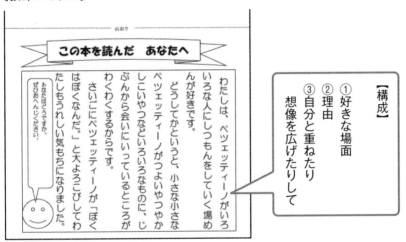

〔子どもの作品〕

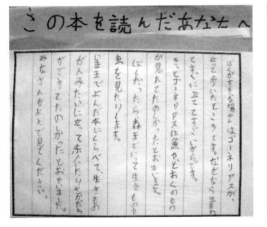

　本単元では、自分が気に入ったレオ＝レオニ作品を選び、同じ本を手に取ってくれた人に向けておもしろさを共有したいという気持ちをもって好きな場面を紹介する。本言語活動を通して、好きな場面を見つける手がかりとして登場人物の行動を中心として想像を広げながら読む力を付けていきたい。さらに「もう一度読みたくなる場面」という視点から「好きな場面」の捉えをつかみやすくし、子どもたちの主体的な学びにつなげていきたい。

(福島美沙)

だいじなことばに気をつけて読み、分かったことを1年生に知らせよう

📖 **教材名**　「おにごっこ」（光村）
📖 **補助教材**　奥成達「遊び図鑑」（福音館書店）・
　　　　　　　　石井英行「みんなであそぼう」（玉川大学出版部）　ほか

1　単元について

　子どもたちの知識や日々の体験と直結して考えることのできる題材なので、知っていたことは何か、初めて知ったことは何かなどを意識させながら、全体についての感想をまとめるのに適している。

　「あそび方」と「あそび方のおもしろさ」がセットで述べられ、そのセットの繰り返しで説明が進んでいく。この教材の場合、書かれていることを行動化することで、内容を具体的に理解することができる。また、大事な言葉を意識しながら読み進めることで、内容の大体を捉えることができる力を育成する。

2　単元の指導目標

○身近な遊びであるおにごっこを説明する文章を読み、自分の経験と結び付けて、おにごっこのおもしろさを伝えるために、それらを表す言葉を理解する。

○おにごっこのおもしろさを伝えるために、おにごっこを説明する文章を読み、重要な語や文を見つけたり、文章の内容と自分の知識や実際の経験、問題意識を結び付けて理解し、感想をもったりする。

○遊びを紹介する本を読み、本を読んで得た情報を楽しんで紹介しようとする。

3　単元の評価規準

知識・技能	思考・判断・表現	主体的に学習に取り組む態度
❶事物や体験したことを伝える言葉を理解し使っている。(1)オ	❷「読むこと」において、文章の中から、自分が知りたいことや興味をもったことにつながったり、考えや思いを書くために必要となったりする言葉や文を見つけている。（ウ） ❸「読むこと」において、文章の内容と自分の知識や経験を結び付けながら理解を深めて、自分の好きなおにごっこのおもしろさを紹介している。（オ）	❹学習課題に沿って、知識を得るために進んで説明的な文章を読み、互いの思いや感想を分かち合ったり、感じ方や考え方を認め合ったりしようとしている。また、本を読んで得た情報から本を読むよさや楽しさを感じ、表現しようとしている。

4　単元の流れ（全10時間）

時	○学習活動	◆評価規準　●指導の手立て
1	○おにごっこで遊んだ経験を想起し、人気のあるおにごっこを確かめる。 ○人気のあるおにごっこの工夫について話し合い、「自分の知っているおにごっこのくふうを見つけよう」という学習課題を設定し、学習の見通しをもつ。 5　指導の実際(1)	◆④おにごっこの体験を想起し、遊び方やおもしろさを話している。【発言の内容・様子】 ◆③自分の知識や経験と比べながら読んでいる。【ワークシート】 ●分かったことを誰に知らせたいかを考え、知らないことを教えてあげたいという思いから、1年生に知らせると決定する。相手意識・目的意識をはっきりさせることで、学習への取組がより積極的になるように支援する。
2	○「おにごっこ」を読み、知っている遊び方と、したことのある遊び方が書かれているところを確かめる。	◆①知っている遊び方やしたことがある遊び方を思い出しながら、文章を読んでいる。【ワークシート】
3 〜 6	○「おにごっこ」に書かれている内容について、遊び方のおもしろさを整理しながら読み、それぞれの遊び方について考えたことを発表する。 5　指導の実際(2) ・にげてはいけないところをきめるもの ・にげる人だけが入れるところを作ったり、つかまらないときをきめたりするもの ・ふえおに ・手つなぎおに	◆②「読むこと」において、文章の中から、自分が知りたいことや興味をもったことにつながったり、考えや思いを書くために必要となったりする言葉や文を見つけている。【ワークシート】 ●「あそび方」に赤、「あそび方のおもしろさ」に青と色分けして線を引き、大事な言葉を分かりやすく見つけていく。 ●「ほかに」や「ところが」などの接続詞に注目しながら、考えていく。
7 ・ 8	○自分の好きなおにごっこの工夫を考える。	◆③「読むこと」において、文章の内容と自分の知識や経験を結び付けながら理解を深めて、自分の好きなおにごっこのおもしろさを紹介している。【ワークシート】 ●実際におにごっこをしてみて、困った点を考えてそれらをヒントに工夫を考える。
9	○おにごっこやほかの遊びで工夫したことを思い出し、考えたことを発表する。	◆④本を読んで得た情報から本を読むよさや楽しさを感じ、表現しようとしている。【交流の様子】 ●3、4人のグループにして順番に互いの好きなおにごっこを紹介する。紹介したおにごっこが、どのタイプの遊びかをみんなで考えるようにする。
10	○学習を振り返る。	●1年生にできあがった本を見せに行き、感想をもらう。もらった感想を踏まえての振り返りを行うことで、大事な言葉を落とさずに読むことができたかを振り返らせたい。

5 言葉による「見方・考え方」を働かせる指導の実際

(1) 導入で興味・関心を高め、相手意識・目的意識を明確にする

本単元の学習に入る前に、子どもたちがすでに知っていたり、お気に入りだったりするおにごっこについて話題にし、好きだと思うわけなどを出し合うことで、「おにごっこ」がより身近なものであることを意識して、楽しんで学習に参加できるようにする。また、学習した内容を「1年生に知らせにいこう」という単元のゴールにすることで、相手意識・目的意識を明確にして活動できるようにした。

〔おにごっこの種類と楽しさ〕

> ・色おに…………逃げていて出た色にタッチしようとするとき、わくわくしておもしろくなってくるから。
> ・ふえおに………どんどんおにが増えていって、仲間が増えていくから。
> ・こおりおに……おににタッチされても、まだおににつかまっていない人がタッチをすれば復活できるから。

(2) 見つけた大事な言葉を色分けして線を引く

大事な言葉である「あそび方」を赤、「あそび方のおもしろさ」を青とそれぞれの部分に色分けで線を引くことで、何が書かれているのかを子どもが意識して探すことができるようにする。

また、最後に本文を読み返すことで、各段落の前半に「あそび方」、後半に「あそび方のおもしろさ」が書かれていることが色分けによって一目で分かり、構成の理解につながっていくと考えた。

(3) 大事な言葉や分かったことがはっきりと分かるようなワークシートの工夫

本文を読んで見つけた大事な言葉や分かったことをきちんと書き留めておくことができるように、記入する場所をはっきりと分けたワークシートを準備した。

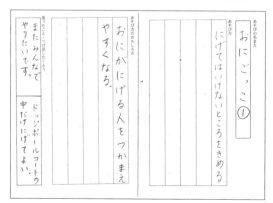

〔↑「おにごっこ」で使用したワークシートをためるファイルの表紙〕

(4) 実際にやってみることで、確かめる

　題材が子どもの身近にある「おにごっこ」なので、書かれた内容を実際にやってみる。実際にやってみて気付いたことを書き加えることで、書かれている内容をより具体的に理解できると考える。

　また、子どもが考えた工夫も、みんなで試してみることで、本文に書かれている「そのあそび方のおもしろさ」を実感することができる。本単元が終了した後も、学級でのレクリエーションなどに取り入れていくことで、子どものアイデアが生かされ、生活に密着した学習にすることができると考える。

(5) ワークシートを本の形式にする

　学習で使用したワークシートを単に集めるだけでなく、本の形式でまとめることで、子どもが楽しんで活動に取り組むことができる。また、最後に1年生に読んでもらうときも本になっていることで、楽しんで読んでもらえるようにした。表紙や名前も各自で考えることで、より愛着をもてるワークシートとなった。

〔子どもの作品から〕

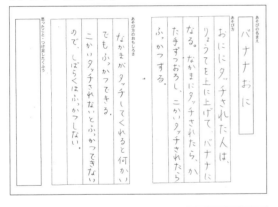

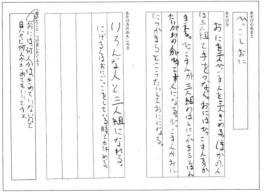

（國司香織）

せつめいの　わざ　を見つけて、「せつめい名人」になろう

📖 **教材名** 「馬のおもちゃの作り方」（光村）

1　単元について

　おもちゃの作り方を説明する文章を読み、分かりやすい説明の仕方を理解する単元である。どんな順序で書かれているかを意識し、文章と写真を関連させて読むことが大切である。生活科など、他教科との関連を考えて指導することで、次の単元の「おもちゃの作り方をせつめいしよう」につなげたい。

2　単元の指導目標

○読み手に分かりやすく説明するための事柄の順序や使われている言葉、言葉と写真との関係性などに気付き、それらの言葉の働きを意識して読む。

○事柄の順序や写真と言葉との関係性、使われている言葉の働きについて考え、内容の大体を捉えて読む。

○おもちゃの作り方について書かれた文章を読み、事柄の順序や言葉と言葉との関係性を見つけながら読もうとする。

3　単元の評価規準

知識・技能	思考・判断・表現	主体的に学習に取り組む態度
❶事柄の順序や、言葉と写真とのつながりなど、情報と情報との関係について理解している。(1)ア	❷「読むこと」において、事柄の順序や使われている言葉の働きなどを考えながら内容の大体を捉えて読んでいる。（ア）	❸事柄の順序に沿って、読み手にとって分かりやすい構成について粘り強く考え、学習課題に沿っておもちゃの作り方を説明する文章を読もうとしている。

4　単元の流れ（全6時間）

1・2　学習の見通しをもち、学習課題を設定して学習計画を立てる。

3　　　「馬のおもちゃの作り方」の〈作り方〉の一段落を読み、数字で説明されているよさを読み取る。

4・5　事柄の順序やその順序で書かれたよさ、順序を表す言葉とその言葉を使うよさ、文章と写真との関連とその写真を使うよさを読み取る。

6 　読み取った説明の工夫を基に、再度文章のまとまりや順序を確認する。

　「がくしゅうのすすめ方」やモデル文を基に、文章を書く見通しをもち、「おもちゃの作り方をせつめいしよう」の学習へとつなぐ。

5　言葉による「見方・考え方」を働かせる指導の実際
○説明の工夫を見付け、観点を共有し、語彙を獲得する

　説明の工夫を読み取るために、全文シートを用意する。ここでは、「事柄ごとに書かれているよさ」「つなぎ言葉を使って順序立てて書かれていることのよさ」「言葉や文章内容の理解を補うために、図や写真を使うことのよさ」を読み取りたい。

　また、「○○の作り方を　説明します。」（説明したいことを初めに伝える）

　「これで……できあがりです。」（作り方のまとめをする）

　「～してみてもいいですね。」（アイデアを呼びかける）

といった、作り方の説明に必要な語彙にも気付けるようにしたい。

〔見つけたせつめいのわざのれい〕

（西松亮介）

「ここがすき!」がつたわる「すみれちゃんブック」を作って、3年生にしょうかいしよう

プラン

📖 **教材名** 「わたしはおねえさん」（光村）
📖 **補助教材** 「すみれちゃん」シリーズ（偕成社）

1 単元について

　本単元は、「わたしはおねえさん」の物語を読んで、自分の体験や経験と比べながら感想をもつ学習である。自分と同じ年の主人公の物語を読むことで、人物の行動から気持ちを想像する力を身に付けさせたい。また、昨年度同じ作品を読んだ経験のある3年生に向けて、感想を書いたりほかのシリーズを紹介したりするという活動にすることで、自分の体験や経験を結び付けて感想をもつ力を身に付けさせたい。

2 単元の指導目標

○「わたしはおねえさん」や「すみれちゃんシリーズ」の好きなところを紹介する活動を通して、主語と述語の関係に気付き、適切に対応させて使う。

○場面の様子に着目し、主人公であるすみれちゃんの行動を想像したり自分の体験と結び付けたりしながら自分の好きなところをまとめる。

○物語の好きなところを紹介するために、「すみれちゃんシリーズ」を選んで読んだり、その本に対する思いが伝わるように、本の楽しさを紹介したりしようとする。

3 単元の評価規準

知識・技能	思考・判断・表現	主体的に学習に取り組む態度
❶主語と述語の関係に気付き、適切に対応させて使っている。(1)カ	❷「読むこと」において、場面の様子に着目し、登場人物の行動や会話を物語の展開と結び付けて想像している。(エ) ❸「読むこと」において、文章の内容と自分の知識や経験、読書体験と結び付けながら想像を広げたり理解を深めたりし、自分の好きなところをまとめている。(オ)	❹物語の好きなところを紹介するために、本を選んで読んだり、選んだ本に対する思いが伝わるように、本の楽しさを紹介したりしようとしている。

4 単元の流れ（全10時間）

1	「すみれちゃんシリーズ」の好きなところを話し合い、学習計画を立てる。
2・3	「わたしは　おねえさん」を読み、話の大体を捉えてあらすじを書く。
4・5	登場人物の行動を想像しながら読み、自分が好きなところについて、感想をもつ。
6・7	「すみれちゃん」シリーズを読み、話の大体を捉えてあらすじを書く。
8・9	登場人物の行動を想像しながら読み、自分が好きなところについて、感想をもつ。
10	「すみれちゃんブック」を3年生に紹介する。単元の振り返りをする。

5 言葉による「見方・考え方」を働かせる指導のポイント

(1) 事前の活動や導入で興味・関心を高め、相手意識・目的意識を明確にする

　事前の活動で「すみれちゃんシリーズ」や子どもと同じくらいの年齢が主人公の物語を読み聞かせする。その際、「自分だったらどうするか。」などと声かけすることで、本単元の活動への意識を高めたい。また、運動会で演技や競技を一緒に行ったバディの3年生が知っている物語の感想をもち、それを伝えること、つまり「物語の好きなところを3年生に紹介しよう」という単元のゴールを設定することで、相手意識・目的意識を明確にして活動できるようにした。

(2) 好きなところを選んでまとめることができるように、ワークシートを活用する

　教科書教材ではない「すみれちゃんシリーズ」の好きなところを紹介するために、あらすじをまとめる。主語「だれが」と述語「どうした」を時系列でまとめることができるようなワークシートを使うことで、文を書くことが苦手な子どももあらすじをまとめられるようにする。

　また、物語の好きなところを見付けながら読み、その理由を付箋に書く。その中から紹介したいところを一つに決める際には「すきすきメモ」を活用し、選んだ場面がどれくらい好きかをハートの数で表す「すきすきメーター」を記入することで意欲を高め、好きなところを明確にできるようにする。

　振り返りの際にはキーワードを提示し、本時の学習のねらいと子どもの振り返りが一致するようにする。

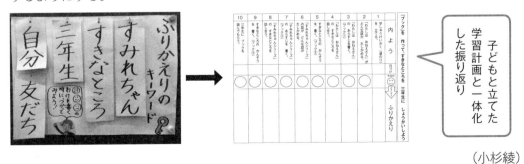

（小杉綾）

身に付けたい力	4月	5月	6月	7・8月	9月	
行事・関連教科	入学式 学級開き	体験学習	全校遠足	夏休み	前期終了	
「A話すこと・聞くこと」 〈話すこと〉 ア 話題の設定、情報の収集、内容の検討 イ 構成の検討、考えの形成 ウ 表現、共有 〈聞くこと〉 エ 構造と内容の把握、精査解釈、考えの形成、共有 〈話し合うこと〉 オ 話合いの進め方の検討、考えの形成、共有	A(1)エ 内容の把握 知・技(1)イ 「よく聞いて、じこしょうかい」 友達の言葉をよく聞いて、じこしょうかいをしよう。 【自己紹介】	A(1)ア エ 課題の設定、考えの形成 知・技(1)イ 「もっと知りたい、友だちのこと」 知らせたいことを話したり、知りたいことを質問したりしよう。 【グループトーク】			A(1)ア オ 内容の検討、進め方の検討 知・技(2)イ 「山小屋で三日間すごすなら」 グループで協力して目的に沿って話し合おう。 【グループでの話し合い】	
「B書くこと」 ア 題材の設定、情報の収集、内容の検討 イ 構成の検討 ウ 考えの形成、記述 エ 推敲 オ 共有	B(1)ア 情報の収集 知・技(1)オ 「春のくらし」 春らしさを感じる言葉を集めよう。 【言葉集め】		B(1)ア エ 内容の検討、推敲 知・技(1)キ 「気持ちをこめて「きてください」」 相手や目的を意識して、行事を案内する手紙を書こう。 【招待状】 B(1)ウ 知・技(2)カ 「引用するとき」 引用して文章を書こう。	B(1)ア イ オ 情報の収集、構成の検討、推敲 知・技(1)ウ カ (2)イ 「仕事のくふう、見つけたよ」「符号など」 組み立てを考えて、調べた仕事を報告する文章を書こう。 【調査報告文】 B(1)ア 題材の設定 知・技(1)オ 「夏のくらし」		
「C読むこと」 ア 構造と内容の把握（説明的文章） イ 構造と内容の把握（文学的文章） ウ 精査・解釈（説明的文章） エ 精査・解釈（文学的文章） オ 考えの形成 カ 共有	C(1)オ カ 考えの形成、共有 知・技(1)ク 「どきん」「つづけてみよう」 【音読】 C(1)イ 構造の把握 知・技(1)ク 「きつつきの商売」 読んで、想像したことを伝え合おう。 【音読】	C(1)ア ウ 内容の把握、精査・解釈 知・技(1)カ (2)ア 「言葉で遊ぼう」「こまを楽しむ」 段落とその中心を捉えて読み、感想を伝え合おう。 【紹介カード】	C(1)イ エ 内容の把握、精査・解釈 知・技(1)オ 「まいごのかぎ」 登場人物の変化に気を付けて読み、感想を書こう。 【感想カード】	C(1)カ 共有 知・技(3)オ 「鳥になったきょうりゅうの話」 図鑑や科学読み物を読んで、驚いたり感心したりしたことを発表しよう。 【読書ポスター】	C(1)オ カ 考えの形成、共有 知・技(1)オ ク 「わたしと小鳥とすずと」「夕日がせなかをおしてくる」【音読】 C(1)オ考え形成 知・技(1)イ 「ポスターを読もう」	
〔知識及び技能〕 (1)言葉の特徴や使い方に関する事項 ア 言葉の働き イ・ウ 話し言葉と書き言葉 エ 漢字 オ 語彙 カ 文や文章 キ 言葉遣い ク 音読、朗読 (2)情報の扱いに関する事項 ア 情報と情報の関係 (3)我が国の言語文化に関する事項 ア・イ 伝統的な言語文化 ウ 言葉の由来と変化 エ 書写 オ 読書	知・技(3)オ 「図書館たんていだん」 知・技(1)ウ(2)イ 「国語辞典を使おう」 B(1)エ 知・技(1)エ 「漢字の広場①」 知・技(3) エ (ｱ)(ｲ)(ｳ) 「毛筆のきほん」	知・技(1)エ B(1)エ 「漢字の音と訓」 Bエ 知・技(1)エ 「漢字の広場②」 知・技(3)ウ・エ(ｳ) 「点画のしゅるい」 知・技(3)エ(ｱ)(ｳ) 「横画」二	B(1) エ知・技(1)エ 「漢字の広場③」 知・技(3)ア 「俳句を楽しもう」 知・技(1)カ 「こそあど言葉を使いこなそう」 知・技(3)エ(ｱ)(ｳ) 「たて画」土 「おれ」日	知・技(1)ウエ(3)エ(ｱ)(ｲ) 「手紙の書き方」	知・技(3)ウ 「へんとつくり」 知・技(1)ウ 「ローマ字」 知・技(3)エ(ｳ) 「力の入れ方」 知・技(1)エ(3)エ(ｳ) 「左はらい」「右はらい」木	

	10月	11月	12月	1月	2月	3月
	後期開始 運動会	学習発表会			終業式	

A(1)ア オ
話題の設定、進め方の検討
知・技(1)オ
「はんで意見をまとめよう」
グループで話し合い、考えをまとめよう。
【グループでの話し合い】 (10月)

A(1)イ ウ
構成、表現
知・技(1)イ(2)ア
「わたしたちの学校じまん」
学校行事について調べたことを発表しよう。
【インタビュー】 (2月)

B(1)ア
題材の設定
知・技(1)オ
「秋のくらし」 (10月)

B(1)イ オ
構成の検討、共有
知・技 (1)オ
「たから島のぼうけん」
構成や表現を工夫して冒険物語を書こう。
【物語づくり】 (12月)

B(1)ウ 記述
知・技(1)ア オ
「つたわる言葉で表そう」
言葉を選んで、相手に伝わる文を書こう。【報告文】 (1月)

B(1)イ ウ
構成の検討、記述
C(1)ア内容の把握
知・技(2)ア イ
「すがたをかえる大豆」
「科学読み物での調べ方」「食べ物のひみつを教えます」
例の書かれ方に気を付けて読み、それを生かして説明する文を書こう。
【説明する文】 (11月)

B(1)ア話題設定
知・技(1)オ
「冬のくらし」 (12月)

B(1)ア ウ エ オ
題材の設定、記述、推敲
知・技(1)オ
「これがわたしのお気に入り」
お気に入りの作品を紹介する文章を書こう。【紹介文】 (1月)

C(1)エ オ カ
精査・解釈、考えの形成、共有
知・技(1)オ
「ちいちゃんのかげおくり」
場面を比べながら読み、感じたことをまとめよう。
【感想文】 (10月)

C(1)イ エ
内容の把握、精査・解釈
知・技(1)オ
「三年とうげ」
民話や昔話を読んで組み立てを捉えて、紹介しよう。
【紹介文】 (12月)

B(1)オ 共有
C(1)オ考えの形成
知・技(1)ク
「詩のくふうを楽しもう」
詩の紹介文を書いたり、見つけた工夫を使って詩をつくったりしよう。
【詩を書く】 (1月)

C(1)ア オ カ
構造の把握、考えの形成、共有
知・技(1)カ
「ありの行列」
科学読み物を読んで感想をもち、伝え合おう。
【感想発表会】 (1月)

C(1)エ オ カ
精査・解釈、考えの形成、共有
知・技(1)オ
「モチモチの木」
登場人物の性格や気持ちを考えながら読み、登場人物について話し合おう。
【読書会】 (3月)

知・技(1)オ カ
「修飾語を使って書こう」 (10月)

B(1)エ知・技(1)エ
「漢字の広場④」 (10月)

知・技(1)エ(3)エ(ア)(ウ)
「点」「はね」小「曲がり」
元「こう筆のまとめ」 (10月)

B(1)ア知・技(3)イ
「ことわざ・故事成語」 (11月)

知・技(1)ウ エ
「漢字の意味」 (11月)

知・技(3)ア
「短歌を楽しもう」 (11月)

知・技(3)エ(ウ)
「小筆の使い方」「部分の組み立て方」「行の中心」立冬 (11月)

B(1)エ知・技(1)エ
「漢字の広場⑤」 (12月)

知・技(3)エ(ウ)
「丸み」つり (12月)

知・技(1)ウ エ
「言葉を楽しもう」 (12月)

知・技(1)エ
(3)エ(ア)
「漢字図かん」上下 (12月)

知・技(1)エ
「カンジーはかせの音訓かるた」 (1月)

B(1)エ 知・技(1)エ
「漢字の広場⑥」 (1月)

知・技(1)ウエ(3)エ(ア)(イ)(ウ)
「書きぞめ」 (1月)

知・技(1)ウ
「コンピュータのローマ字入力」 (2月)

知・技(1)エ(3)エ(ア)(イ)(ウ)
「三年生のまとめ」水玉 (2月)

知・技(3)エ(ウ)
「筆ができるまで」 (3月)

伝えたいことを明確にして、スピーチで伝えよう

📖 **教材名** 「わたしたちの学校じまん」（光村）
📖 **補助教材** 学校の記念誌、プレゼンテーションをしよう（おつたとでんじろう）、教師のスピーチモデル

1 単元について

　3年生は、学校についての思いや知識も高まり、教科等を通して自分の学校について知る機会もある。そうした愛校心が高まる時期を活用して、全校児童や地域の方にスピーチする単元を設定した。

　慣れ親しんだ遊び場であったり、学びの中で関わった人であったり、楽しみにしている学校行事の中から自慢したいことを考える。インタビューや学校図書館で調べる等、適した取材の方法を選び、資料を集める。その中でいちばん伝えたいことを明確にし、それにふさわしい理由を整理する。そして、グループで発表の組み立てを相談し、発表原稿を考える。さらに、相手に応じた分かりやすい伝え方を考え、間や声の強弱、視線などに気を付けて話す。

2 単元の指導目標

○考えとそれを支える理由や事例、全体と中心など情報と情報との関係について理解する。
○相手に伝わるように説明する必要のある事柄を選び、話の中心が明確になるように構成を考え、話の中心や話す場面を意識して、話し方の工夫をする。
○伝えたいことが伝わるように、相手のことを踏まえて事例を考え直そうとする。

3 単元の評価規準

知識・技能	思考・判断・表現	主体的に学習に取り組む態度
❶いちばん自分が伝えたいことの理由と事例のつながりを理解している。(2)ア	❷「話すこと・聞くこと」において、日常生活の中で興味や関心をもっていることや、本や文章を読んだり人に聞いたりしながら調べたことから、説明や報告をする必要のある事柄を選んでいる。（ア） ❸「話すこと・聞くこと」において、冒頭で話の中心を述べ、そのことに合わせた理由や事例などを挙げるように考えている。（イ） ❹「話すこと・聞くこと」において、相手との親疎やその人数、目的や場の状況などを意識し、声の出し方や言葉遣い、視線などに気を付けて話している。（ウ）	❺伝えたいことが伝わるように、親疎の関係によって詳しく説明したり、最も伝えたいことには間をとろうとしたり伝え方を考え直そうとしている。

4 単元の流れ（全11時間）

時	○学習活動	◆評価規準　●指導の手立て
1	○学校生活という身近なことの中から自慢したいことを選び、スピーチで伝えるというめあてを知る。	◆❶いちばん自分が伝えたいことの理由と事例のつながりを理解している。【ワークシート分析・発信】 ●他教科等と関連させながら、場所、出来事、人物など選ぶ観点を与え、子どもの思考が広がるようにする。
2 3 4	○自慢したいこととそれを調べるのに合った取材方法を決め、資料を集め、整理する。 　5　指導の実際(1)	◆❷日常生活の中で興味や関心をもっていることから、説明や報告をする必要のある事柄を選んでいる。 ◆❸冒頭で話の中心を述べ、そのことに合わせた理由や事例などを挙げるように考えている。【ワークシート分析・発信】 ●いちばん伝えたいことを決め、自慢したい理由としてふさわしいか、見せる写真はどれがよいかを考え、選ぶようにする。 ●発表でいちばん伝えたいこととその理由を考えさせる。色々と出た理由の中から2つ選ばせるという条件を与えることで、より説得力があるものは何かを考えるようにする。
5 6 7	○教師のスピーチモデル（よい例、そうでない例）を比較し、構成に大切な要素を捉えながら、発表の組み立てを考える。 　5　指導の実際(2)	◆❺伝えたいことが伝わるように、親疎の関係によって詳しく説明したり、最も伝えたいことには間をとろうとしたりして、伝え方を考え直そうとしている。【ワークシート分析・発信】 ●いちばん伝えたいことは強く話したり、分かりにくいところは間をとったりするなどの工夫を考えさせるようにする。
8 9	○スピーチ練習をし、スピーチ力を上げる。 　5　指導の実際(3)	
10	○発表会を開く。	◆❹相手との親疎やその人数、目的や場の状況などを意識し、声の出し方や言葉遣い、視線などに気を付けて話している。
11	○発表会の振り返りを行い、身に付けた力を確認する。	●話の組み立て、話し方の工夫に関して振り返らせ、日常生活に生かせることに気付くようにする。

5 言葉による「見方・考え方」を働かせる指導の実際

(1) 資料を集める力を付ける

　資料は、学校生活という身近なことから想起することが中心となるが、本や文章を読んだり、人に聞いたりしながら収集していく。選んだテーマに応じて、適した取材方法を考えさせる。伝えたい思いを高めるためにも、その基となる取材活動を十分に行っていく。

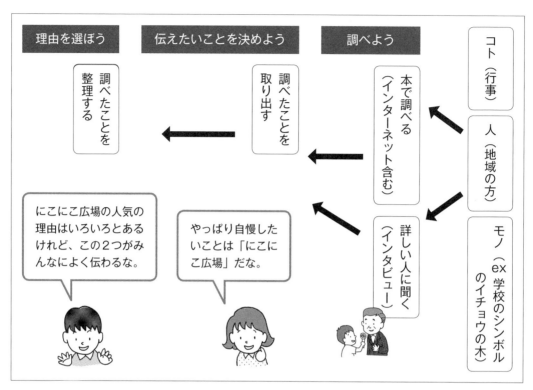

(2) 発表の組み立てを考える力を付ける

はじめ、中、おわりに分けて発表原稿を作る。一番伝えたいことを小見出しにして、短い言葉にまとめる。よい例とそうでない例を比較し、構成に大切な要素を捉えさせる。伝えたいことがより伝わる工夫や、相手に応じた説明の仕方について考えさせる。

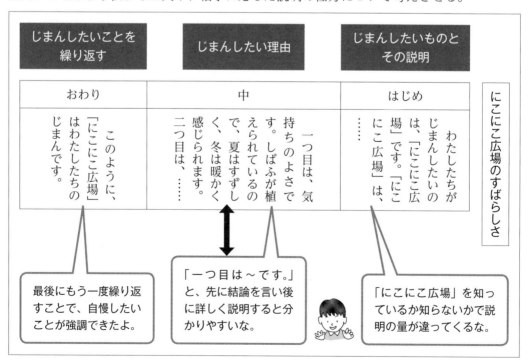

(3) 視線や声の強弱、間のとり方に気を付けて話す力を付ける

写真を提示する箇所を考えさせる。アイコンタクトに気を付けたり、相手にとってなじみのない内容であればゆっくり話したり、大事な話の前では間をとらせたりする。

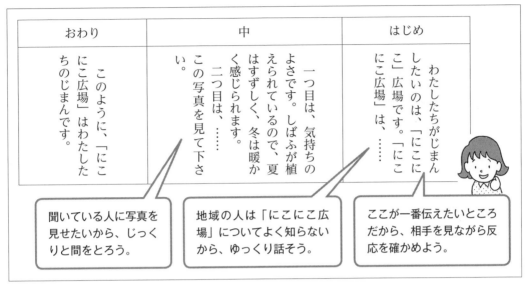

おわり	中	はじめ
このように、「にこにこ広場」はわたしたちのじまんです。	一つ目は、気持ちのよさです。しばふが植えられているので、夏はすずしく、冬は暖かく感じられます。二つ目は、……この写真を見て下さい。	わたしたちがじまんしたいのは、「にこにこ広場」です。「にこにこ広場」は、……

聞いている人に写真を見せたいから、じっくりと間をとろう。

地域の人は「にこにこ広場」についてよく知らないから、ゆっくり話そう。

ここが一番伝えたいところだから、相手を見ながら反応を確かめよう。

(4) 本単元で身に付けた力を日常で活用することによって定着させる

国語科の帯活動でのスピーチ練習や、朝の会での日直のスピーチ、各教科での発表の場面等で既習事項を活用させる。教室環境として必要なポイントを掲示するとより効果的である。

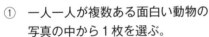

言語活動量を保障する

《帯活動の例》
① 一人一人が複数ある面白い動物の写真の中から１枚を選ぶ。
② その写真をプレゼンするために30秒間黙って考える。
③ 生活班（４〜５人）の内、１人がその写真についてプレゼンする。
④ 残りの人も、順番にプレゼンする。
⑤ めあて（アイコンタクト、声の大きさ、分かりやすさ等）を基準に、各生活班の中でチャンピオンを決める。

言語環境を可視化する

スピーチ名人になろう
1 よく聞こえる声
2 ちょうどよい速さ
3 アイコンタクトを意識する
4 間をあける
5 結論から話す
6 ナンバリングを使う
7 ユーモア

アイコンタクトや相手に応じた説明の仕方など、今回学習したことは、日常の生活に生かしていけるね。

（瀬戸歩）

みんなの考えを分けたり比べたりしながら話し合い、グループの考えをまとめよう

プラン

📖 **教材名** 「山小屋で三日間すごすなら」（光村）

1 単元について

　山小屋で三日間を過ごす探検隊として、持っていきたい物について互いの考えを伝えるなどして、グループで話し合う言語活動を行う。互いの考えを認め合い、考えを広げるために話し合う力と、目的に沿って話し合い、考えをまとめる力を付けていく。

2 単元の指導目標

〇比較や分類の仕方、必要な語句などの書き留め方、引用の仕方や出典の示し方、辞書や辞典の使い方を理解し使う。

〇目的を意識して、日常生活の中から話題を決め、集めた材料を比較したり分類したりして、伝え合うために必要な事例を選ぶ。目的や進め方を確認し、司会などの役割を果たしながら話し合い、互いの意見の共通点や相違点に着目して、考えをまとめる。

〇グループで話し合うことに協力して取り組み、目的に沿って、互いの意見の共通点や相違点に着目して考えをまとめようとする。

3 単元の評価規準

知識・技能	思考・判断・表現	主体的に学習に取り組む態度
❶比較や分類の仕方、必要な語句などの書き留め方、引用の仕方や出典の示し方、辞書や辞典の使い方を理解し使っている。(2)イ	❷「話すこと・聞くこと」において、目的を意識して、日常生活の中から話題を決め、集めた材料を比較したり分類したりして、伝え合うために必要な事例を選んでいる。（ア） ❸「話すこと・聞くこと」において、目的や進め方を確認し、司会などの役割を果たしながら話し合い、互いの意見の共通点や相違点に着目して、考えをまとめている。（オ）	❹グループで話し合うことに積極的に取り組み、目的に沿って、互いの意見の共通点や相違点に着目して考えをまとめようとしている。

4 単元の流れ（全2時間）

1 山小屋で三日間を過ごす子ども探検隊という設定を捉え、持ち物の条件を確認する。グループごとに、三日間でしたいことと、持って行きたい物をたくさん出し合う「考えを広げる話し合い」をする。

2 前時に出た考えの中から、グループみんなでしたいことを決めて、持ち物を五つ選ぶ「考えをまとめる」話し合いをする。グループで話し合った結果をクラス全体で共有し、学習を振り返る。

5 言葉による「見方・考え方」を働かせる指導のポイント

(1) お互いの考えを可視化する

　話合い自体を活性化し、また効果的にしていくためには、お互いの考えを可視化することが大切になる。音声として消えてしまう言葉を補うために、付箋紙やカードに書き出して見えるようにする。キーワードや短い語句でメモのように書いていくのもよい。全員のカードを出し合い、したいことと持ち物を線で囲んで整理することで、それぞれの持ち物のよさや用途を比べることができる。

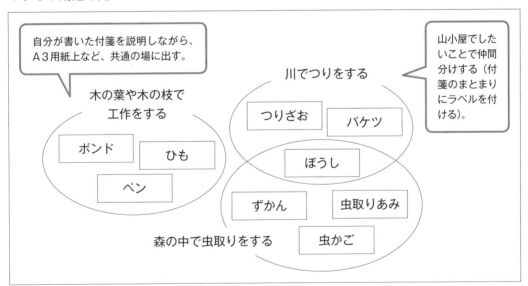

(2) 話し合うときに大事な言葉に着目して振り返る

　話合いは互いの考えを理解し、共通点や相違点に着目して考えをまとめることを目指す。国語科の学習として「話合いの結果」「決まったこと」を振り返るだけでなく、「どうして考えをまとめることができたのか」「何に気を付けて話をすると話合いが進んでいくのか」などの視点で振り返ることが大切だ。互いの考えの共通点や相違点を明確にすること、目的を意識して考えを比較・分類することなど、自分たちの話合いで有効だったことを「話合いの技」としてノートやカードにまとめておくと、これからの話合い活動でも生かすことができる。

（阿部千咲）

もっと聞いてなかよくなろう

📖 **教材名** 「もっと知りたい、友だちのこと」（光村）

1 単元について

　友達の話の中心を聞いて、質問する言語活動を行う。話の内容は、自分のことを知ってもらうための自己紹介である。聞き手は、友達が伝えたいことの中心が何かを理解しながら聞き、自分が興味をもったことに関して、さらに聞きたいことや分からなかったことなどを質問する。質問するためには、話し手の話を理解しながら聞く力が求められる。話し手の話に同感や共感、疑問をもつといった技能を身に付けることで、話し手の話を理解しながら聞くようになっていく。そのような聞き方ができるようになることで、適切な質問をすることができるようになる。本単元は、聞く能力に指導の重点を置いている。

2 単元の指導目標

○友達の話を聞いて質問するために、話の聞き方を理解する。
○友達の話を聞いて質問するために、友達が伝えたいことの中心を捉え、自分が聞きたいことを明確にして聞き、分からないことや確かめたい点を質問する。
○友達のことをもっと知るために、話し手が伝えたいことや自分が聞きたいことの中心を進んで捉え、必要なことを記録したり、質問したりしようとする。

3 単元の評価規準

知識・技能	思考・判断・表現	主体的に学習に取り組む態度
❶相手を見て話したり聞いたりするとともに、聞き手の反応を見ながら話したり、同感や共感、疑問など、話に対する反応を示したりしている。(1)イ	❷「話すこと・聞くこと」において、話し手が伝えたいことの中心を捉えるとともに、自分が聞きたいことの中心を明確にして聞き、必要な内容を記録したり、分からない点や確かめたい点を質問したりしている。（エ）	❸友達の話の中心を捉えて聞き、友達の話で分からない点や確かめたい点を記録して、進んで質問しようとしている。

4 単元の流れ（全6時間）

1 「友達の話を聞いて質問する」という言語活動を確認し、学習の見通しをもち学習計画を立てる。

2 友達に知らせたい内容を決め、2人組で話を聞き合い、質問をする。

3 第2時の聞き合う活動を振り返り、話の聞き方や質問の仕方について、整理する。

4・5 4人グループで、お互いに話を聞き合い、質問をする。

6 友達の話で心に残ったことを伝え合い、単元全体の学習を振り返る。

5 言葉による「見方・考え方」を働かせる指導のポイント

(1) これまでに身に付けた資質・能力を確かめる

2年生までに身に付けた資質・能力を確かめるため、第2時に2人組で、話を聞き合い、分からなかったことやもっと聞きたいことを質問する活動を行う。その活動を通し、話の聞き方や質問の仕方について大切だと気付いたことを一人一人が認識し、共有化する。

その後で、本単元で身に付けたい資質・能力を確認し、子どもたちに意識させる。そして、第4・5時では、4人のグループで第3時に確認したことを生かして、互いに話をして、質問し合う活動を実践することで、第3時に確認した資質・能力を身に付けられるようにしたい。

(2) 友達の話を聞いて質問したいことをカードに書き出す

第4・5時では、友達の話を聞き終えたら、分からなかったことだけでなく、もっと知りたいと思ったことを質問カードに書き出してみる。ここで大切なのが、聞きながら記録させるのではなく、まず、最後まで話をしっかり聞くようにさせることである。話し手が伝えたいことの中心をしっかり捉えさせることで、的確な質問をすることができる。記録をさせる際には文章ではなく、短くまとめた「キーワード」を記入させる。

そして、その記録を見て、最も聞きたいことから順に質問をする。4人グループなので、聞き手の3人が質問をしていくことになるが、自分だけでなく他者の質問も聞いて、重複しないように質問をするようにさせたい。的確な質問をできるか否かが、聞く力の育成に関わってくるであろう。

（岡本利枝）

「もっと聞いて　なかよくなろう」

名前

☆ 友だちの話を聞いて、しつ問したいことを書きましょう。そして、しつ問したいことをえらびましょう。

Tさんのなし園はくふうがいっぱい！
リーフレットでおうちの人にTさんのなし園のひみつをほうこくしよう

📖 **教材名** 「仕事のくふう、見つけたよ」（光村）

1　単元について

　この単元では、報告文の書き方を学び、実際に調査をして、分かったことを報告する文章を書く活動を行う。１年を通して、何度か交流をさせていただいている地域のTさんの梨園の見学から、Tさんの仕事の工夫や思いをまとめ、報告文にする。地域の方で何度も交流できるという利点を生かし、情報を整理する中でさらに知りたくなったことなどは再取材を通して、情報を何度も集めたり整理したりできるようにしたい。

2　単元の指導目標

○分かりやすく梨の秘密を伝えるために、段落の役割を理解する。

○梨の秘密を伝えるために、不思議に思ったり疑問に思ったりしたことから調査したい題材を決め、相手や目的を意識して、集めた材料を比較・分類したり、伝えたいことを明確にしたりしようとする。

○梨園の秘密を報告するために、相手や目的を意識して繰り返し取材したり、取材したことを整理したりして表現を工夫してリーフレットを書こうとする。

3　単元の評価規準

知識・技能	思考・判断・表現	主体的に学習に取り組む態度
❶主語と述語の関係、修飾と被修飾との関係、指示する語句と接続する語句の役割、段落の役割について理解している。(1)カ	❷「書くこと」において、身の回りの事柄や学習したことなどについて、不思議に思ったり疑問に思ったりしたことから調査したい題材を決め、相手や目的を意識して、集めた材料を比較・分類したりして、伝えたいことを明確にしている。（ア） ❸「書くこと」において、報告することが伝わりやすいように段落の構成を考えたり、事例を挙げて書いたりして表現を工夫している（ウ）	❹相手や目的を意識して繰り返し取材したり、取材したことを整理したりして表現を工夫して進んでリーフレットを書こうとしている。

4　単元の流れ（全13時間）

時	○学習活動	◆評価規準　●指導の手立て
0	○社会科の学習で、地域で梨園を経営されているTさんの梨園を見学し、梨園の中で気付いたことをメモしたり、気になったことをインタビューしたりする。	
1・2	○梨園の見学で調べたことを再確認しながら、分かったことをおうちの人に報告するという課題を決め、学習計画を立てる。 ○教材文を読み、書くべき内容を確かめる。 ○調査報告リーフレットのモデルを見て、何がどのように書かれているか、教材文との構成の共通点を見つける。	◆❹梨園の見学で調べたことを、おうちの人に分かりやすく報告するという課題をもち、それを解決するために学習計画を立てようとしている。【発言内容の把握】
	Tさんのなし園見学で見つけたひみつをリーフレットに分かりやすくまとめて、おうちの人にほうこくしよう。	
3	○知らせたい内容をどのように分類するのかを学級全体で意見交流し、自分の知らせたい内容（中心部分）が何であるのかの見通しをもつ。 【話し合いで出てきた知らせたい内容】 ・梨について（梨の秘密） ・梨を育てる工夫 ・梨作りの道具 ・梨を作っているTさんの思い	◆❷知らせたい内容を項目ごとに分類・整理している。【発言内容の把握】 ●報告文を作るのに、自分が知らせたいことだけを伝えるのではなく、内容を分類して報告文を書くという視点をもたせる。 ●メモを基に話し合いながら、知らせたい内容をどのように分類すればよいかを意見交流をする時間をとる。
4	○Tさんの思いについての再取材を行い、気になったことをインタビューする。 ・見通しを立てたときにさらに聞いてみたいと思った内容を再取材する。	◆❹自分が知らせたい内容を基に、その内容をより深化させようという視点をもって、インタビューをしたり、メモをとったりしている。【発言内容・メモ】 ●質問をしたことで、自分の知らせたい内容が前回と変わってもよいことを伝える。
5	○知らせたい内容を意識しながらカードにまとめ、大まかな文章の構成を考える。 ・メモに書いてあることを分類カードに端的にまとめる。 ・1枚の分類カードに、一つの内容にする。 ・選んだ分類カードを、書く順番に並べる。 ・書くと決めたことを基に、大まかな文章の構成を考える。	◆❷調べた事柄を分類・整理するために、メモに書いてあることから特に自分の気になったものを分類カードに端的にまとめている。【分類カード記述】 ●知らせる二つの内容が分類に合っているかを意識してカードにまとめるように伝える。 ●活動が進まない子どもには、友達や先生に相談し、メモから分類して書く内容を決めるよう助言する。 ●カードを見直して、考えたことが書けそうならば書いてよいことを伝える。

時	○学習活動	◆評価規準　●指導の手立て
6・7	○カードを基に、調べて分かったことを書く。 ・報告文によく用いられる言葉や表現を確認して文を書く。	◆❸報告することが伝わりやすいように段落の構成を考えたり、事例を挙げて書いたりしている。【記述内容】
8・9・10	○調べたきっかけや理由、調べ方、感想を書く。 ・調べたきっかけや理由、調べ方、感想に書く内容を確認する。 ・感想は、調べて分かったことに沿った感想にする。 ○表紙を書いたり、内容に合った写真を選んだりしてリーフレットを仕上げる。 ・調べて分かったことの内容に合った写真を選ぶ。	◆❸報告することが伝わりやすいように段落の構成を考えて書いている。【記述内容】 ◆❶主語と述語の関係、修飾と被修飾との関係、指示する語句と接続する語句の役割、段落の役割について理解している。【記述内容】 ●調べたきっかけや理由、調べ方はモデル文を参考に書くよう助言する。
11・12	○仕上がった文章を友達同士で読み合ったり、4年生に読んでもらったりして意見や感想を交流する。 ・できあがった報告する文章を読み合って、感想や意見を付箋に書いて交流する。 ・友達同士で読み合い、間違いがないか、確認し合う。 ・4年生にもらったアドバイスを基に、訂正や修正があれば行う。	◆❹内容や表現の工夫など、報告する文としてのよさを見つけたり、助言をし合ったりすることができる。【発言・リーフレット記述】 ●作品の完成度や字の丁寧さをほめるのではなく、内容に対して「はじめて知ったこと」や「共感した内容」などで感想を書くよう助言する。 ●付箋に書いた感想はリーフレットの裏に貼るように伝える。
13	○おうちの人に調査報告リーフレットを渡して感想を聞き、単元を振り返る。 ・学習のまとめをする。	◆❹おうちの人にリーフレットを読んでもらって、学習のまとめをしたり、単元の振り返りをしたりしようとしている。【リーフレット記述・振り返り記述】

5　言葉による「見方・考え方」を働かせる指導の実際

(1)　情報を整理し、再取材をする場を設ける

　初回は、社会科の学習としてTさんの梨園を見学し、梨園の中で気付いたことをメモしたり、気になったことをインタビューしたりする。その中で集めた多くの情報から自分が書きたい中心を決め、足りない情報については「もう一度取材をしたい」と子どもの口から出てくるように場を設定する。「〜を知りたい！」いう強い目的をもち、事前に知りたい情報のためにどんな質問をすればよいかを考えることで子どもも取材の本当の意味が分かるだろう。

(2) リーフレットの構成

　梨園見学後に学習計画を立てる際に、教師の作ったモデル文を提示し、学習や構成のイメージをもたせた。

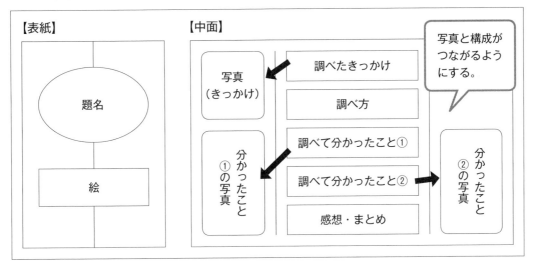

(3) 短冊を用意し、段落を分けて文章を書く

　報告文は段落や組み立ての内容を意識するように、短冊を用意し書かせる。短冊にすることで直しが容易にもなる。段落を意識できなかったり何を書いていいかが分からなかったりする子どもにも書く内容が明確になる。書き終わった短冊は画用紙に貼ってリーフレットにする。

（塩福和雄）

目指せ！ 名作家
読者をスマイルにする物語をつくろう

プラン

📖 **教材名** 「たから島のぼうけん」（光村）

1 単元について

『たから島の地図』を見ながら、ぼうけんの様子を想像し、ぼうけん物語を書く言語活動を行う。読者の心をひきつけるような物語にするためには、魅力的な登場人物の設定と、事件の発端から解決に至るまでに事件の解決方法が隠されている構成が大切である。また、魅力的な物語にするため、言葉にこだわって表現することも大切である。言葉を目的や意図に応じて収集し、整理しながら最も適したものを選択していくことで、その効果について考えることができるようになると考える。自分の表したい世界が伝わるように、構成を考えたり表現を工夫したりする姿を期待する。

2 単元の指導目標

○読者に魅力ある物語をとどけるために、様子や気持ち、性格を表す語彙を豊かにしたり、言葉には性質や役割による語句のまとまりがあることを理解したりする。

○テーマや主人公の設定に合った行動や会話文の書き表し方を工夫したり、文章に対する感想や意見を伝え合い、自分の文章のよいところを見付けたりする。

○地域の人に思いをもち、読者に魅力ある物語を伝えるために、想像したことを基にして、表現の効果を確かめながら、物語を書いたり、書き換えたりしようとする。

3 単元の評価規準

知識・技能	思考・判断・表現	主体的に学習に取り組む態度
❶様子や行動、気持ちや性格を表す語句の量を増し、話や文章の中で使うとともに、言葉には性質や役割による語句のまとまりがあることを理解し、書いている。(1)オ	❷「書くこと」において、登場人物や場面設定、事件とその結末など、物語の構成や話の展開を考えている。（イ） ❸「書くこと」において、登場人物の特徴を出来事の解決に関連して物語に書いている。（ウ） ❹「書くこと」において、書こうとしたことが明確になっているかなど、文章に対する感想や意見を伝え合い、自分の文章のよいところを見付けている。（オ）	❺学習課題に沿って、想像したことを基にして、様子や行動、気持ちや性格を表す語句を積極的に文章の中で使い、表現の効果を友達と確かめ合いながら、進んで物語を書いたり、書き換えたりしようとしている。

4　単元の流れ（全9時間）

1　今までに読んだ冒険物語や、創作した物語を思い出して、学習課題を設定する。

2　モデル文を分析し、物語の創作に必要なことと、今までに身に付けた力を比較して、本単元で身に付けたい力について明確にする。

3　プロフィールカードを使って登場人物の設定を決め、物語の中心となる出来事から考えを広げたり、関連付けたりする。

4　地図に進んでいく道筋や、出会う動物との出来事を書き入れ、物語の組み立てを考える。

5　考えた出来事について交流し、出来事の解決を中心に考える。

6　場面の様子や登場人物の気持ち、会話文を入れて詳しく書き、文章を読み返してよりよい表現にする。

7　友達の意見を参考にして物語を書き進め、完成させる。

8　完成した物語を読者（保護者や地域の方）に発表し、物語の組み立てや内容、表現について、互いのよさに気付く。

9　読者（保護者や地域の方）の声から振り返る。

5　言葉による「見方・考え方」を働かせる指導のポイント

(1)　物語の設定する場面から交流グループを固定することで、協働的に問題解決をする

　学習の当初から交流グループを固定することで、他者の課題に対してより自分事として捉えようとする姿が期待できる。登場人物の設定を生かした解決を考えるときも、その人物の設定の意図や経緯を共有しているため、活発な意見交換となり、協働的に問題解決することにつながる。

(2)　登場人物をこまにして地図の中で動かすことで、冒険物語の世界をイメージする。

　登場人物のプロフィールカードに個性や特徴、アイテムが分かるように書く。そして、登場人物をこまにして地図の中で自由に動かしながら想像を広げていく。カードを立たせ、こまにすることで、物語の世界が一気に立体的に映るようになる。自分自身も読者の1人になった気分で物語を充分に楽しみながら、イメージの世界に浸ることができる。

（早坂達也）

プラン

大事なことを考えて、案内の手紙を書こう

📖 **教材名**「気もちをこめて『来てください』」（光村）
📖 **補助教材**「みんなが書ける！あつめて、まとめて、書く技術②」（光村）
「語彙を広げる！書いて、話して、伝わることば②」（光村）

1　単元について

　学習発表会の案内の手紙をお世話になった地域の方に向けて書く言語活動を行う。今回取り上げる案内の手紙は、手紙の目的が一目で分かるような題目を付けたり、案内したい内容を項目ごとに番号を付けて箇条書きにしたりすることなどが特徴である。案内を伝える相手や目的に応じて伝えたい事柄を決め、案内する文章の形式や役割を意識して書くようにする。また、書いた案内文を読み返すことで、必要な情報がもれなく書かれているか、相手や目的に合った文末表現になっているかなどを確かめながら書く力を付ける。

2　単元の指導目標

○案内の手紙を書くために、改行の仕方や句読点の使い方などを理解する。
○地域の方に学習発表会の日程や場所、自分の役割や気持ちなど伝える事柄を決めたり、
　書いた案内状を読み返して、情報がもれなく書かれているかを確かめたりする。
○地域の方に学習発表会の案内をするために、案内する文章の形式や役割を意識して書こうとする。

3　単元の評価規準

知識・技能	思考・判断・表現	主体的に学習に取り組む態度
❶漢字と仮名を用いた表記、送り仮名の付け方、改行の仕方を理解して文や文章の中で使うとともに、句読点を適切に打っている。(1)ウ	❷「書くこと」において、相手や目的に応じて、伝える事柄を決めている。（ア） ❸「書くこと」において、書いた案内状を読み返し、必要な情報がもれなく書かれているか、相手に合った文末表現になっているかなどを確かめている。（エ）	❹地域の方に学習発表会の案内がより分かりやすく伝わるように、言葉を選んだり、読み返したりしながら、案内する文章の形式や役割を意識して進んで書こうとしている。

4　単元の流れ（全5時間）

1　学習発表会に地域の方を案内する手紙を書くという学習課題を設定し、手紙の書き方

に関する本を参考にしながら、案内文の型を捉える。

2　地域の方に案内するために必要な情報を整理する。

3　整理した情報を基に、案内文の型に沿って手紙を書く。

4　手紙を読み返して、必要な事柄が全て書かれているか、相手に合った文末表現になっているかを確かめる。

5　宛名の書き方を確かめて、封筒に入れて手紙を送る。

5　言葉による「見方・考え方」を働かせる指導のポイント

⑴　日常で使われている複数の案内状を比較することで、相手や目的に応じて伝える事柄を捉えられるようにする

　子どもたちは、普段の学校生活で様々な案内文を目にしている。遠足、学習発表会、運動会等、行事の案内文を比較することで、目的に応じて必要な情報が異なることに気付かせたい。また、運動会などでは、保護者や地域の方、幼稚園、保育園等、送る相手が異なる場合もある。同じ内容で相手が異なる案内文を比較することで、相手によって使う言葉や文末の表現が異なることにも気付かせたい。文末の表現については、敬語も併せて指導するようにする。

〔案内文１〕

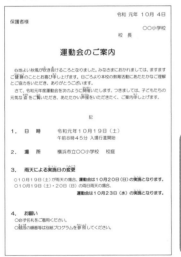

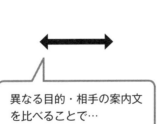

異なる目的・相手の案内文を比べることで…
・必要な情報が変わること
・言葉の選び方や文末の表現が変わることに気付かせる。

〔案内文２〕

⑵　活用場面を設定することで、より伝わるように言葉を選んだり、読み返して確かめたりしながら書くことができるようにする

　この単元でいちばん大切なことは、子どもたちが案内状を書きたいと思える活用場面を設定することだ。本気で誰かに来てほしいと思えば、どんな言葉が適切か、必要な情報を落としていないかと考えながら書くことができる。案内する文章を総合的な学習の時間や行事等の関連を図り、学校それぞれに合わせてカリキュラムに組み込んでいくとよい。

（津田迪加）

民話っておもしろい！　友達に民話のおもしろいところをしょうかいしよう

📖 **教材名**　「三年とうげ」（光村）
📖 **補助教材**　様々な民話

1　単元について

　民話のおもしろさには、日本を含め様々な国の文化や様子、情景が描かれること、独特な語り口やリズムがあることなどがある。また、場面の移り変わりや、それとともに登場人物の気持ちが変化する話の展開というおもしろさも挙げられ、子どもたちにとって親しみのあるジャンルである。

　本単元では、民話のおもしろさを味わいながら、友達に自分が選んだ民話のおもしろいところを紹介する言語活動を設定した。学校図書館にある民話を並行読書しながら好きな民話を選び、おもしろいところを明らかにして紹介することで、読むことの力を育成するだけでなく、日常の読書の豊かな広がりが期待できると考える。

2　単元の指導目標

○民話を紹介するために、様子や行動、気持ちや性格を表す語句などの量を増し、まとめたり紹介したりする中で使い、語彙を豊かにする。
○民話を紹介するために、登場人物の気持ちの変化について、場面の移り変わりと結び付けて具体的に想像する。また、登場人物の行動や気持ちなどについて、叙述を基に捉える。
○友達に好きな民話を紹介するために、繰り返し読んでおもしろさを見付けたり、新たなおもしろさに気付いたりしようとする。

3　単元の評価規準

知識・技能	思考・判断・表現	主体的に学習に取り組む態度
❶様子や行動、気持ちを表す語句や、紹介の語句を増やしている。(1)オ	❷「読むこと」において、話のおもしろさを紹介するために、登場人物の行動や気持ちなどについて、境遇や行動の背景など複数の叙述を基に捉えている。（イ） ❸「読むこと」において、話のおもしろさを紹介するために、登場人物の気持ちの変化について、複数の叙述を関連付け、場面の移り変わりと結び付けて具体的に想像している。（エ）	❹民話のおもしろいところを説明するために、本を繰り返し読んで新たなおもしろさを味わったり、気持ちの変化と場面の移り変わりを結び付けて具体的に想像したりしながら読もうとしている。

4 単元の流れ（全6時間）

時	○学習活動	◆評価規準　●指導の手立て
1	○今まで読んだ民話について話し合い、民話を読んでおもしろいところを友達に紹介するという学習課題を設定し、紹介の方法を確認して学習計画を立てる。学校図書館にある民話を読む。 5　指導の実際(1)	◆❹民話のおもしろいところを紹介するために、本を繰り返し読んで改めて味わったり、おもしろいところをはっきりさせたりしながら読もうとしている。【読書の様子・発言】 ●「始まり・出来事が起こる・出来事が解決する・むすび」という組み立ての民話を用意する。 ●紹介（口頭）のモデルを示す。
2 3	○「三年とうげ」を読み、登場人物・出来事の起こり・出来事の解決などについて捉える。 ○「三年とうげ」のおもしろさについて友達と交流し、どんな観点があるかまとめる。口頭での紹介内容を考える。 5　指導の実際(2) ○複数の民話を読み、紹介したい民話を選ぶ。	◆❷登場人物の気持ちの変化について、複数の叙述を関連付け、場面の移り変わりと結び付けて具体的に想像している。 ◆❷登場人物の行動や気持ちなどについて、境遇や行動の背景など複数の叙述を基に捉えている。【ワークシートの分析・紹介内容の分析】 ●次の単元「たから島のぼうけん」にもつながるように、P80「たいせつ」を活用しながら、話の組み立てを捉える。 ●話のおもしろさの観点は、既習単元「きつつきの商売」等で学んだこと（登場人物の行動や変化、出来事等）を生かすよう、想起させる。
4 5	○選んだ民話を読み、登場人物・出来事の起こり・出来事の解決などについて捉える。 ○選んだ民話のおもしろさをまとめ、同じ民話を選んだ友達と交流し、口頭での紹介内容を考える。 5　指導の実際(4)	◆❸登場人物の気持ちの変化について、複数の叙述を関連付け、場面の移り変わりと結び付けて具体的に想像している。 ◆❶様子や行動、気持ちや性格を表す語句や、紹介の語句を増している。【ワークシートの分析・紹介内容の分析】 ●相談できるように、同じ民話を選んだグループをつくる。
6	○クラスで民話を紹介する。 ○単元の振り返りをする。	◆❹友達の紹介を聞きながら、おもしろさの観点を振り返ったり、次の活動につなげようとしたりしている。【振り返り記述分析】

5　言葉による「見方・考え方」を働かせる指導の実際

⑴　指導事項を確実に身に付けるために、用意する民話を選書する

　本単元で付ける力は、C「読むこと」（エ「登場人物の気持ちの変化や性格、情景について、場面の移り変わりと結び付けて具体的に想像すること」）及び（イ「登場人物の行動や気持ちなどについて、叙述を基に捉えること」）である。子どもたちが読む民話については、その付ける力が育成できる内容である必要があるため、あらかじめ選書する。学校図書館だけでなく、地域の図書館から複数冊借りたりし、どの子も本を手にとって学習できるようにした。

本単元の民話選書のポイント例
① 登場人物の気持ちの変化と場面の移り変わりが結び付けやすい内容であること。または、登場人物の行動や気持ちを捉えられる叙述があること。
② 出来事が起こり、出来事が解決する話の展開であること。
③ 学級の子どもの実態にあった分量であること。

(2) 学んだことを生かせるワークシートを利用する

　利用するワークシートのレイアウトを工夫し、上下に「三年とうげ」と「紹介する民話」を書き込めるようにする。上の段で「三年とうげ」で書き込んだ内容を確認しながら、下の段の「紹介する民話」にまとめていくことで、安心して学習を進められるようにする。

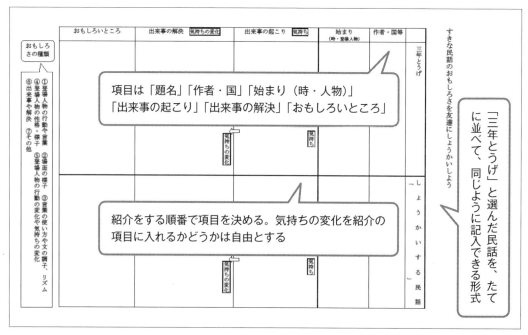

(3) 物語（民話）のおもしろさの観点と本単元の重点的指導事項の関連性を明確にする

　物語（民話）のおもしろさには様々な観点があり、それぞれの指導事項と関連がある。そのため、子どもたちの実態を把握する際、既習事項も確認し、本単元で重点的に指導する観点と既習を生かす観点とを分けておく。

　本単元の教材が民話ということもあり、子どもたちが挙げてくるおもしろさは、登場人物の行動・リズムのよさなどが予想されるが、それらの観点は既習としてふれ、指導事項となっている登場人物の気持ちの変化を重点的に取り上げ指導していくこととした。

物語（民話）のおもしろさの観点例	指導事項	学年
登場人物の行動や会話	思考力、判断力、表現力等　C読むことイ	1・2
場面の様子	思考力、判断力、表現力等　C読むことイ	1・2
言葉の使い方や文の調子、リズム	知識及び技能(1)ク音読	1・2
登場人物の性格・気持ち	思考力、判断力、表現力等　C読むことイ	3・4
登場人物の行動や気持ちの変化	**思考力、判断力、表現力等　C読むことエ**	**3・4**
場面の移り変わり（出来事・解決）	思考力、判断力、表現力等　C読むことエ	3・4
登場人物の相互関係	思考力、判断力、表現力等　C読むことイ	5・6
情景描写・表現	思考力、判断力、表現力等　C読むことエ	5・6

3年

⑷　対話を通して学習を深める

　民話のおもしろさを友達と共有し合うことで、それぞれの感じ方の共通点や違いに気付いたり、根拠となる叙述を再度読み返したりし、より深い理解や考えの形成につながると考える。共有の際は実態に合わせた人数や意図的なグルーピングをし、グループごとに全文シートを用意した。手順は以下のように示した。①おもしろかったところを話す、②なぜおもしろいのか、どの叙述からそう思ったのかを、文章を示しながら話す、③聞いている人は、自分の意見と比べながら聞く、④示された叙述を再読し、自分の考えと似ていることや違うことを伝える。

わたしも同じところがおもしろかったです。でも理由は違って、おじいさんが転んで落ち込んで、トルトリの言葉を聞いて『うん、なるほど、なるほど』って元気になるから、おじいさんのすなおな性格がおもしろいと思いました。

ぼくが面白いと思ったのは、おじいさんが自分から三年分で転ぶところです。なぜかというと、ここに書いてある『三年しかいきられぬのじゃあ』と言って悲しんでいたのに、トルトリの言葉で気持ちが変わって、また三年とうげで「とうげからふもとまで、ころころころりんと～」ってなったからです。

『ころりん、ころりん、すってんころり〜』ってリズムがいいよね。おじいさんの元気になった様子が伝わってくるね。

（瀧川文子）

科学読み物を読んで、おどろいたところを伝え合おう

📖 **教材名** 「ありの行列」（光村）
📖 **補助教材** 生き物に関する科学読み物

1 単元について

　中学年の子どもたちは、様々なことに興味をもち始め、知りたい・調べたいという知的好奇心が高まる年齢である。動物や植物、そして昆虫など身近なものを調べたいと思ったときに、科学読み物を手にすることも多くなると考えられる。

　本単元では、科学読み物を読んで、驚いたことを友達に伝えるという言語活動を設定した。初めて知ったことを誰かに伝えたいという子どもたちの思いを大切にすると同時に、もっと知りたいという思い（課題）をもたせ、科学読み物や図鑑などから効果的に答えを導き出すという課題解決的な学習に結び付けていきたい。

2 単元の指導目標

○科学読み物について、驚いたことを伝えるために、指示する語句と接続する語句の役割、段落の役割について理解する。

○科学読み物について、驚いたことを伝えるために、科学読み物を読んで理解したことに基づいて、感想や考えをもつ。また、科学読み物を読んで感じたことや考えたことを共有し、一人一人の感じ方などに違いがあることに気付く。

○いろいろな生き物に関する科学読み物を興味をもって読み、驚いたことを伝えるために、科学読み物を繰り返し読んで、分かったことや考えたことについて伝え、互いの感じ方や考え方のよさを認め合おうとする。

3 単元の評価規準

知識・技能	思考・判断・表現	主体的に学習に取り組む態度
❶指示する語句と接続する語句の役割、段落の役割について理解している。(1)カ ❷引用の仕方や出典の示し方、事典や図鑑の使い方を理解している。(2)イ	❸「読むこと」において、科学読み物を読んで理解したことに基づいて、感想や考えをもっている。(オ) ❹「読むこと」において、科学読み物を読んで感じたことや考えたことを共有し、一人一人の感じ方などに違いがあることに気付いている。(カ)	❺驚いたことを伝えるために、様々な科学読み物を繰り返し読んで、自分が分かったことや考えたことについて伝えたり、互いの感じ方や考え方のよさを認め合おうとしたりしている。

4 単元の流れ（全7時間）

時	○学習活動	◆評価規準　●指導の手立て
1	○学校図書館にある科学読み物のブックトークを聞き、科学読み物を読んで驚いたことを友達に伝えるという学習課題を設定し、学習計画を立てる。 　5　指導の実際(1)	◆❺科学読み物を読んで驚いたことを伝えるために、様々な科学読み物を読んだり、科学読み物の効果的な読み方を知ったりして、驚いたことを友達に伝えるための学習計画を立てている。【発言・ノート記述分析】 ●今までの学習で活用してきた科学読み物（「どうぶつの赤ちゃん」等）を用意し、想起させる。
2 3 4	○「ありの行列」を読み、驚いたこと、もっと知りたいことを見付ける。 ○「はじめ」「中」「終わり」に分け、P102「つながりを考えるとき」を参考に、接続語や指示語を手がかりに文章構成を理解し、簡単に要約する。　5　指導の実際(2) ○驚いたことやもっと知りたいことをまとめる。 ○「もっと読もう」を読む。 ○グループで友達と驚いたことを共有し、一人一人の感じ方や考え方の違いに気付く。	◆❶指示する語句と接続する語句の役割、段落の役割について理解している。 ◆❹驚いたことを伝えるため、科学読み物を読んで感じたことや考えたことを共有し、一人一人の感じ方などに違いがあることに気付いている。【ワークシート分析・発言】 ●既習である段落相互の関係を確認し、要約する際に活用できるようにする。 ●驚いたことをグループで共有するときは、実態に合わせた人数やメンバー構成とし、全文シートを用意して叙述を確認しながら話せるようにする。 ●必要に応じて全文シートで驚いたことやもっと知りたいことを確認し、全体化する。
5 6	○科学読み物を読み、驚いたことを伝える本を選ぶ。 ○選んだ科学読み物を読み、驚いたこと、もっと知りたいことを見付ける。 ○疑問についてほかの科学読み物等を読んで、答えを見付ける。 ○グループで友達と驚いたことを共有し、一人一人の感じ方や考え方の違いに気付く。 　5　指導の実際(3)	◆❸驚いたことを伝えるため、科学読み物を読んで理解したことに基づいて、感想や考えをもっている。 ◆❷引用の仕方や出典の示し方、事典や図鑑の使い方を理解している。 ◆❺様々な科学読み物を読み、自分が分かったことや考えたことについて伝えたり、互いの感じ方や考え方のよさを認め合おうとしたりしている。【ワークシート分析・発言】 ●調べ方を身に付けるために、既習事項であるP50「科学読み物での調べ方」を再度活用したり、見出しや写真、キャプションなども利用したりするよう示唆する。
7	○選んだ科学読み物の驚いたことをクラスで伝える。 ○単元の振り返りをする。	◆❺様々な科学読み物を読んで、互いの感じ方や考え方のよさを認め合おうとしている。【発表内容・発言・振り返り分析】

5　言葉による「見方・考え方」を働かせる指導の実際

(1)　科学読み物や図鑑などからもっと知りたいことの答えを見付ける力を付ける

　学習指導要領に新設された、知識及び技能(2)情報の扱い方に関する事項イ「〜辞書や事典の使い方を理解し使うこと」も意識し、知りたいことを科学読み物や図鑑などから調べる力を付ける必要がある。既習の説明的文章や書くことなどで学習してきたことも踏まえ、

再度調べ方を確認し学習を進めることとした。

●調べ方

①　調べたいことや内容をはっきりさせる。
　　例：ありのこと→ありは何を食べるのか
②　調べる検索ワードを、本のつめや目次、索引などから見付ける。
③　見付からなかったら、検索ワードを換えて探す。
　　例：何を食べるのか→えさ・生活など
④　ページの見出しなどを大まかに読み、答えを探す。
⑤　該当箇所及びその近辺をじっくり読む。
⑥　写真や図、絵（キャプションを含め）も利用する。

●選書

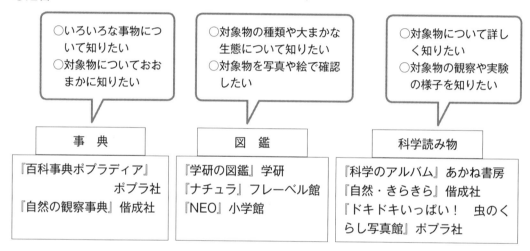

（2）　**要約の指導**

　〔思考力、判断力、表現力等〕の「C読むこと」ウ「目的を意識して、中心となる語や文を見付けて要約すること」に関しては、本単元では指導事項として挙げていないが、学習過程の中で位置付け、簡単な要約をする経験を積むこととした。

●要約の形式(本単元の場合)

目的…驚いたことを伝えるため
分量…200字程度（実態とねらいによる）
テーマ…「ウイルソンはどのように研究を進めたのか」「ありが行列を作る仕組み」

●学習の手順

①テーマを決める（驚いたことなど）　　　　　　ウイルソンはどのように研究を進めたのか

②テーマに対して中心となる語や文を見付ける　　行列　あり　はじめに　道すじ　研究　等

③要約するために必要な段落を探す　　　　　　　2〜6段落

④中心となる語や文を活用しながら、短くまとめる

ウイルソンは、ありの行列がなぜできるのか研究しました。はじめに、巣から少しはなれた所にさとうをおきました。するとはたらきありがさとうをみつけ、巣に帰っていき、そのあと出てきたたくさんのありが同じ道すじを通ってさとうまで行きました。次に、この道すじに……

(3)　**科学読み物の驚いたことなどを伝え合い、対話的な学習をする。**

　クラスで驚いたことを発表する前に、グループで対話する場を設けた。友達と話すことで、驚いたことがはっきりしたり、知りたいことが増えたりと、深い学びへとつながった。

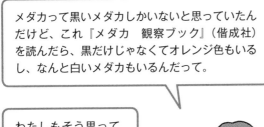

メダカって黒いメダカしかいないと思っていたんだけど、これ『メダカ　観察ブック』（偕成社）を読んだら、黒だけじゃなくてオレンジ色もいるし、なんと白いメダカもいるんだって。

ほんとだ。白い。見たことないね

わたしもそう思って、図鑑で調べてみたの。そしたらなんと400種類だって。

400種類。そんなにいるんだね。どんなところに住んでるのかな。

メダカって、どのぐらいの種類がいるのかな。

（瀧川文子）

ポスターを読んで、どんなことが分かったかを友達と話そう

📖 **教材名** 「ポスターを読もう」（光村）

1 単元について

　行事の案内や商品の宣伝など、ポスターは、子どもたちにとって身近なものではあるが、相手意識や目的意識を考えながらポスターの内容を読んだ経験は少ないのではないだろうか。ポスターには、印象に残る絵や写真、キャッチコピー、知らせたい内容を端的に伝えるタイトルや日時、場所、商品の説明などの必要な事項が、1枚の紙にバランスよく配置されている。いずれも見る人を瞬時に引き付け、伝えたいことに自然と目が行く工夫が凝らされている。この単元では、同じ目的の違うポスターを比べて読むことで、共通点や相違点を捉え、それぞれのよさについて考えるようにしたい。そして、この経験を学校生活の中でポスターなどを書くときに役立たせたい。

2 単元の指導目標

○ポスターの内容について、比較や分類の仕方を理解し、情報を整理しながら読む。
○ポスターを読んで理解したことに基づいて、感想や考えをもつ。
○ポスターを読んで理解したことに基づいて、進んで感想や考えをもとうとし、学習課題に沿って、友達と伝え合おうとする。

3 単元の評価規準

知識・技能	思考・判断・表現	主体的に学習に取り組む態度
①比較や分類の仕方を理解し、情報を整理しながら読んでいる。(2)イ	②「読むこと」において、共通点や相違点を考えながら、ポスターを読んで理解したことについて、感想や考えをもっている。（オ）	③ポスターを読んで理解したことに基づいて、進んで感想や考えをもとうとし、学習課題に沿って、友達と伝え合おうとしている。

4 単元の流れ（全2時間）

1　ポスターについて知っていることを発表し、ポスターの例について工夫していると思うことを話し合う。

2　2枚のポスターを比べて読み、共通点や相違点を整理して、感想や考えを話し合う。

5　言葉による「見方・考え方」を働かせる指導のポイント

⑴　身の回りのポスターを見付け、それぞれのポスターには目的があることに気付く

　校内に掲示されているポスターや地域の掲示板のポスターなどを見て、身の回りには、必要な情報を知らせるポスターが数多くあることを知る。観光ポスター、映画のポスター、スポーツイベントのポスターなど、様々なポスターから、キャッチコピー、知らせたい大体の内容、具体的な内容、写真や絵から伝わってくることを読み取り、ポスターという表現様式の特徴をつかむとともに、人を引きつける工夫に気付けるようにしたい。

⑵　同じ目的の異なる２枚のポスターを比べて読む

　例えば、同じイベントの周知を目的としたポスターを２枚用意し、共通点や相違点を見付けながら、情報を整理し、受ける印象の違いについて感想や考えを話し合う活動に取り組む。Aのポスターから読み取ったことを赤の付箋に、Bのポスターから読み取ったことを青の付箋に書き、その付箋を下のようなベン図に貼りながら整理する。

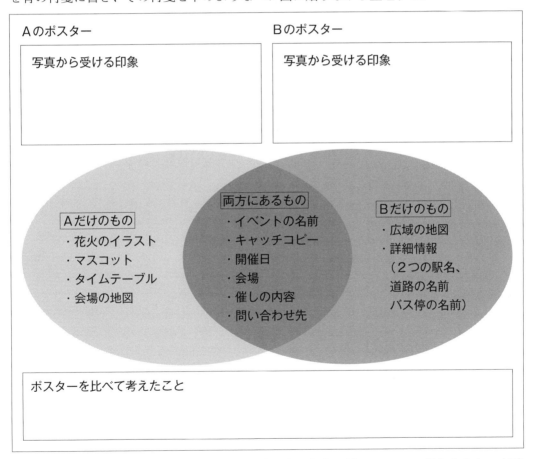

　情報を整理した上で、それぞれのよさや受け取る印象の違いについて考えをもち、友達と話し合いながら、効果的なポスターについて考えることができるようにしたい。

（千葉さおり）

プラン

登場人物のへんかに気をつけて読み、感想を書こう

📖 **教材名** 「まいごのかぎ」（光村）
📖 **補助教材** 山下明生「カモメがくれた三かくの海」（日本標準）
柏葉幸子「おばけ美術館へいらっしゃい」（ポプラ社）
片山令子「とくんとくん」（福音館書店）

1　単元について

　登場人物の気持ちの変化に気を付けて読み、感想を書くという言語活動を行う。登場人物の気持ちなどについて叙述を基に捉えたり、文章を読んで理解したことに基づいて、感想や考えをもったりする力を付けていく。「りいこ」に起こった出来事について、自分の読後感を基に、物語のよさを感じ取り、友達との交流を通じて、さらに感想が深まることが期待される。

2　単元の指導目標

○感想文を書くために、様子や行動、気持ちや性格を表す語句や、感想、紹介の語句の量を増やす。

○感想文を書くために、行動や気持ちなどについて、複数の叙述を基に場面の変化に結び付けて想像しながら作品を読み合い、一人ひとり感じ方に違いがあることに気付く。

○どのような思考や感情、経験と結び付けて読んだかを明らかにしながら、自分の感想や考えを書こうとする。

3　単元の評価規準

知識・技能	思考・判断・表現	主体的に学習に取り組む態度
❶様子や行動、気持ちを表す語句や、感想、紹介の語彙を豊かにしている。(1)オ	❷「読むこと」において、行動や気持ちなどについて、境遇や行動の背景など複数の叙述を基に捉えている（イ） ❸「読むこと」において、文章を読んで感じたことや考えたことを共有し、文章のどこに着目しているか、どのような思考や感情、経験と結び付けて読んでいるかによって一人ひとり違いがあることに気付き、互いの考えを理解している。(オ)	❹学習課題に沿って、文章のどこに着目し、どのような思考や感情、経験と結び付けて読んだかを明らかにしながら、自分の感想や考えを書こうとしている。

4　単元の流れ（全6時間）

1　「登場人物のへんかに気をつけて読み、感想を書こう」という学習課題を設定し、学習計画を立てる。

2　様子を表す言葉に着目して、不思議な出来事を想像しながら「まいごのかぎ」を読む。

3　各場面で起こったことと、そのときの「りいこ」の様子や気持ち、それが分かる文や言葉を整理して読む。

4　物語の最初と最後で「りいこ」にどのような変化があったのか、考える。

5　出来事や「りいこ」についておもしろかったところや好きなところを選び、そう思った理由や考えたことなどを、書き出しや結びを工夫しながらまとめる。

6　書いた感想を友達と読み合い、自分の考えとの相違点を伝え合い、単元の学習を振り返る。

5　言葉による「見方・考え方」を働かせる指導のポイント

(1)　出来事の変化や登場人物の気持ちの変化に着目しながら読む力を付ける

　この物語は、場所と出来事に気を付けて、いくつかの場面に分けることができる。それぞれの場面で起こったことと、そのときの「りいこ」の様子や気持ちを確かめながら読み進めていく。ワークシートには挿絵を入れることにより、場面が分かりやすく捉えられる。

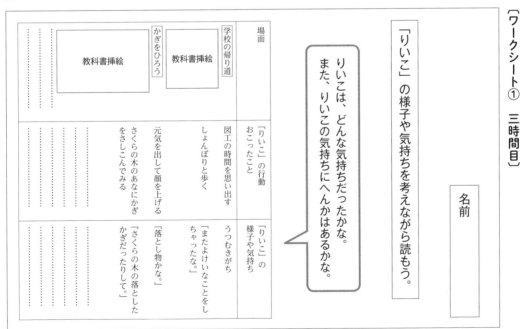

(2)　物語の内容や、登場人物に対する考えなどについて感想をもつ力を付ける

　物語全体や登場人物について「おもしろいな」「好きだな」と思ったところを選んで書けるようにしたい。感想を書く際には感想語彙を提示し、自分の感想によりぴったりな語彙を使えるように指導する。

（石田佳代）

第４学年　国語科カリキュラム

身に付けたい力	4月	5月	6月	7・8月	9月
行事・関連教科	入学式 学級開き（特活）	体験学習	全校遠足	夏休み	前期終了
「A話すこと・聞くこと」 〈話すこと〉 ア 話題の設定、情報の収集、内容の検討 イ 構成の検討、考えの形成、 ウ 表現、共有 〈聞くこと〉 エ 構造と内容の把握、精査解釈、考えの形成、共有 〈話し合うこと〉 オ 話合いの進め方の検討、考えの形成、共有	A(1)エ 内容の把握 知・技(1)エ 「こんなところがおなじだね」 友達の話を聞いたり、自分の思いを伝えたりしよう。【ペアトーク】	A(1)ア エ 情報の収集、考えの形成 知・技(1)イ 「聞き取りメモのくふう」 工夫してメモを取り、メモをもとに発表しよう。【インタビュー】		A(1)オ 進め方の検討 知・技(2)ア 「あなたならどう言う」 グループで役割を決めて、それぞれの立場で話し合おう。【役割対話】	
「B書くこと」 ア 題材の設定、情報の収集、内容の検討 イ 構成の検討 ウ 考えの形成、記述 エ 推敲 オ 共有	B(1)ア 情報の収集 知・技(1)オ 「春のたのしみ」	B(1)イ エ 構成の検討、推敲 知・技(1)キ 「お礼の気持ちを伝えよう」 相手や目的を意識して、お礼のお手紙を書こう。【感謝状】		B(1)オ 共有 知・技(1)オ 「夏のたのしみ」 B(1)アイ 情報の収集、構成の検討 知・技(2)イ 「新聞を作ろう」 学級新聞を書こう。【新聞づくり】	
「C読むこと」 ア 構造と内容の把握（説明的文章） イ 構造と内容の把握（文学的文章） ウ 精査・解釈（説明的文章） エ 精査・解釈（文学的文章） オ 考えの形成 カ 共有	C(1)エ 精査・解釈 知・技(1)ク 「春のうた」 詩を音読しよう 【音読】 C(1)イ オ 内容の把握、考えの形成 知・技(1)ク 「白いぼうし」 場面と場面をつなげて読み、考えたことを話そう。【感想交流会】	C(1)ア オ 内容の把握、考えの形成 知・技(1)カ 「思いやりのデザイン」「アップとルーズで伝える」 筆者の考えを捉えて、自分の考えを発表しよう。【パンフレット】	C(1)エ オ カ 精査・解釈、考えの形成 共有 知・技(1)オ 「一つの花」 場面の様子を比べて読み、感想を書こう。【感想カード】	C(1)ウ 精査・解釈 知・技 (2)ア 「要約するとき」 文章を要約しよう C(1)カ 共有 知・技(3)オ 「ランドセルは海をこえて」 事実にもとづいて書かれた本を読もう。【ポップづくり】	C(1)オ 考えの形成 知・技(1)ク 「忘れもの」「ぼくは川」 【音読】 C(1)オ 考えの形成 知・技(1)ウ 「パンフレットを読もう」 パンフレットの工夫について話し合おう。【紹介カード】
〔知識及び技能〕 (1)言葉の特徴や使い方に関する事項 ア 言葉の働き イ・ウ 話し言葉と書き言葉 エ 漢字 オ 語彙 カ 文や文章 キ 言葉遣い ク 音読、朗読 (2)情報の扱いに関する事項 ア 情報と情報の関係 (3)我が国の言語文化に関する事項 ア・イ 伝統的な言語文化 ウ 言葉の由来と変化 エ 書写 オ 読書	知・技(3)オ 「図書館の達人になろう」 知・技(1)イ オ 「漢字辞典を使おう」	知・技(2)エ 書 (1)エ 「漢字の広場1」【短作文】 知・技(1)エ 「カンジーはかせ都道府県の旅」 知・技(3)エ 筆順と字形1・2 「左右」	知・技(2)エ 書 (1)エ 「漢字の広場2」【短作文】 知・技(1)エ カ 「のはらうたを知ろう」 知・技(3)エ 筆順と画の付き方1・2 「虫」	知・技(3)ア 「短歌・俳句を親しもう（一）」 知・技(1)エ 「カンジーはかせ都道府県の旅」 知・技(3)エ 部分の組み立て方「地」	知・技(1)オ 「いろいろな意味をもつ言葉」 知・技(2)エ エ書(1) 「漢字の広場3」【短作文】 知・技(3)エ 部分の組み立て方「かまえ」「たれ」「雲」

10月	11月	12月	1月	2月	3月
後期開始 運動会	学習発表会		10歳を祝う会		終業式

10月	11月	12月	1月	2月	3月
A(1)ア　オ 話題の設定、進め方の検討 知・技(2)イ 「クラスみんなで決めるには」 クラス全体で話し合って考えをまとめよう。 【学級会】				A(1)ア　イ　ウ 話題の設定、構成、表現 知・技(1)イ 「調べて話そう生活調査隊」 生活の中で疑問に思ったことを調べて発表しよう。 【調査報告】	
B(1)オ　共有 知・技(1)オ 「秋のたのしみ」 B(1)ウ　記述 C(1)ア　ウ 内容の把握、精査・解釈 知・技(2)イ (3)オ 「世界にほこる和紙」「伝統工芸のよさを伝えよう」 中心となる語や文を見つけて要約し、調べたことを書こう。【リーフレット】		B(1)オ　共有 知・技(1)オ 「冬のたのしみ」 B(1)ア　エ 課題の設定、推敲 知・技(1)オ 「感動を言葉に」 心を動かされたことを詩に書こう。 【詩作】	B(1)オ　共有 C(1)エ　カ 精査・解釈、共有 知・技 (3)オ 「自分だけの詩集を作ろう」 テーマを決めて詩を集め、自分だけの詩集を作る。 【詩集作り】	B(1)ウ　オ 記述、共有 知・技(1)カ 「もしものときにそなえよう」 調べたことをまとめて、自分の考えを書こう。【調査報告文】	
C(1)エ　オ　カ 精査・解釈、考えの形成、共有 知・技(1)オ 「ごんぎつね」 物語を読み、考えたことを話し合おう。【読書会】		C(1)イ　エ 内容の把握、精査・解釈 知・技(1)オ 「プラタナスの木」 登場人物の変化を中心に読み、物語を紹介しよう。 【紹介文】	C(1)ウ　オ 精査・解釈、考えの形成 知・技(1)オ 「ウナギのなぞを追って」 興味をもったことを中心に、紹介しよう。【紹介文】	C(1)エ　オ 精査・解釈、考えの形成 知・技(1)オ 「初雪のふる日」 読んで感じたことをまとめ、伝え合おう。 【読書会】	
知・技(2)エ書(1)エ 「漢字の広場4」【短作文】 知・技(2)エ 書 (1)エ 「漢字の広場5」【短作文】 知・技(3)エ 結び「はす」	知・技(3)ア 「短歌・俳句に親しもう（二）」 知・技(2)ア(3)イ 「慣用句」【短作文】 知・技(3)エ 「漢字と仮名の大きさ、配列（行の中心と字間）」	知・技(3)エ 文章を読みやすく書くために 知・技(3)エ 漢字どうしの大きさ	知・技(2)エ 書 (1)エ 「漢字の広場6」【短作文】 知・技(1)エ 「熟語の意味」 知・技(3)エ 書きぞめ	知・技(2)エ 書 (1)エ 「つながりに気をつけよう4」【短作文】 知・技(3)エ 四年生のまとめ「知る」	知・技(1)エ 「まちがえやすい漢字」

役わりをいしきしながら話し合おう

📖 **教材名** 「クラスみんなで決めるには」（光村）
「考えるときに使おう　分ける・くらべる」（光村）

1　単元について

　育成を目指す資質・能力は、「司会や記録の役割を果たしながら話し合う力」である。これは、第1学年及び第2学年の「相手の発言を受けて話をつなぐ力」を受け、第5学年及び第6学年の「互いの立場や意図を明確にしながら計画的に話し合う力」につながる。

　単元で育成を目指す資質・能力を身に付けるために、本単元で取り上げる言語活動は、「互いの考えを伝えるなどして、グループや学級全体で話し合う活動（言語活動例ウ）」である。司会や記録の役割に着目して、教科書教材の話合いのモデルを分析したり、自分たちの話合いを見合ったりする活動を学習過程に位置付けることで、資質・能力の確実な育成を目指す。話し合う活動は、他教科等においても取り入れられることが多いため、他教科等の活動と連携しながら、教育課程全体で話し合う力を高めていくことができる。他教科等の活動においても話し合う力を発揮していけるように、本単元において、司会や記録の役割についてポイントをまとめておくようにする。

2　単元の指導目標

○話し合って意見をまとめるために、比較や分類の仕方、必要な語句などの書き留め方を理解し使う。

○話し合って意見をまとめるために、目的や進め方などを確認し、司会や記録の役割を果たしながら話し合う。

○役割を果たしながら話合いができるようにするために、進んで、司会や記録の役割を考え、役割がうまく果たされているかを確かめながら話し合おうとする。

3　単元の評価規準

知識・技能	思考・判断・表現	主体的に学習に取り組む態度
❶比較や分類の仕方、必要な語句などの書き留め方を理解し使っている。(2)イ	❷「話すこと・聞くこと」において、目的や進め方などを確認し、司会や記録の役割を果たしながら話し合っている。(オ)	❸進んで、司会や記録の役割を考え、役割がうまく果たされているかを確かめながら話し合おうとしている。

4 単元の流れ（全6時間）

時	○学習活動	◆評価規準　●指導の手立て
1 2 3	○これまでの話合いにおける問題を出し合い、「司会や記録の役割を意識した話合いができるようになる」という課題を設定する。 ○単元の学習計画を立てる。 ○教科書の「話し合いの様子」を司会と記録の役割に着目して分析し、「役割のポイント」をまとめる。 ○話合いを行うグループ（学級全体をA、Bの2グループに分ける）をつくり、話合いの目的、議題、役割を決め、役割に応じて話合いの準備をする。	●これまでの話合いにおける問題を自ら見いだし、課題を考えることで、子どもが必要感をもって主体的に課題解決に取り組めるようにする。 ●司会と記録の役割に着目して、教科書を分析したり上学年の話合いを観察したりすることで、話合いの進め方をまとめられるようにする。 ◆❸進んで、司会や記録の役割を考えようとしている。【「計画表」の記述の分析、振り返りの記述の分析】
4 ・ 5	○Aグループが役割を意識した話合いを行う。BグループがAグループの話合いを観察し、話合いの後に話合いの仕方でよかったことや改善点を伝える。 ○Bグループが役割を意識した話合いを行う。AグループがBグループの話合いを観察し、話合いの後に話合いの仕方でよかったことや改善点を伝える。 ※議題や役割を変えて、話合いを繰り返し行うことも考えられる。	◆❶比較や分類の仕方、必要な語句などの書き留め方を理解し、意見を整理する際に使っている。【話合いの観察、振り返りの記述の分析】 ◆❷目的や進め方などを確認し、司会や記録の役割を果たしながら話し合っている。【話合いの観察、振り返りの記述の分析】 ●話合いの様子を交互に観察し合うことで、役割を意識した話合いができているか確認し合えるようにする。
6	○意見を整理して話合いを進めるために有効だった司会の言葉や記録の仕方について振り返り、第2時にまとめた「役割のポイント」に書き加える。 ○役割に応じて自分がうまくできたことやできなかったことを振り返る。 ○今後の話合いに生かしたいことを考える。	◆❸進んで、司会や記録の役割を考え、役割がうまく果たされているかを確かめながら話し合おうとしている。【振り返りの記述の分析】 ●「意見をまとめるための司会の言葉」や「情報を整理するための記録の仕方」をまとめることで、今後の学習に生かすことができるようにする。

5　言葉による「見方・考え方」を働かせる指導の実際

⑴　子どもが必要感をもって課題を解決していく過程を単元に位置付ける

　子どもが必要感をもって課題を解決していくことができるように、次の点に留意する。

①解決する必要のある課題の設定

　　単元の導入で、これまでの自分たちの話合いの様子を振り返り、うまくできなくて困ったことなどの問題を出し合い、この学習でできるようになりたいことなどの課題

を考えることで、主体的に学習に取り組むことができるようにする。

②「話合いの様子（モデル）」の分析

司会と記録の役割に着目して、教科書教材の「話し合いの様子」を分析したり、上学年の話合いを実際に観察したりすることで、話し合うことへの意欲を高めたり、司会と記録の役割において大切なことをまとめたりすることができるようにする。

③話し合う必要感のある議題の設定

実際に自分たちで話合いを行い、司会や記録の役割を果たしながら話し合う力を高められるようにする。議題は、教科書の例を参考にしながら、自分たちにとって話し合う必要感があるものを選ぶようにする。

(2) 育成を目指す資質・能力が確実に身に付く活動を取り入れる

話合いを行う際には、学級全体をA、Bの二つに分けるなどしてグループを作る。交互に話合いの様子を観察し合う活動を取り入れることで、役割を意識した話合いができているかを自分たちで進んで確認し合い、話合いの仕方を改善できるようにする。

話合いの様子を観察する際には、「目的や進め方などを確認し、司会や記録の役割を果たしながら話し合っている」かどうかを観察する視点とする。観察する視点と評価規準を一致させることで、資質・能力の確実な育成を目指す。第2時でまとめた「役割のポイント」をチェックシートとして活用したり（次ページ参照）、意見をまとめるために効果的だった司会の言葉を記録したりすることが考えられる。必要に応じて話合いの時間を短くするなどして、議題や役割を変えて話合いを繰り返し行うことで、多様な経験ができるようにすることも考えられる。

(3) 他教科等でも資質・能力を発揮できるように汎用的な知識をまとめる

司会の役割（「意見をまとめるための司会の言葉」等）や記録の役割（「情報を整理するための記録の仕方」等）をまとめることで、今後の学習に生かすことができるようにする。第2時で「役割のポイント」としてまとめておく。その上で、第4・5時の実際の話合い活動を通して気付いたこと（意見を整理して話を進めるために有効だった司会の言葉や記録の仕方）を第6時で振り返り、「役割のポイント」に書き加えてまとめるようにする。「役割のポイント」のまとめ方は、教科書の例を参考にする。

「役割のポイント（例）」

司会の役割

目的を明確にして計画的に進行する。

□議題を確かめ、話合いの進め方を示す。

□何について意見を求めるかをはっきりさせる。

□意見があまり出ないときは、少人数で相談したり、考えをノートに書いたりする時間を取る。

□できるだけ多くの参加者が発言できるように、声をかける。

□記録と協力して、出た意見をまとめる。

意見を分類するときの言葉の例

「これから分けていきます。」

「共通している点はありますか。」

「意見を関連させて意見をしぼりましょう。」

「○○と○○は、共通しているのでまとめられます。」

「記録の○○さん、まとめられるものを色分けしてください。」

「必要のないものは線を引いていきましょう。」

「意見が、○○と○○にしぼられました。この中で決めましょう。」

意見を一つに決めるときの言葉の例

「目的をもう一度確認しましょう。」

「それをふまえて、その条件にいちばん合うものを選びましょう。」

「それぞれの意見のいいところを言って、決めましょう。」

「理由をはっきりさせて、どれがよいか考えましょう。」

「○○さんは、どの意見がいちばんいいと思いますか。」

「言い残した意見はありますか」

「○○に決まりました。理由は○○です。みなさん、これでいいですか。」

□最後に、決まったことやさらに話し合うことを確かめる。

記録の役割

出された意見や、話し合いの仕方などを、黒板などを使って整理して示す。

情報を整理するための記録の仕方

□必要な語句を聞き取って書く。

□表などを活用して比較や分類ができるようにする。

例

議題　お礼の会で何をするか決めよう

どうやって決めるか
条件を考えて、いちばん合うものに　決める

条件①　みんが楽しめるもの

条件②　じゅんびがかんたんなもの

例

何をするか	条件①	条件②
A	○〜	◎〜
B	△〜	○〜
C	△〜	△〜
D	○〜	△〜
E	○〜	○〜

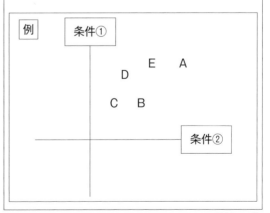

例　条件①

E　A
D
C　B

条件②

（渡辺誠）

身近にあふれるぎもんを調べて、スピーチでしょうかいしよう

📖 **教材名**「調べて話そう、生活調査隊（さ）」（光村）
📖 **補助教材**「コミュニケーションナビ話す・聞く② やるぜ！スピーチ・インタビュー」
（すずき出版）
「小学生からはじめる 伝える力が身につく本—プレゼンテーション—」（日経BP社）

1 単元について

　本単元では、身近な題材について調査し、その結果をスピーチで紹介する言語活動を行う。アンケートやインタビューで調査した材料から必要な情報を選ぶ力を付けていく。また、調査結果を整理し分かりやすく伝えるために、グラフや表などの資料にまとめる。スピーチでは、相手に強く印象付けたり、分かりやすく話したりするなどの表現の工夫も求められる。伝えたいことを伝えるために試行錯誤しながら、必要な情報を選んだり、話し方を工夫したりする力を身に付けさせたい。

2 単元の指導目標

○身近な疑問について調べたことを伝えるために、調べたり体験したりして感じたこととそう考えた理由や事例との関係を理解する。

○身近な疑問について調べたことを伝えるために、紹介したい事柄を選んだり、言葉の抑揚や間の取り方などを工夫したりする。

○身近な疑問について調べたことを伝えたいという目的をもち、必要な情報を選び整理し、聞き手を意識しながら話し方を工夫して、よりよく伝えようとする。

3 単元の評価規準

知識・技能	思考・判断・表現	主体的に学習に取り組む態度
❶説明をする中心と、その事柄に興味をもった理由や事例など、情報と情報との関係について理解している。(2)ア	❷「話すこと・聞くこと」において、本や文章を読んだり人に聞いたり自分で体験したりしたことから、説明や紹介したい事柄を選んでいる。（ア） ❸「話すこと・聞くこと」において、伝えたいことの中心を明確に捉えて話すとともに、目的や場の状況、相手などを意識して、言葉の抑揚や間の取り方などを工夫している。（ウ）	❹調べたことを相手に分かりやすく伝えるために、学習の見通しをもって伝える必要がある事柄を選び、進んで話し方を工夫しようとしている。

4　単元の流れ（全8時間）

1　「身近な疑問を調べて紹介する」という学習課題を設定し、学習計画を立てる。

2　スピーチの特徴やこつについて知る。

3　アンケートをつくり、身近な疑問についてクラスの友達の意見を調査する。

4　アンケート結果を整理し、伝えたいことを明確にしてグラフや表にまとめる。

5　資料の内容や提示の仕方についてグループで交流し、課題を解決する。

6　発表の工夫を考えスピーチ原稿を書き、スピーチの練習をする。

7　クラスの友達に身近な疑問について調べたことを紹介するスピーチを行う。

8　単元を振り返り、この学習で身に付いた力を確認する。

5　言葉による「見方・考え方」を働かせる指導のポイント

⑴　日常生活の中で興味や関心のある事柄を選んで、必要感のある発表にする

　主体的に学習を進められるように、日常生活の中から実感を伴った身近な疑問を取り上げたい。例えば、休み時間の過ごし方や放課後の過ごし方、好きな給食や得意な教科、睡眠時間やテレビを見る時間、読書傾向や、けがの多い場所などが考えられる。「みんなはどうかな」という疑問から、調査、発表へと必要感をもって取り組めるようにしたい。

⑵　スピーチ原稿のモデルを示し、話の中心を明確にした話し方を身に付ける

　話の中心を明確にした話し方を身に付けるためには、手本となるモデルを示すことが有効である。調査報告のスピーチ原稿の書き方を知ることで、話の中心を意識して話し方を工夫する力にもつながっていく。

⑴　調査のきっかけ
・どうして調査しようと思ったのか

⑵　調査の方法
・アンケート
・インタビューなど

⑶　結果①
⑷　結果②
・グラフや表などにまとめ、聞き手に分かりやすく伝える工夫をする
・自分が伝えたいことを伝えるために必要な情報を選ぶようにする

⑸　考察
・二つの結果から自分が考えたこと、伝えたいことをまとめる

⑹　投げかけ

⑶　話し方を工夫して、相手に分かりやすく伝える力を身に付ける

　話し方の工夫とその効果について共有し、スピーチに取り入れられるようにしたい。

工夫の例
○呼びかけで聞き手の心をつかむ。「みなさんは〇〇ですか？」
○注目してほしいところで間をとる、強く話す。　○資料の特に見てほしいところを指し示しながら話す。
○数を効果的に使って分かりやすく話す。「20人が〇〇と答えました。」「いちばん多かったのは〜でした。」
○文末表現を変える。・事実「〜です。」「〜しました。」　・自分の考え「〜と思います（考えます）。」
　　　　　　　　　　　・調査して分かったこと「〜と分かりました。」「〜だそうです。」

（鈴木健司）

体験学習で心に残った出来事や体験を、家族や3年生に学級新聞で報告しよう

📖 **教材名** 「新聞を作ろう」（光村）
📖 **補助教材** 朝日小学生新聞、毎日小学生新聞、「新聞づくり活用大事典」（学研教育出版）
「調べてまとめて新聞づくり」（ポプラ社）他

1 単元について

　本単元では、体験学習での出来事や活動、友達と協力してやり遂げたことなどについて、家族や3年生の友達に報告するために、言語活動「学級新聞づくり」を行う。

　教材は、教科書教材のほか、小学生新聞などの実際の新聞を用いて、新聞の見出しや記事本文の特徴を捉えることができるようにする。また、新聞作りの見通しをもったり、取材や編集会議の仕方などを知ることができるような本や図書資料を用意し、子どもが自主的に調べられるようにする。本言語活動を通して、伝えたい相手や目的を明確にしながら必要な情報を取材・選材したり、事例を挙げながら記事の本文を書いたりする力を育成する。

2 単元の指導目標

○体験学習新聞の記事本文で、伝えたいこととそれを支える事例の関係について理解する。
○記事を書くために必要な情報を集めて選んだり、相手や目的に応じて事例を挙げながら記事本文を書いたりする。
○体験学習の出来事を報告するために、伝えたいことと相手や目的を考えながら新聞を書こうとする。

3 単元の評価規準

知識・技能	思考・判断・表現	主体的に学習に取り組む態度
❶考えとそれを支える事例、全体と中心など情報と情報との関係について理解している。(2)ア	❷「書くこと」において、相手や目的を意識して、集めた材料を比較・分類して伝えたいことを明確にしている。（ア） ❸「書くこと」において、書く目的や必要に応じて事例を挙げていることが読み手にも伝わるように表現を工夫している。（ウ）	❹体験したことから伝えたいことを選んだり、文章に書き表したいという思いを膨らませたりしながら、相手や目的を意識して書こうとしている。

4 単元の流れ（全15時間）

時	○学習活動	◆評価規準　●指導の手立て
1 2	○小学生新聞を見ながら、体験学習の出来事や活動について、保護者や3年生に報告する新聞を作る学習の見通しをもつ。	◆❹体験学習について、保護者や3年生に報告する新聞を作りたいという思いをもち、新聞を作る学習の見通しをもっている。【発言内容】 ●複数の小学生新聞を見ながら、新聞の特徴や記事、見出しなどを確認できるようにする。
3 4	○体験学習新聞の班のテーマや新聞名について話し合う。	◆❷相手意識・目的意識を明確にしながら、新聞名や新聞のテーマを話し合っている。【発言内容】 ●保護者や3年生のアンケート結果も参考にしながら話し合うよう助言する。
5	○体験学習の出来事や体験を思い出して、一人ひとりが記事に書きたいことをカードに書き出す。	◆❷相手や目的を意識しながら、新聞に書きたい出来事や体験をカードに書いている。【カードの記述内容】 ●班の新聞テーマと関係付けながら考えるよう助言する。
6	○伝える相手や目的を意識しながら班で内容を四点に絞る。一番伝えたい内容をトップ記事に決める。 　5　指導の実際(1)	◆❷相手意識や目的意識をもち、記事にする内容、トップ記事を話し合っている。【発言内容】 ●ドーナツ形ワークシートを用意し、カードを操作しながら話し合えるようにする。
7 8	○目的に応じて、同じ活動班や係・実行委員の友達に取材して情報を集めたり選んだりする。	◆❷相手や目的を意識しながら取材したり、取材したことの中から、必要な情報を選んだりしている。【取材内容】 ●必要に応じてインタビューかアンケートかを選んで取材できるよう、取材シートを用意する。
9 10	○取材内容を引用しながら記事を300字程度で書き、推敲する。 　5　指導の実際(2)	◆❸相手や目的を意識しながら、伝えたいことの中心が明確で5W1Hが分かる記事本文を、事例を挙げながら300字程度で書いている。 ◆❶伝えたいこととそれを支える事例の関係について理解している。【記事本文の記述内容】 ●モデル文を提示する。
11 12 13	○新聞記事の見出しを分析し、ポイントをまとめる。 ○ひと目で記事の内容が分かり読み手を引き付ける記事本文の小見出しを10文字程度で考える。 　5　指導の実際(3) ○一人ひとりの記事の小見出しを検討し、班の新聞テーマに合った大見出しを決定する。	◆❸小学生新聞記事を分析して見付けた見出しのポイントを活用して、記事本文の要点が分かるような見出しを考えたり、トップ記事の大見出しを班で検討したりしている。【見出しの言葉】 ●学校司書と連携し、子どもが興味をもちそうな小学生新聞の記事を集めておき、見出しの付け方のポイントを見付けることができるようにする。
14 15	○完成した新聞の記事本文の内容や見出しのよさを伝え合う。 ○単元の振り返りをする。	◆❹本単元の学習を通して身に付けた取材の仕方、記事本文の書き方や見出しの付け方などを振り返り、これからの学習や生活場面に生かそうとしている。【発言内容】 ●新聞のよさを伝え合ったり、単元学習を振り返ったりするときの視点を明確にする。

4年

5　言葉による「見方・考え方」を働かせる指導の実際

(1)　相手や目的を意識して、経験したことから書くことを選び、集めた材料を比較したり分類したりして、伝えたいことを明確にする力を付ける

　班の新聞のテーマ（目的）や読み手（相手）を意識しながら四つの活動内容を選び、その中で最も伝えたいことをトップ記事に決める。そのために、ドーナツ形のワークシートを机の真ん中に置いて、一人一人が書いたエピソードカードを出し合いながら同じものをまとめることで、可視化しながら話し合うことができるようにする。

(2)　伝えたいことの中心を明確にし、事例を挙げながら記事本文を書く力を付ける

　「はじめ」「中」「終わり」の段落相互の関係を考え、エピソードを２つ挙げて300字程度で本文を書くことができるようにする。伝えたいことの中心が明確で、５Ｗ１Ｈで正確な事実を書くことができるよう、モデルを提示する。

◆班の新聞テーマ【体験学習で協力したこと】

見出し「苦労がおいしいスパイスに」

〈はじめ〉
　一日目の夕食は、自分たちで作ったカレーライスでした。まきを割る人、ごはんをたく人、カレーを作る人に分かれて作りました。

〈中（事例①）〉
　まきは、大・中・小の大きさのまきが何本も必要でした。「なたを入れる角度によって、割りにくいことがあり、大変だった。なたは、とても重かった。でも、田中さんが交代しながらやってくれたので、何とかまきを用意できた。」と山田さんが言っていました。

〈中（事例②）〉
　また、にんじんやじゃがいもなどの野菜を切るときは、食べやすい大きさをアドバイスしながら、分担して切ることができました。

〈終わり〉
　初めてのカレー作りは、失敗や苦労もありましたが、とてもおいしくて、忘れられない味になりました。
　　　　　　　　　　　　　（約300文字）

〔記事本文のモデル〕

(3) 記事本文の内容がひと目で分かり、読み手を引き付ける見出しを考える力を付ける

　学校司書と連携し、小学生新聞から興味をもった記事を集め、見出しの言葉の特徴を調べて、次のポイントをまとめた。

> □10文字程度である　　　　　　　□漢字、ひらがな、数字を混ぜている
> □?や!などの記号を使っている　　□言葉をひっくり返している（倒置法）
> □「〜と、〜へ、〜を」など、まだ続くような終わり方もある

　それぞれの記事本文の小見出しは、記事の内容がひと目で分かり、読み手を引き付けるよう10文字程度に要約した。小学生新聞から見付けた見出しの付け方のポイントを基に、4つの記事本文の小見出しを班で検討した。また、一番上の大見出しは、班の新聞テーマに合うよう、4つの小見出しを総括して考えた。

> 【子どもが考えた大見出しの例】
> 「成長できたぞ！大池で」「協力して一歩前へ」「きずなと思い出のハーモニー」

4年

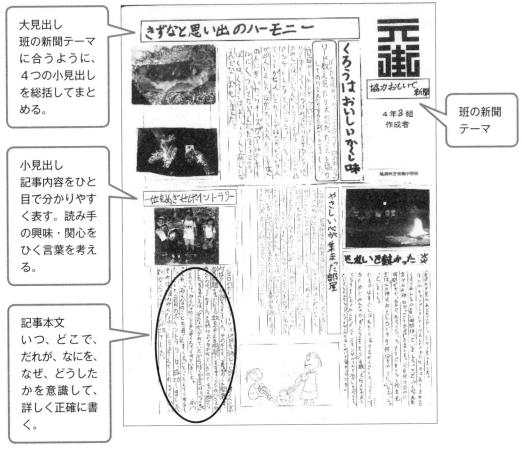

大見出し
班の新聞テーマに合うように、4つの小見出しを総括してまとめる。

小見出し
記事内容をひと目で分かりやすく表す。読み手の興味・関心をひく言葉を考える。

記事本文
いつ、どこで、だれが、なにを、なぜ、どうしたかを意識して、詳しく正確に書く。

班の新聞テーマ

（鳥形昌子）

家族に日本の伝統工芸のすごいところをリーフレットでしょうかいしよう

📖 **教材名** 「伝統工芸のよさを伝えよう」（光村）
📖 **補助教材** 「調べてみよう！日本の職人伝統のワザ　②器　③衣　⑥工芸」（学研）
　　　　　　　「ポプラディア情報館伝統工芸」「ポプラディア情報館伝統芸能」（ポプラ社）
　　　　　　　「日本全国祭り図鑑（東日本編・西日本編）」（フレーベル館）

1　単元について

　「世界にほこる和紙」では、理由や例を挙げて筆者が考えを説明していることを踏まえ、「伝統工芸のよさを伝えよう」では、調べたことを基に、自分の考えが伝わる文章を書く単元である。リーフレットに書く題材は伝統工芸品でなくても、伝統芸能や日本の文化など、学級の実態に合わせて選ぶことが望ましい。自分が興味をもったことについて調べ、調べたことの中からいちばん伝えたい魅力（すごいと思ったこと）が最も伝わるような資料を選択する力や、自分の考えとそれを支える理由や事例との関係を明確にして文章を書く力を養うことができると考える。

2　単元の指導目標

○日本の伝統工芸のすごいところを伝えるために、調べ方や記録の仕方を理解する。
○家族という相手や伝統工芸のすごいところを紹介するという目的を意識して、集めた材料を比較したり分類したりして伝えたいことを明確にしたり、理由や事例との関係を明確にして書き表し方を工夫したりする。
○伝統工芸のすごいところを家族へ伝えるために、伝えたいことが明確になるようなよさや理由を進んで選択して、考えと理由の関係を明確にしながらよりよい表現で書こうとする。

3　単元の評価規準

知識・技能	思考・判断・表現	主体的に学習に取り組む態度
❶比較や分類の仕方、必要な語句などの書き留め方、引用の仕方や出典の示し方、辞典や事典の使い方を理解している。(2)イ	❷「書くこと」において、相手や目的を意識して、経験したことや想像したことなどから書くことを選び、集めた材料を比較したり分類したりして、伝えたいことを明確にしている。（ア） ❸「書くこと」において、自分の考えとそれを支える理由や事例との関係を明確にして、書き表し方を工夫している。（ウ）	❹日本の伝統工芸などの魅力を伝えるために、伝えたいことが明確になるようなよさや理由を進んで選択したり、自分の考えと理由の関係を明確にしたりしながら書き表し方を工夫し、よりよい表現で書こうとしている。

4　単元の流れ（全10時間）

1　「世界にほこる和紙」で興味をもった伝統工芸について出し合い、伝統工芸のすごい
　　ところを家族に紹介する方法を決め、学習の仕方、進め方について学習計画を立てる。

2　調べるための計画を立て、本の選び方や記録の仕方を知る。

3〜4　本やパンフレットなどを使って調べ、調べたことを整理する。

5　「世界にほこる和紙」で学習したことを踏まえ、リーフレットの書き方を知る。

6　「中」の部分に書く伝統工芸のすごいところを決め、どの理由や事例を使うかを選ぶ。

7〜8　下書きを書き、読み合って推敲する。

9　清書し、写真などを貼ってリーフレットを完成させる。

10　完成したリーフレットを読み合って感想を述べ合い、単元を振り返る。

5　言葉による「見方・考え方」を働かせる指導のポイント

○自分の考えとそれを支える理由や事例との関係を明確にして書く力を付ける

　調べたことの中から自分の伝えたいこと（ここではすごいと思ったところ…「手作業」
と「オリジナル」）が明確になるような理由や事例を選ぶ。「〜することで」や「そのため
〜」などの理由を表す語彙や「例えば〜」「〜というものもあります」などの事例を表す
語彙を集め、掲示して使えるようにしておくことで、考えと理由や事例の関係を明確にし
て書く力につなげる。

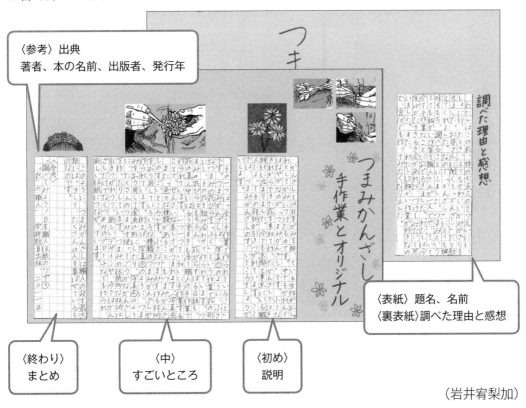

　〈参考〉出典
　著者、本の名前、出版者、発行年

　〈表紙〉題名、名前
　〈裏表紙〉調べた理由と感想

　〈終わり〉
　まとめ

　〈中〉
　すごいところ

　〈初め〉
　説明

（岩井宥梨加）

「4年○組　ぼうさいなるほどブック」 をつくって、地域に発信しよう
―もしものときに備えて自分たちができることを考え、文章にまとめよう―

📖 **教材名** 「もしものときにそなえよう」（光村）
📖 **補助教材** 防災に関する書籍、地域ハザードマップ、市や区の広報パンフレット、気象庁HP、総務省消防庁HP、文部科学省安全教育HP、新聞など

1　単元について

　災害への備えとして自分たちができることについて調べ、考えたことを書く言語活動を行う。社会科の「自然災害から人々を守る活動」と関連付け、地域で起こり得る災害を想定し、自助の視点で調べる。集めた材料を整理する際には、複数の情報源から調べたことを関係付ける力、理由・事例に適する情報を選ぶ力を付けていく。また、クラスで本にまとめる過程で、お互いが書いたものを読み合い、よさを認めるようにする。発信相手を設定することで、自分の考えを伝えることの価値に気付く機会になると考える。

2　単元の指導目標

○災害に備えて自分たちができることを伝えるために、考えとそれを支える理由や事例を関係付けることを理解する。
○災害への備えについて、集めた材料を比較・分類して、考えとそれを支える理由や事例との関係性を明確にしたり、お互いの文章を読み意見を述べ合ったりする。
○災害に備えて自分たちができる行動を促すために、考えとそれを支える理由や事例の整合性を確かめ、根拠を明確にしてよりよく自分の考えを伝えようとする。

3　単元の評価規準

知識・技能	思考・判断・表現	主体的に学習に取り組む態度
❶考えとそれを支える理由や事例、全体と中心など情報と情報の関係について理解している。(2)ア	❷「書くこと」において、身の回りの事柄や学習したことなどについて、調査したい題材を決め、相手や目的を意識して、集めた材料を比較・分類して、伝えたいことを明確にしている。（ア） ❸「書くこと」において、事実を基に、情報の収集や題材の設定が明確になっているかなど文章に対する感想や意見を伝え合い、自分の文章のよいところを見付けている。（オ）	❹災害に備えて自分たちができる行動を促すために、考えとそれを支える理由や事例の整合性を確かめ、根拠を明確にしてよりよく自分の考えを伝えようとしている。

4 単元の流れ（全12時間）

1 自然災害での被害の可能性と、自然災害への備えについて知っていることを出し合う。単元の学習課題を確認し、学習計画を立てる。

2 ハザードマップや自治体のHPを参考にして、自分たちが住む地域で起こり得る災害を想定し、「地震」「大雨」など、各自のテーマを決める。

3・4 書籍やインターネット、施設見学など様々な方法で調べる。

5 調べたことを比較・分類して、理由や事例を基にして自分の考えを明確にする。

6・7 考えとそれを支える理由、考えと具体的な事例といった関係に注意し、文章の組み立てを考え、必要があれば再度調べる。

8・9 理由、事例、自分の考えが関係付くよう表現を工夫して文章を書く。

10 書いたものを読み返し、文章を整える。

11・12 お互いの文章を読み合い、「ぼうさいなるほどブック」の構成を話し合う。

5 言葉による「見方・考え方」を働かせる指導のポイント

(1) 目的を意識して、調べたことを比較したり分類したりして整理する力を付ける

　防災について、自分たちにできることを発信し、行動を促すという目的を意識して調べ、情報源ごとの取材メモをつくり出典を明記する。自分の考えを形成する際には、複数の取材メモの情報を関係付け、理由か事例かを区別して、考えを支える根拠とする。

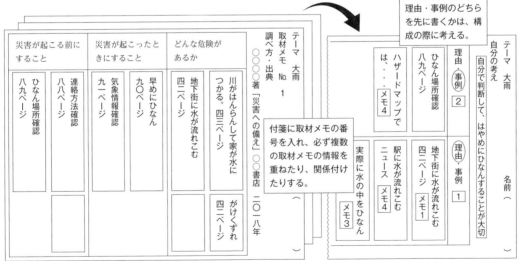

(2) 友達の伝えたいことを考えながら読み、感想や意見を述べ合う力を付ける

　各自が書いたものを、クラスで1冊の「ぼうさいなるほどブック」にまとめる話合いを設定することで、友達の伝えたいことを考えながら読む必要が生じる。その際、「題材選定」「情報の収集」「内容の検討」に使ったメモも共有して、内容や表現についてよさを述べるようにする。友達からの意見を聞くだけでなく、自分の思いもしっかり話すようにする。

（帯川理加）

発見しよう「ファンタジーを100倍楽しむ方法」
—あまんきみこさんの作品の中で起こるふしぎな出来事についてクラスの友達と語り合おう—

📖 **教材名** 「白いぼうし」（光村）
📖 **補助教材** 「星のタクシー」「春のお客さん」ほか、あまんきみこ『車のいろは空のいろ』
シリーズ作品

1　単元について

「ファンタジーを好きな子どもも嫌いな子どもも、みんなで語り合いながらもっと楽しくファンタジー作品を読みたい」という思いのもと、あまんきみこさんの作品の中で起こる不思議な出来事について、自分が考えたことを語り合う活動を設定した。子どもは、比喩表現や、巧みに張られた伏線、色やにおいを表す表現等、様々な手がかりを探しながら、なぞ解きを楽しむような気持ちで複数の叙述を関連付けて内容を読み取ったり、読んで理解したことを基に感想や考えをもったりすることができると考える。

2　単元の指導目標

○様子や行動、気持ちや性格を表す語句の量を増し、物語の中で起こる不思議な出来事について語り合う中で使う。

○物語の中で起こる不思議な出来事について語り合うために、登場人物の行動の背景や気持ちの変化などを複数の叙述を関連付けて捉えるとともに、読んで理解したことに基づいて感想や考えをもつ。

○文章のどこに着目し、どの場面とどの場面とを関連付けて読んだかを明らかにしながら、物語の中で起こる不思議な出来事に対する自分の感想や考えを述べようとする。

3　単元の評価規準

知識・技能	思考・判断・表現	主体的に学習に取り組む態度
❶人物や場面の様子、人物の行動、気持ちや性格を表す語句の量を増やし、物語の中で起こる不思議な出来事について語り合うなかで使っている。(イ)オ	❷「読むこと」において、登場人物の行動の背景や気持ち、登場人物が果たす役割や性格について複数の叙述を関連付けて捉えている。(イ) ❸「読むこと」において、文章を読んで理解したことに基づいて感想や考えをもち、物語の中の不思議な出来事や、中心人物の人柄などについて語り合っている。(オ)	❹学習課題に沿ってシリーズ作品を進んで読み、複数の場面の叙述を関連付けたり、中心人物の人柄について感じたことを明らかにしながら、感想や考えを述べようとしている。

4 単元の流れ（全9時間）

時	○学習活動	◆評価規準　●指導の手立て
0	○ファンタジー作品が好きかどうかを伝え合った後に、『車のいろは空のいろ』シリーズ作品を読み、「ファンタジーを100倍楽しむ方法」を発見する学習課題を設定し、学習の見通しをもつ。 　5　指導の実際(1)	●学校司書と連携し、図書館の団体貸し出し等を活用しながら、『車のいろは空のいろ』シリーズ作品を全ての子どもが1冊ずつ読めるように準備する。 ●単元開始と同時にシリーズ作品を読み始め、「ふしぎに思った出来事」を随時書きためられるようにする（並行読書）。
1	○どの場面で、誰が、何をするかに気を付けて読み、「白いぼうし」の内容を捉える。	◆❹学習課題に沿って「白いぼうし」や『車のいろは空のいろ』シリーズ作品を進んで読み、内容を捉えるとともに、不思議に思った出来事を書きためようとしている。【ノートの記述・発言内容の把握】
2	○「白いぼうし」で、不思議に思った出来事を友達と話し、考えを深めたいことを「問い」の形にする。 　5　指導の実際(2)	●「問い」は、場面相互のつながりを考えることで解決できる内容にする。
3	○不思議に思った出来事の、前後の場面の様子に気を付けて読み、「問い」について考える。 　5　指導の実際(3)	◆❷登場人物の行動の背景や気持ち、登場人物が果たす役割や性格について複数の叙述を関連付けて捉えている。【ワークシートの記述・発言内容】 ●樹形図を用いて、「問い」について考えたことを整理できるようにする。
4	○「問い」について考えたことを友達と語り合う。	◆❶人物や場面の様子、人物の行動、気持ちや性格を表す語句の量を増やし、物語の中で起こる不思議な出来事について語り合うなかで使っている。【発言内容】
5	○「問い」について考えが深まったことをノートにまとめる。 ○どの言葉に着目して、どう読めば「問い」を解決でき、「ファンタジーを100倍楽しめ」ることができるかまとめる。（中間のまとめ）	●樹形図の中に記した「問い」を解決するきっかけとなった言葉や、場面同士のつながりを表す線にシールを貼り、振り返りに生かせるようにする。 ◆❹どの場面のどのような叙述を関連付けることで、不思議さを解決したり、中心人物の人柄を捉えたりしたかを明らかにして、感想や考えを表現しようとしている。【ノートの記述】
6	○『車のいろは空のいろ』シリーズ作品の中で、不思議に思った出来事を友達と話し、考えを深めたいことを「問い」の形にする。 ○不思議に思った出来事の、前後の場面の様子に気を付けて読み、「問い」について考える。 　5　指導の実際(3)	◆❷登場人物の行動の背景や気持ち、登場人物が果たす役割や性格について複数の叙述を関連付けて捉えている。【ワークシートの記述・発言内容】 ●前時にまとめた「ファンタジーを100倍楽しむ方法」（読みの視点）を活用して読めるようにする。 ●樹形図の分析を通して誰と誰が語り合えば考えが深まりそうか予想し、グループ編成に生かす。

7	○「問い」について考えたことを友達と語り合う。	◆❸文章を読んで理解したことに基づいて感想や考えをもち、物語の中の不思議な出来事や、中心人物の人柄について語り合っている。【行動の観察】
8	○「問い」について考えが深まったことをノートにまとめる。	◆❹どの場面のどのような叙述を関連付けて捉えることで、不思議さを解決したり、中心人物の人柄を捉えたりしたかを明らかにしながら、感想や考えを記したり述べたりしようとしている。【ノートの記述】
9	○単元全体を振り返り、どのような言葉に着目して、どう読めば「問い」を解決でき、「ファンタジーを100倍楽しむ」ことができるかまとめる。（単元全体のまとめ）	●場面のつながりを考えて読むよさに気付けるようにする。

5 　言葉による「見方・考え方」を働かせる指導の実際

(1) 既習の内容を活用して自らが立てた「問い」を解決できるようにする

　子どもが自ら立てた「問い」を解決しつつ、楽しんで読書を行い「ファンタジーを100倍楽しむ方法」をみんなで発見できるようにするために、教科書教材だけでなく、『車のいろは空のいろ』シリーズ作品を読む。

　単元構成を工夫し、「白いぼうし」（共通教材）では、共通の「問い」について語り合い、樹形図のかきかた（学び方）と、「ファンタジーを100倍楽しむ方法」（読みの視点）をつかめるようにする。シリーズ作品では、それぞれが選んだ作品について、自らが立てた「問い」を解決していく。「白いぼうし」の学習で獲得した視点を用いて今後も読むことを楽しみ、読書生活の改善につなげていくことができるようにする。

〔**本単元の構成**〕

0・1・2	3・4・5	6・7・8	9
見通しをもつ	教材文「白いぼうし」を読む ＊共通の「問い」で ＊読みの視点を獲得しながら ・色やにおい、人物の様子を表す言葉等 ＊樹形図のかき方を学びながら	関連読書材『車のいろは空のいろ』シリーズを読む ＊各自が立てた「問い」で ＊獲得した視点を活用して 　➡　＋α（・登場人物の言動と人柄） ＊樹形図を活用しながら	振り返る
	並行読書		

(2) 「問い」の内容を子どもとともに精選する

　「問い」にする際、子どもが、その「問い」について、どのような叙述に基づいて考えをもつことができるか事前に把握しておきたい。また、「問い」に対する自分の考えについて語り合うことを通して、子どもがどのような資質・能力を身に付けることが出来るか指導者が把握しておきたい。

　以下に示すような2つの視点で「問い」を分析し、語り合う内容を精選する。

①場面と場面のつながりや重なりを見いださないと解決できない内容になっているか

不思議な出来事が起きた背景（登場人物の行動の背景）を考える「問い」の例

・「女の子」は、なぜ、急に姿を消してしまったのか。

 どうして、この不思議な出来事が起こったのだろう。それは、きっと、△△が、□□だったからではないかな。だって、第○場面でも、△△は、……。

②人物の行動や人柄を捉えたことに伴い、子どもが感想をもちやすい内容になっているか

登場人物の言動から読み取れる人柄が物語の展開に与える影響を考える「問い」の例

・「小さな小さな声」は、誰の声か。その声が「松井さん」に聞こえたのは、なぜか。

 子どもが自らの立てた「問い」にある程度の解決の見通しをもっていることも大切ですね。

○○なときには決まって～する、□□な松井さんだからこそ、きっと、……だったんだと思うよ。

(3) 物語の構造と内容の把握を助け、対話を促進する樹形図を活用する

第3時や第6時など、「問い」について考える際に、樹形図を活用する。

①子どもが、「つなげて読む」意識をもちやすくなる

・場面と場面　・登場人物の様子→行動の背景　・行動の変化→心情の変化　など

→複数の叙述を関連付けて読むことで、登場人物の行動の背景や登場人物の人柄、登場人物が果たす役割を捉えることができるようになる。

②子どもの「読み」や思考過程が可視化され、「つながりがよく分からないところ」「さらにつなげていけるところ」が明らかになる

・対話を行う際に、互いの考えや根拠を確認するために活用（子ども）

・各時間の評価・支援・助言・グループ編成のために活用（教師）

・振り返りの際に、自分の考えが深まったきっかけを思い出すために活用（子ども）

○樹形図に記す内容

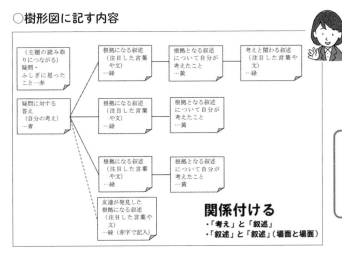

この読み方をしている子と、この読み方をしている子が語り合ったら、新たに○○に気付けそう。

このグループは途中で語り合いが停滞しそうだから、行き詰ったらこの「問い」についても考えるように助言しようかしら。

（臼木基）

図書館に来る友達にすてきな家族が登場する物語をステキバナでしょうかいしよう

📖 **教材名** 「一つの花」（光村）
📖 **補助教材** 西本鶏介「おじいちゃんのごくらくごくらく」（鈴木出版）、フォップス・オーカソン「おじいちゃんがおばけになったわけ」（あすなろ書房）、長崎源之助「おかあさんの紙びな」（岩崎書店）、シェル・シルヴァスタイン「おおきな木」（あすなろ書房）

1 単元について

　紹介する理由を明らかにするために、自分が文章のどこに着目し、どのような思考や感情、経験と結び付けて読んだかを改めて確かめられるよう、物語の中で見付けた素敵な家族を紹介し合う活動を設定した。登場人物の特徴を捉えるために複数の叙述を関連付けて読み取ったり、友達の意見や考えと比べながら読んだりすることで、本の新たなおもしろさを見付けながら読む学習ができると考える。

2 単元の指導目標

○様子や行動、気持ちを表す語句や、感想、紹介の語句の量を増やす。

○物語を紹介するために、登場人物の行動や気持ちを境遇や行動の背景など複数の叙述を基に捉える。また、その物語をどのように捉え、理解したのか明らかにして紹介する。

○紹介したい本について説明するために繰り返して読むなど、改めて味わったり新たなおもしろさに気付いたりしながら読もうとする。

3 単元の評価規準

知識・技能	思考・判断・表現	主体的に学習に取り組む態度
❶様子や行動、気持ちを表す語句や、感想、紹介の語句の量を増やし、使っている。(1)オ	❷「読むこと」において、行動や気持ちなどについて、境遇や構想の背景など複数の叙述を基に捉えている。（イ） ❸「読むこと」において、自分が物語をどのように捉え、理解したのかを基に、選んだ理由を明らかにして紹介している。（オ）	❹物語の魅力を伝えるために、様子や行動、気持ちを表す語句や、感想、紹介の語句を積極的に活用して、登場人物の行動や気持ちなどについて話したり、本を選んだ理由を明らかにしたりしながら紹介しようとしている。

4 単元の流れ（全9時間）

時	○学習活動	◆評価規準　●指導の手立て
1	○「一つの花」を読み、物語の内容の大体をつかむ。	◆❹物語の大体の内容を読み取り、感じたことを発表しようとしている。【ノートの記述・発言内容の把握】 ●戦時中の様子が分かる資料や物語を用意することで、物語に描かれた時代の様子や、家族の関係性を想像しながら学習できるようにする。
2	○初発の感想がどの言葉から引き出されたかを意識して読み返し、単元の見通しをもつ。	◆❷着目した叙述を基に、登場人物の気持ちを捉えている。【ノートの記述・発言内容の把握】 ●いくつかの感想の中から、いちばん心を動かされたところとそのわけを考えるようにする。
3	○「一つの花」に描かれた行動や会話などの叙述から、登場人物の性格や特徴を読み取る。 　5　指導の実際(1)	◆❷登場人物の行動や気持ちを複数の叙述を基に捉えている。【ワークシートの記述内容】 ●見つけた叙述を付箋紙に書いて貼ることで、複数の叙述に着目できるようにする。
4	○前時に見つけた叙述を基に登場人物の特徴や性格を読み取る。	◆❷場面や時代の設定と登場人物の特徴を照らし合わせながら、登場人物の紹介文を書いている。【ワークシートの記述内容】
5	○自分が選んだ物語に描かれている内容の大体を読む。	◆❶物語の舞台となる場所や主な登場人物など、物語の内容を本文の叙述を基に捉えている。【同上】
6	○自分が選んだ本に描かれた登場人物の性格や特徴を、行動や会話などの叙述から読み取る。	◆❸登場人物の行動や会話、場面の様子を表す叙述から家族に対するやさしさや温かさが表れていると思う叙述を書き抜いている。【同上】
7	○本文の叙述を基に自分の選んだ物語に出てくる登場人物の特徴や性格を書く。	◆❷場面や時代の設定と登場人物の特徴を照らし合わせながら、物語の登場人物の紹介文を書いている。【同上】
8	○同じ本を選んだ友達と、登場人物の特徴や性格を共有し、登場人物の紹介文を書く。	◆❸本文の叙述を根拠に、自分が読み取った登場人物の特徴や性格を伝えている。【同上】 ●登場人物の特徴や性格・根拠となる叙述を共有できるように、グループの中央にワークシートを置く。
9	○友達同士で登場人物の紹介を読み合い、それぞれの紹介したい本について感じたことを伝え合う。 　5　指導の実際(2)	◆❹友達の書いた紹介文を読み、自分の感じたことや考えたことを伝えている。【ノートの記述・発言内容の把握】 ●共通点や相違点に着目しながら、互いの考えのよさに気付くようにする。

5 言葉による「見方・考え方」を働かせる指導の実際

⑴ 複数の叙述を基に登場人物の性格や特徴を捉える

　自分が魅力を感じた登場人物を紹介するために、行動や会話、場面の様子に関わる叙述から性格や特徴を読み取る。登場人物の相互関係や気持ちなどについて、叙述から読み取ったことを根拠に登場人物の紹介ができるようなワークシートを用意し、複数の叙述を基に選んだ理由を明らかにしながら物語を紹介できるようにする。

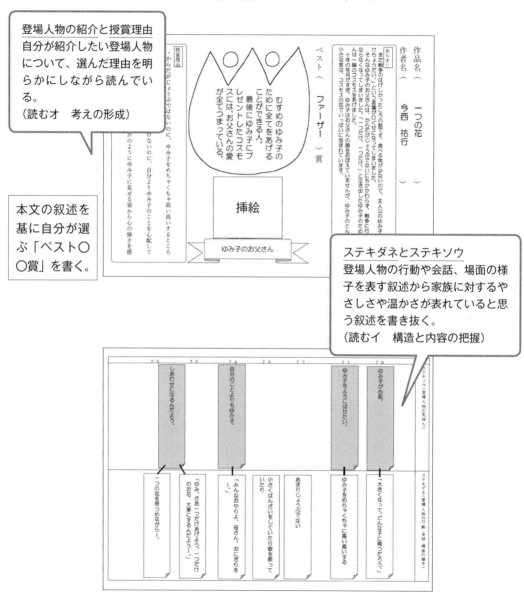

登場人物の紹介と授賞理由
自分が紹介したい登場人物について、選んだ理由を明らかにしながら読んでいる。
（読むオ　考えの形成）

本文の叙述を基に自分が選ぶ「ベスト〇〇賞」を書く。

ステキダネとステキソウ
登場人物の行動や会話、場面の様子を表す叙述から家族に対するやさしさや温かさが表れていると思う叙述を書き抜く。
（読むイ　構造と内容の把握）

(2) 自分が選んだ本ならではの魅力について話し合い、選んだ理由を明らかにしながら紹介する

　並行読書材を選ぶ際には、主教材「一つの花」と同じように、主人公と関わる登場人物が、主人公の成長や気持ちの変化に大きく影響を与えるものを選ぶ。登場人物の性格や特徴について叙述を根拠に捉える力を活用できる読書材を選定することで、主教材「一つの花」で身に付けた力を汎用的に活用することができるようにする。

〔並行読書材の分析〕

作品名	作者	ベスト◯◯賞	授賞する登場人物の特徴	登場人物がもたらす主人公の変化
おじいちゃんのごくらくごくらく	西本鶏介	ベストグランドファーザー賞（おじいちゃん）	いつも迎えに来てくれたり、おもちゃをつくってくれたりする。お風呂につかるとき、口癖のように「ごくらく　ごくらく。」と言う。	おじいちゃんの真似をして「ごくらく　ごくらく。」と言うと幸せな気持ちになれる。
おじいちゃんがおばけになったわけ	フォップス・オーカソン	ベストグランドファーザー賞（おじいちゃん）	おじいちゃんのおばけ。忘れ物を探して自分の家に行ったり、孫に思い出を語ったりする。最後に孫に「さよなら」を言うことを忘れていたことを思い出し、消えていく。	夜更かしをやめ、学校に行くようになる。
おかあさんの紙びな	長崎源之助	ベストマザー賞（お母さん）	孫に白いご飯を食べさせるためにお雛様と交換した。お雛様がなくなり、だだをこねる娘のために紙のおひなさまを折る。	紙びなにお母さんのようなやさしさを感じ、立派なお雛様よりも紙びなを好きになる。
おおきな木	シェル・シルヴァスタイン	ベストツリー賞（木）	ぼうやと遊ぶのが大好き。ぼうやのためにできることをするとうれしい気持ちになるので、実も枝もすべて与える。	欲しいものがなくなって、何ももらわず、木に腰をかける。

（角田峻介）

リーフレットを書くために、
大切な言葉や文章を見付けて要約しよう

📖 **教材名** 「世界にほこる和紙」（光村）
📖 **補助教材** 「調べてみよう！日本の職人伝統のワザ　②器　③衣　⑥工芸」（学研）
「ポプラディア情報館伝統工芸」「ポプラディア情報館伝統芸能」（ポプラ社）
「日本全国祭り図鑑（東日本編・西日本編）」（フレーベル館）

1　単元について

　本単元では、文章を読んで構成を捉えるとともに、中心となる語や文を見付けて、書かれていることを要約する単元である。次単元の「伝統工芸のよさを（リーフレットで）伝えよう」を意識し、子ども自身が伝統工芸品について知る、という明確な目的をもって、要約したり必要な情報を読み取ったりできるようにする。

　次単元と関連付け、目的をもって読むことで、筆者の考えとそれを支える理由や事例との関係を読む力や、中心となる語や文を見付けて要約する力を養うことができると考える。

2　単元の指導目標

○伝統工芸品について書かれた文章を読み、主語と主語の関係、修飾と被修飾の関係、指示する語句と接続する語句の役割、段落の役割について理解する。

○読んだことを基にリーフレットを書く、という目的を意識して、段落相互の関係に着目しながら、考えを支える理由や事例との関係を読んだり、中心となる語や文を見付けて要約したりする。

○「リーフレットを書くために読む」という目的をもって、要約したり必要な情報を読み取ったりする。

3　単元の評価規準

知識・技能	思考・判断・表現	主体的に学習に取り組む態度
❶主語と主語の関係、修飾と被修飾の関係、指示する語句と接続する語句の役割、段落の役割について理解している。(1)カ	❷「読むこと」において、段落相互の関係に着目しながら、考えとそれを支える理由や事例との関係などについて、叙述を基に捉えている。（ア） ❸「読むこと」において、目的を意識して、中心となる語や文を見付けて要約している。（ウ）	❹学習課題に沿って、文の中の主語と述語の関係に気を付けながら読み、考えと、それを支える理由や事例との関係などを、叙述を基に捉えるとともに、目的を意識して要約しようとしている。

4　単元の流れ（全5時間）

1　伝統工芸品のリーフレットを書くために、要約するという学習課題を設定し、学習計画を立てる。

2　筆者の考え、理由や事例が書かれている段落を見付けながら読み、構成を捉える。

3・4　まとまりごとに中心となる語や文を見付け、それを用いて200字以内で要約し、要約の仕方について分かったことをまとめる。

5　伝統工芸品に関する本を読んで要約し、リーフレットを書く。

5　言葉による「見方・考え方」を働かせる指導のポイント

○　筆者の考えにつながる理由や事例を見付けて要約する

| はじめ | 筆者の考え①②：和紙には洋紙にはないよさがある。自分の気持ちを表す方法の一つにもなる。 |

中

③洋紙にはない和紙のよさ　　　　　　⑦和紙で気持ち表す方法

理由・事例

④せんいが長くやぶれにくい　　　⑤穏やかな環境で作られるので長持ちする　　　⑧受け取る相手や伝えたい気持ちに合わせて和紙を選ぶ

理由・事例

⑥・正倉院には、1300年前の文書が当時と変わらないまま残っている
・修復に和紙を使うことで作品を元の姿のまま保管できる

⑨・相手との出会いを大切にしている気持ちを表すために長持ちする和紙を選ぶ
・より喜んでもらうためにぬくもりのある、美しい和紙を選ぶ

| 終わり | まとめ⑩：和紙のよさと使う紙を選ぶ私たちの気持ちによって、長い間、和紙は作られ使われ続けてきた。そのよさを知り、生活の中で和紙を使って欲しい。 |

要約する際には、各段落で中心となる語や文を見付け、200文字以内にまとめていく。

【要約の例（200文字）】

　和紙は洋紙にはないよさがあり、気持ちを表す方法にもなる。まず、和紙のよさは、やぶれにくく長持ちすることだ。そのため、和紙に書かれた文書が昔のまま読めたり、古い絵画に和紙をはって修復することで長い間保管したりすることができる。次に、和紙は自分の気持ちを伝える方法にもなる。出会いを大切にする気持ちや、喜んでもらいたいという思いを伝える時には和紙を選ぶとよい。だから和紙は長い間作られ、使われてきたのだ。

（小水亮子）

プラン

生き物の「?」を「!」に変えます
―科学読み物を読んで発見したことを生き物のひみつ新聞で紹介しよう―

📖 **教材名** 「ウナギのなぞを追って」（光村）
📖 **補助教材** 「ゾウの長い鼻には、おどろきのわけがある！」「ノラネコの研究」
「アリクイの口のなぞが、ついにとけた！」

1 単元について

　本単元では、科学読み物に興味をもち、自分が見つけた生き物の秘密やその本のよさについて、理由を明確にして新聞で紹介できるようにする。新聞は、様々な情報で紙面が構成されている。また、限られた字数の中で、伝えたい情報を発信するため、新聞を作ることは必要な言葉や文章を選んで要約する力を高めるのにふさわしい活動である。また、新聞の最後にコラムを書いた上で完成した新聞を読み合い、互いの感じ方の違いやそのよさに気付けるようにしていきたい。

2 単元の指導目標

○伝えたい「生き物のひみつ」について、全体と中心となる語や文の関係を理解する。
○生き物の秘密を伝えるという目的を意識して、中心となる語や文を見付けて要約したり、互いの「生き物のひみつ新聞」を読んで感じたことや考えたことを共有したりして、一人一人の感じ方などに違いがあることに気付く。
○科学読み物を読んで見つけた生き物の秘密に興味をもち、内容を要約して、「生き物のひみつ新聞」に表そうとする。

3 単元の評価規準

知識・技能	思考・判断・表現	主体的に学習に取り組む態度
❶考えとそれを支える理由や事例、全体と中心など情報と情報との関係について理解している。(2)ア	❷「読むこと」において、目的を意識して、中心となる語や文を見付けて要約している。 ❸「読むこと」において、文章を読んで感じたことや考えた事を共有し、一人一人の感じ方などの違いに気付いている。（カ）	❹生き物の秘密を紹介するために、必要な科学読み物を読んで、必要な知識や情報を得るために読書を役立てようとしたり、互いの「生き物のひみつ新聞」を読んで感じ方の違いを理解しようとしたりしている。

4 単元の流れ（全8時間）

1 本単元の学習課題を確認し、学習計画を立てる。

2 教師のモデル文を読み、「生き物のひみつ新聞」の特徴を捉える。

3 教材文から、「ウナギのなぞ」についての中心を整理し、新聞の割り付けを決める。

4・5 見出し文を作り、中心となる内容を要約してトップ記事を書き、その他の記事を書いた後、コラムに自分の考えをまとめて、新聞を仕上げる。

6・7 並行読書した科学読み物から見つけた生き物の秘密について、必要な文章を要約し、トップ記事とその他の記事を書く。コラムに自分の考えをまとめ、「生き物のひみつ新聞」を仕上げる。

8 「生き物のひみつ新聞」を読み合い、感じ方の違いに気付き、互いのよさを見つける。

5 言葉による「見方・考え方」を働かせる指導のポイント

⑴ 伝えたいことの中心を明確にして、必要な語や文を要約する力を付ける

　科学読み物を読んで発見した生き物の秘密を新聞で伝えるためには、限られた字数でまとめる必要がある。そのために、伝えたい事の中心が表されている語や文を見付け、それらを用いて「生き物のひみつ」が明確に表れる見出し文を考える。また、見出し文に関わるところを付箋でまとめ、それらを整理してから要約できるようにする。

　リード文で、見出し文と関連付けて、本文の内容を短くまとめ、おおよそがつかめるものになっているかを意識できるようにする。本文では、「生き物のひみつ」に関する中心となる語や文を選べているかを考えながら書けるようにする。

⑵ 互いの感じ方の違いやそのよさに気付けるような新聞の紙面構成にする

　自分がいちばん伝えたいことをトップ記事にし、トップ記事に関連した他の記事や専門用語の解説、自分の考えをまとめるコラムで紙面を構成する。

　新聞を書いたり読んだりすることで、未知のことを知る喜びや、新しい発見を求める楽しさを味わえるようにしたい。

　そのために、伝えたいことの中心に関連した記事や、必要に応じて図や写真などの資料も利用して構成を考えられるようにする。また、モデル文を提示して、構成の特徴をつかみ、自分の新聞の割り付けを考えられるようにする。

（松田圭子）

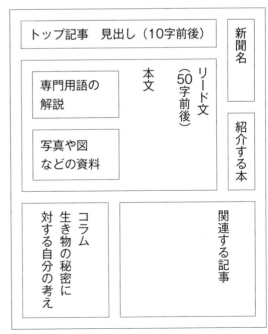

あなたの心にとどけます
─わたしのお気に入りの詩集─

📖 **教材名** 「自分だけの詩集を作ろう」（光村）
📖 **補助教材** 各種詩集（谷川俊太郎・まどみちお・金子みすゞ・工藤直子等）

単元について

　同一作者の詩集の中から、自分の心に響いたお気に入りの詩を選び、視写する。そこに詩を読んで感じたことや考えたことを書き加えたものを集めてオリジナルの詩集を作るという言語活動を行う。詩集は、「誰かの心に届ける」をキーワードにして、その詩を読むとどんな気持ちになるか、どんなときに詩集を手に取ってほしいかを考える。詩を読んでの感動や心が動いた表現、印象に残った表現に目を向け、それらを集めた詩集を作ることが、その詩集を手に取った誰かや自分自身の心の支えとなるようなものを目指したい。

2　単元の指導目標

○相手の心に届く詩集を作るために、詩の内容や情景を想像し、自分の思いを書き表しながら読む。

○相手の心に届く詩集を作るために、印象的な表現を捉え、情景を想像しながら詩を読む。読んで感じたことを発表し合い、個々が捉えている情景や印象に違いがあることに気付いたり、それを生かして解説の文章を書いたりする。

○心に響く詩を見つけるために、自分が選んだ同一作者の様々な詩を意欲的に読み、詩を読んで感じたことを友達と積極的に伝え合おうとする。

3　単元の評価規準

知識・技能	思考・判断・表現	主体的に学習に取り組む態度
❶詩の内容や情景を想像し、それを自分の思いと重ねながら音読している。(1)ク	❷「読むこと」において、詩の印象的な表現を捉えたり、情景を想像したりしている。(エ) ❸「読むこと」において、詩を読んで感じたことを発表し合い、一人一人の感じ方に違いがあることに気付いている。(カ)	❹心に響く詩を見つけるために、何度も詩を読み味わい、描かれているものを捉えたり、それを友達と伝え合おうとしたりしている。

4 単元の流れ（全5時間）

0 音読の題材で詩を扱ったり、教室に詩を掲示したりして、詩への関心を高める。

1 教師が示したモデルを基に、単元の学習課題を確認し、学習計画を立てる。

2 作者を決め、詩を読んで集める。

3 同じ作者を選んだ人同士で集めた詩を紹介し合い、自分の詩集に載せる詩を選ぶ。

4 選んだ詩を視写し、自分なりの解説を加える。

5 表紙や目次をつけ、できあがった詩集を読み合う。その後、学校図書館等に展示する。

5 言葉による「見方・考え方」を働かせる指導のポイント

(1) 教師のモデルを基に、詩を読み味わうための視点を提示し、詩の印象的な表現を捉えたり、伝わってくる情景を想像したりする力を付ける

〔詩をより深く味わうための視点の例〕

〈言葉、表現に関わるもの〉	〈詩全体に関わるもの〉
・その言葉から、どんな様子が思い浮かぶか。 ・その言葉から、何を感じるか。 ・どの言葉から、どんな気持ちになったか。 ・なぜ、○○という言葉ではなく、この言葉を使ったのか。 ・表現の工夫（比喩・繰り返し・対比・擬人・擬態・倒置など）がどのような印象を与えるか。	・作者は、どんな気持ちで書いたのか。 ・作者が立っている場所は。 ・作者の目に映っているものは。 ・詩が書かれた季節は。 ・この詩から、どんなことをイメージするか。 ・この詩の感動したポイントは。 ・この詩から受け取ったメッセージは。

(2) 同じ作者の詩を集めている子ども同士の対話の機会を充実させ、一人一人の感じ方の違いに気付けるようにする

この単元では「詩を味わう」ことを通して、子どもは詩の作者や作品、そして友達と対話をすることになる。特に同じ作者の詩を集めている子ども同士の対話を充実させたい。

【効果的な対話や交流の場の設定】

タイミング：子どもから「話し合いたい」「友達の意見を聞きたい」という声が上がったとき。

形態：ペアや3〜4人のグループ、全体での交流を効果的に組み合わせる。

【この単元で想定される、子どもが友達と対話したいと思う必要感のある場面】

○選んだ詩人のことや、自分のお気に入りの作品について語り合いたい。

○お気に入りの詩や、その中の具体的な表現について、自分の解釈やそのよさを伝えるために選んだ言葉が、読む人に伝わるものになっているかどうかを客観的に知りたい。

○自分が選んだ詩のよさが、より伝わるように表現を工夫したい。

（佐藤勇介）

第5学年　国語科カリキュラム

身に付けたい力	4月	5月	6月	7・8月	9月	
行事・関連教科	入学式 学級開き（特活）	全校遠足	体験学習	夏休み	前期終了	
「A話すこと・聞くこと」 〈話すこと〉 ア　話題の設定、情報の収集、内容の検討 イ　構成の検討、考えの形成 ウ　表現、共有 〈聞くこと〉 エ　構造と内容の把握、精査解釈、考えの形成、共有 〈話し合うこと〉 オ　話合いの進め方の検討、考えの形成、共有	A(1)エ 内容の把握、考えの形成 知・技(1)ア 「教えて　あなたのこと」 自分の意図に応じて、話の内容を捉え、考えをまとめよう。 【自己紹介】	A(1)ア　エ 話題の設定、内容の把握、考えの形成 知・技(1)イ 「きいて、きいて、きいてみよう」 目的や意図に応じてインタビューをして、考えをまとめよう。 【インタビュー】			A(1)オ 進め方の検討 知・技(1)オ 「どちらを選びますか」 互いの立場や意図を明確にして計画的にグループトークをしよう。 【グループトーク】	
「B書くこと」 ア　題材の設定、情報の収集、内容の検討 イ　構成の検討 ウ　考えの形成、記述 エ　推敲 オ　共有	B(1)ア 情報の収集、内容の検討 知・技(3)ア 「春の空」 古文の言葉の響きやリズムに親しもう。	B(1)オ　推敲 知・技(1)オ 「日常を十七音で」 短歌をつくって、自分たちの作品のよいところを見つけよう。 【短歌づくり】	B(1)アイエ 話題の設定、構成の検討、考えの形成、引用 知・技(1)カ 「みんなが過ごしやすい町へ」 図表やグラフを用いて、調べたことや自分の考えを書き表そう。 【意見文】	B(1)ア 話題の設定、情報の収集 知・技(3)ア 「夏の夜」 感じたことから書くことを明確にして、文章を書こう。		
「C読むこと」 ア　構造と内容の把握 　　（説明的文章） イ　構造と内容の把握 　　（文学的文章） ウ　精査・解釈 　　（説明的文章） エ　精査・解釈 　　（文学的文章） オ　考えの形成 カ　共有	C(1)イ　エ 内容の把握、精査・解釈 知・技(1)オ 「なまえつけてよ」 登場人物同士の関わりを捉え、感想を伝え合おう。	C(1)ア　オ　カ 内容の把握、考えの形成、共有 知・技(2)ア 「見立てる」「言葉の意味が分かること」 文章の要旨を捉え、自分の考えを発表しよう。 【意見交流会】		C(1)オ　カ 考えの形成、共有 知・技(3)オ 「カレーライス」 重松清作品を複数読み、自分の考えを共有しよう。【読書会】	C(1)ア　ウ 内容の把握、精査・解釈 知・技(1)カ 「新聞を読もう」 新聞を読んで、自分の考えをつくろう。	
〈知識及び技能〉 (1)言葉の特徴や使い方に関する事項　ア　言葉の働き イ・ウ　話し言葉と書き言葉 エ　漢字　オ　語彙　カ　文や文章　キ　言葉遣い　ク　音読、朗読 (2)情報の扱いに関する事項 ア　情報と情報の関係 (3)我が国の言語文化に関する事項　ア・イ　伝統的な言語文化　ウ　言葉の由来や変化 エ　書写　オ　読書	知・技(1)ケ 「かんがえるのっておもしろい」 知・技(3)ウ 「漢字の成り立ち」 知・技(3)エ 「いつも気を付けよう」	知・技(1)エ 「漢字の広場1」 知・技(3)ウ 「和語・漢語・外来語」 知・技(3)エ 「点画のつながり」 「ふるさと」	知・技(3)ア　イ 「古典の世界」	知・技(2)イ「目的に応じて引用するとき」 知・技(3)エ「書くときの速さ」	知・技(1)ク　イ 「からたちの花」 知・技(1)エ 「漢字の広場2」 知・技(3)エ 漢字の組み立て「道」	

	10月	11月	12月	1月	2月	3月
	後期開始 理科「月」運動会	学習発表会	道徳 「夢に向かって」	校内読書週間		終業式

	A(1)ア　オ 情報の収集、内容の検討、進め方の検討 知・技(1)オ 「よりよい学校生活のために」 集めた材料を比較分類して検討し、立場や意図を明確にしてディスカッションしよう。【グループディスカッション】				A(1)イ　ウ 構成の検討、表現の工夫、引用 知・技(1)オ 「提案しよう、言葉とわたしたち」 話の内容を明確にするように構成し、資料等の表現を工夫してプレゼンテーションをしよう。 【提案】	

10月	11月	12月	1月	2月	3月
B(1)ア 話題の設定、情報の収集 知・技(3)ア 「秋の夕暮れ」 感じたことから書くことを明確にして、文章を書こう。		B(1)ア　ウ 話題の設定、記述 知・技(1)カ 「あなたはどう考える」 考えたことから書く材料を選び、考えの書き表し方を工夫して投書を書こう。【投書】	B(1)ア 話題の設定、情報の収集 知・技(3)ア 「冬の朝」 感じたことから書くことを明確にして、文章を書こう。	B(1)ウ　カ 記述、共有 知・技(1)ア 「この本、おすすめします」 自分の考えが伝わるように書き表し方を工夫して、本の紹介文を書こう。	

10月	11月	12月	1月	2月	3月
C(1)エ　カ 精査・解釈、共有 知・技(1)オ 「たずねびと」 物語の全体像を捉え、考えたことを伝え合おう。	B(1)ウ　エ 引用、推敲 C(1)ウ　オ 精査・解釈、考えの形成知・技 (1)カ (3)オ 「固有種が教えてくれること」 資料を用いた文章の効果を考え、それを生かして書こう。 【調査報告文】	C(1)オ　カ 考えの形成、共有 知・技(1)カ 「やなせたかし―アンパンマンの勇気」 伝記を読んで自分の生き方を考えよう。 【名言集づくり】	C(1)エ 精査・解釈 知・技(1)ク 「生活の中で詩を読もう」 表現の効果を考えて詩を読もう。	C(1)ア　オ 内容の把握、考えの形成 知・技(1)カ 「想像力のスイッチを入れよう」 事例と意見の関係を押さえて読み、考えたことを伝え合おう。 【意見交流会】	C(1)イ　オ 精査・解釈　考えの形成 知・技(1)オ 「大造じいさんとガン」 優れた表現に着目して読み、物語の魅力をまとめよう。 【推薦文】

10月	11月	12月	1月	2月	3月
知・技(1)ア 「敬語」	知・技(3)イ 「語りで伝える」	知・技(3)ア 「古典の世界2」	「方言と共通語」 知・技(3)ウ	知・技(1)オ 「複合語」	知・技(1)ウ (3)ウ 「日本語の表記」
知・技(1)エ 「漢字の広場3」	知・技(1)エ「カンジー博士の暗号解読」	知・技(1)エ 「漢字の広場4」	知・技(1)エ 「漢字の広場5」	知・技(1)オ 「伝わる表現を選ぶ」	知・技(1)エ 「漢字の広場6」
知・技(3)エ 漢字の大きさ「読む」	知・技(1)エ 「まちがえやすい漢字」	知・技(3)エ 大きさ「飛行」	知・技(3)エ 書初め「平和の国」	知・技(1)オ まとめ「光」	

目指せ！「きき方」名人　友達の魅力を引き出すインタビューをして、クラスのみんなに伝えよう

📖 **教材名**「きいて、きいて、きいてみよう」（光村）

1　単元について

　本単元では、友達の魅力を引き出すという目的で「きき手」「話し手」「記録者」の三人一組でインタビューを行う。友達について下調べをし、集めた情報を関係付けたり、整理したりして質問の内容を決定していく力や、聞き取った情報を友達の人柄や考え方と関係付けて再構成する力を育むことをねらっている。インタビューから得られた情報を通じて友達の魅力的な人柄を浮かび上がらせるという目的を常に意識させ、主体的に学習に取り組めるようにしたい。

2　単元の指導目標

○友達の魅力を引き出すインタビューをするために、情報の整理の仕方を理解する。

○友達の魅力を引き出すインタビューをするために、友達の人柄や考え方が感じ取れる質問の内容やインタビューの構成を検討したり、話し手の意図を捉えながらインタビューやその報告を聞き、自分の意見と比べるなどして考えをまとめたりする。

○友達の魅力を引き出すインタビューをするために、情報の整理の仕方を積極的に活用して、質問の内容や構成を工夫してインタビューをしたり、報告し合ったりしようとする。

3　単元の評価規準

知識・技能	思考・判断・表現	主体的に学習に取り組む態度
❶情報と情報との関係付けの仕方、語句と語句の関係の表し方を理解している。(2)イ	❷「話すこと・聞くこと」において、友達の魅力を引き出すために、質問する内容を検討・整理している。（ア） ❸「話すこと・聞くこと」において、話し手の意図を捉えながらインタビューやその報告を聞き、自分の意見と比べるなどして考えをまとめている。（エ）	❹学習課題に沿って、情報の整理の仕方を積極的に活用して、質問内容や構成を検討してインタビューをしたり、報告し合ったりしようとしている。

4　単元の流れ（全7時間）

時	○学習活動	◆評価規準　●指導の手立て
1	○友達のことを詳しく知るためにインタビューを行い、分かった魅力をクラスのみんなに伝える学習の見通しをもつ。 5　指導の実際⑴	◆❹友達の魅力（人柄や考え方）を引き出すインタビューやその報告の見通しを立てようとしている。【発言内容の把握】 ●友達の好きなもの、得意なこと、今がんばっていること、将来の夢からテーマを選び、「きき手」「話し手」「記録者」の役割を決め、試しに3分間のインタビューを行う。インタビューがすぐに終わってしまったグループと3分間続いていたグループを比較し、「きき手」と「話し手」の課題を明らかにする。
2 3	○友達の魅力（人柄や考え方）を引き出すよい尋ね方・答え方、記録者のメモの取り方を理解する。 ○友達の魅力を引き出すような話題や質問を考え、聞きたい質問を整理し、インタビューの準備をする。 5　指導の実施⑵	◆❶イメージマップを使った、友達の魅力を引き出せるような質問の作り方を理解している。【ワークシートへの記述内容】 ◆❷友達の魅力が伝わるインタビューをするための話題や質問の内容を考え、ふさわしいものを決めている。【ワークシートへの記述内容】 ●インタビューのモデル動画を用意し、「きき手」「話し手」「記録者」のポイントを押さえる。 ●友達の魅力となる人柄や考え方について掘り下げられそうな話題を決め、イメージマップを作り、質問を考える。 ●質問を付箋に書き、予想される答えとそれに対する反応を考えたり、質問する順番を決めたりする。
4	○友達の魅力を知るためのインタビューを行う。	◆❹質問の内容やその答えが明確に伝わるように話の構成を工夫しながら、場に応じた適切な言葉遣いで質問をしたり、質問に答えたりしようとしている。【インタビューの様子の観察】 ◆❸話し手の意図を捉えながらインタビューを聞き、記録用メモにまとめている。【ワークシートへの記述】 ●前時までに学習した「きき手」「話し手」「記録者」のポイントを確認し、一つの話題を掘り下げて、友達の魅力が引き出せるインタビューを行うよう促す。
5 6	○記録したメモを整理し、インタビューの内容を報告したり、報告を聞いて自分の感想と同じところや違うところ、気付いたことなどについて伝えたりする。	◆❸話し手の意図を捉えながらインタビューの報告を聞き、自分の意見と比べるなどして考えをまとめている。【ワークシートへの記述】 ●記録者用メモを基に、話が盛り上がったり、なるほどと思ったりしたところを中心に報告用メモをつくることを助言する。
7	○インタビューをするとき、インタビューをされるとき、記録するとき、報告を聞くときの4つの「きく」について、整理してまとめ、学習を振り返る。	◆❹インタビューやその報告をすることについて、学習を通して自分たちが身に付けた力を振り返っている。【発言・ワークシートへの記述】 ●掲示物やワークシートを使って学習内容を振り返ることができるようにする。

5年

5　言葉による「見方・考え方」を働かせる指導の実際

⑴　主体的に学習に取り組む態度を養う

○単元の導入で課題意識がもてるようにする

　本単元の導入で「好きなもの」「得意なこと」「今がんばっていること」「将来の夢」の中から友達に聞いてみたい話題を選び、3人1組で3分間のインタビューを行った。全員が「きき手」「話し手」「記録者」の役割を体験するようにし、それぞれの役割を体験して感じた「インタビューがすぐに終わってしまった」「答えるのに困ってしまった」「記録が間に合わなかった」などの難しさを交流することで、課題意識をもつことができた。また、試しにインタビューを行うことで、子どもたちは、友達のことを意外に知らないということを実感し、友達のことをもっと知るためにインタビューしてみたい、という学習への意欲にもつながった。

〔ワークシート例〕

○インタビューのモデル動画を活用し、ポイントを押さえる

　モデル動画を準備し、「きき手」「話し手」「記録者」のポイントを押さえる。学んだポイントを基に、「話し手」は、「きき手」の質問の意図をしっかりと答えようとしたり、「きき手」は考えた質問が、友達の魅力となる人柄や考え方が引き出せるかどうかを検討したりして、子どもたちが粘り強く学習に取り組めるようにした。

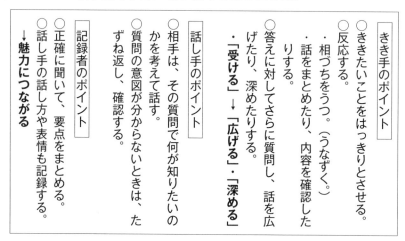

きき手のポイント
○ききたいことをはっきりとさせる。
○反応する。
・相づちをうつ。（うなずく。）
・話をまとめたり、内容を確認したりする。
○答えに対してさらに質問し、話を広げたり、深めたりする。
・「受ける」→「広げる」・「深める」

話し手のポイント
○相手は、その質問で何が知りたいのかを考えて話す。
○質問の意図が分からないときは、たずね返し、確認する。

記録者のポイント
○正確に聞いて、要点をまとめる。
○話し手の話し方や表情も記録する。
→魅力につながる

⑵　情報と情報との関連付けの仕方、図などによる語句と語句の関係の表し方を理解し、使う力を身に付ける

○インタビューの質問を考えるために、イメージマップを活用する

　イメージマップは、中心にテーマを置き、それに関連するものを連想してつなげていく

ため、自分の考えを広げていくのに有効である。

　友達の魅力（人柄や考え方）を引き出せる話題を１つ決め、その話題についての質問を考え、イメージマップを作っていく。予想される答えも踏まえ、友達の魅力となる人柄や考え方が引き出せるものかどうかを検討し、インタビューで行う質問を決めていくようにする。

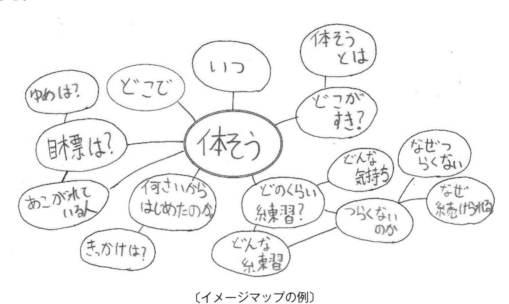

〔イメージマップの例〕

○付箋を活用し、質問の順番を考える

　イメージマップを活用してつくった質問を付箋に書き、質問する順番を考える。予想される答えも考え、話を受け止める言葉や話を広げたり、深めたりする言葉を例示し、さらに友達の人柄や考え方が引き出せそうな質問を準備できるようにする。

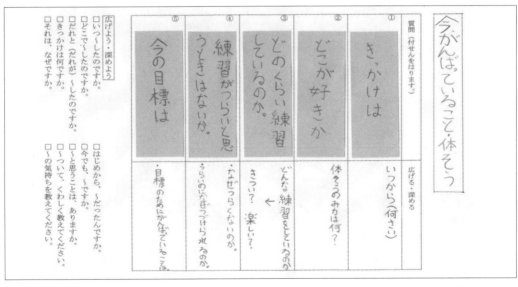

（松口真人）

プラン

言葉の力を再発見！　言葉の使い方を見直して学校をよりよくする提案をしよう

📖 **教材名** 「提案しよう、言葉と私たち」（光村）
📖 **補助教材** 「こころのレシーブ」（東京書籍）二十一世紀を生きる君たちへ（司馬遼太郎）
「お伝と伝じろう」（NHKforSchool）

1　単元について

　自分たちがふだん使っている言葉について課題だと思うことについて考え、解決するための取り組みを代表委員会に「提案する」という言語活動を行う。説得力のある提案をするために、自分の体験や調べた事実など具体的な理由を入れるとともに、事実と感想、意見とを区別をして話の構成を考えたり、フリップや図表などの資料を提示しながらスピーチしたりする力を付けていく。また、高学年だからこそ、自分たちが日ごろ使っている言葉をテーマとすることで、自分たちが使っている言葉を見直したり、使う言葉一つで信頼関係ができたり、協力し合えたり、勇気付けたりすることを再認識できるよい機会になると考える。

2　単元の指導目標

○自分たちが使っている言葉には、相手とのつながりをつくる働きがあることに気付く。
○説得力ある提案をするために、問題点・提案内容・提案による効果を区別して話の構成を考えたり、資料などを活用して、自分の考えが伝わるように表現を工夫したりする。
○言葉について課題意識をもち、説得力ある提案をするために、友達と繰り返し共有することを通して構成を考えたり、表現の仕方を工夫したりしながら伝えようとする。

3　単元の評価規準

知識・技能	思考・判断・表現	主体的に学習に取り組む態度
❶言葉には、相手とのつながりをつくる働きがあることに気付いて使っている。(1)ア	❷「話すこと・聞くこと」において、話の内容が明確になるように、事実と感想、意見とを区別するなど、話の構成を考えている。（イ） ❸「話すこと・聞くこと」において、資料を用いる目的や意図、必要性等を明確にして、資料提示の仕方等を工夫している。（ウ）	❹学習課題に沿って、説得力ある提案をするために、友達と繰り返し共有することを通して構成を考えたり、表現の仕方を工夫したりしながらよりよく伝えようとしている。

4　単元の流れ（全6時間）

1　本単元の学習課題を確認し、学習計画を立てる。

2　日ごろ学校生活で使っている言葉について振り返り、調査をする。

3　調べた内容を基に、提案する内容を決める。

4　説得力のある提案にするために、話の構成を考える。

5　説得力のある提案にするために、提示する資料を考える。

6　互いの提案を聞き合い、学習を振り返る。

5　言葉による「見方・考え方」を働かせる指導のポイント

(1)　言葉の使い方について振り返る

　日ごろ自分たちが使っている言葉を振り返り、課題に気付かせるためには、道徳科の内容項目B【友情、信頼】と関連付けて、人と人とのつながりの中で考えたり、テレビや新聞のニュースについて考えたりすることが有効である。自分たちの言葉を振り返る中で、使う言葉一つで信頼関係ができたり、協力し合えたりすることに気付くことができる。自分たちが言葉の力を実感して、全校に広めるために代表委員会に提案しようという相手意識や目的意識をもたせたい。

(2)　提案のためのスピーチとは

　子どもたちが提案する内容が決まったら、提案するときの型を子どもたち全員が理解しておく必要がある。提案をするときの形式として大切なことは、「提案のきっかけ」「提案内容」「現状問題」「提案理由と根拠」「まとめ」がはっきりと区別され、説得力のある構成・内容になっていることが大切である。また、調べて分かったことや、友達にアンケートをとって分かったことなどを資料にすることで、より説得力のある提案につながる。ワークシートを使用する際には、提案する相手や目的、提案すること（意図）が子どもたちにはっきりと見えるようにすることで、構成や内容、資料等を関連付けさせて言葉による見方・考え方を働かせることができるようにしたい。

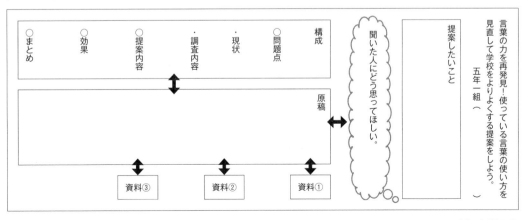

（有光鉄男）

目指せ"けがゼロ"プロジェクト!
―○○小のけがを減らすためのPRをしよう―

📖 **教材名** 「固有種が教えてくれること」「グラフや表を用いて書こう」（光村）
📖 **補助教材** 新聞・パンフレットなどのグラフや表が用いられている資料

1　単元について

　本単元は、「固有種が教えてくれること」では「読むこと」、「グラフや表を用いて書こう」では、「書くこと」の力の育成をねらっている。これらを切り離したものとして指導するのではなく、目的に応じて読み、考えを明確にして書く能力を育成できるようにするなど、「読むこと」と「書くこと」を有機的に関連させることが大切である。

2　単元の指導目標

○文章の種類や特徴について理解する。

○目的や意図に応じて必要な材料を集めて伝えたいことを明確にするとともに、必要性を明確にしてグラフなどの資料を用いたりするなど、自分の考えが伝わるように書き表し方を工夫する。

○必要な情報かを判断するため、いろいろな資料について全体の構成を捉えて要旨をまとめるとともに、目的に応じて文章と図表などを結び付けるなどして必要な情報を見つけたり、筆者の論の進め方について考えたりする。

○必要性を十分意識して文章や資料を選んで読み、自分の表現に生かそうとしたり、目的や意図に応じて情報を適切に選んで書こうとしたりする。

3　単元の評価規準

知識・技能	思考・判断・表現	主体的に学習に取り組む態度
❶文の中での語句の係り方や語順、文と文との接続の関係、話や文章の構成や展開、話や文章の種類とその特徴について理解している。(1)カ	❷「書くこと」において、目的や意図に応じて、感じたことや考えたことなどから書くことを選び、集めた材料を分類したり関係付けたりして、伝えたいことを明確にしている。（ア） ❸「書くこと」において、引用したり、図表やグラフなどを用いたりして、自分の考えが伝わるように書き表し方を工夫している。（エ） ❹「読むこと」において、事実と感想、意見などとの関係を叙述を基に押さえ、文章全体の構成を捉えて要旨を把握している。（ア） ❺「読むこと」において、目的に応じて、文章と図表などを結び付けるなどして必要な情報を見付けたり、論の進め方について考えたりしている。（ウ）	❻必要性を十分意識して文章や資料を選んで読み、進んで自分の表現に生かそうとしたり、目的や意図に応じて情報を適切に選んで書こうとしたりしている。

4 単元の流れ（全11時間）

時	○学習活動	◆評価規準　●指導の手立て
1 2	○「○○小のけがを減らそう」というテーマでリーフレットを作るというめあてを設定し、学習の見通しをもつ。 ○学習計画を立てるとともに、けがの起こっている場所や時間などの統計資料を見て、気付いたことを交流する。	◆❻必要性を十分意識して文章や資料を選んで読み、自分の表現に生かそうとしたり、目的や意図に応じて情報を適切に選んで書こうとしたりしている。【発表の内容・様子】 ●保健委員会が取り組んでいる活動に「けがを減らす」があることを提示し、学習に意欲をもてるようにする。 ●けがに関する資料を複数用意し、取り組みの成果や課題について考えられるようにする。
3 4 5 6 7 8 9 10	○自分の解説文を書くために、教材文「固有種が教えてくれたこと」を読んで主張の書き方や文章の書き方の工夫を知る。 ○自分の解説文をより説得力のあるものにするために、写真、図、表、グラフと文章の関連や効果について考えながら教材文や補助資料を読む。 ○自分の解説文を説得力のあるものにするために、自分のいちばん伝えたいことを決め、伝えたいことに合う資料を集め、使用する資料を決定する。 　5　指導の実際(2) ○自分の解説文を説得力のあるものにするために、解説文の構成を考える。 ○集めた資料や考えた構成を活用して、解説文と川柳を書いてリーフレットを完成させる。	◆❶文の中での語句の係り方や語順、文と文との接続の関係、話や文章の構成や展開、話や文章の種類とその特徴について理解している。【発表の内容・様子】 ◆❷目的や意図に応じて、感じたことや考えたことなどから書くことを選び、集めた材料を分類したり関係付けたりして、伝えたいことを明確にしている。【解説文の記述】 ◆❸引用したり、図表やグラフなどを用いたりして、自分の考えが伝わるように書き表し方を工夫している。【解説文の記述】 ◆❹事実と感想、意見などとの関係を叙述を基に押さえ、文章全体の構成を捉えて要旨を把握している。【発表の内容・様子、教材文への印】 ◆❺目的に応じて、文章と図表などを結び付けるなどして必要な情報を見つけたり、論の進め方について考えたりしている。【発表の内容・様子、教材文への印】 ●言語活動のサンプルを提示し、リーフレットのメインとなる解説文を書くためには、教材文を読む必要性があることを実感できるようにする。 ●教材文や補助教材から見つけた書き方の工夫には印を入れておき、自分が書く際に生かせるようにする。
11	○完成したリーフレットを友達と交流し、自分の考えを広めたり深めたりする。 　5　指導の実際(3)	◆❻学習を振り返り、一人ひとりの資料の使い方や解説文の書き方などを比べ、考えを深めようとしている。【発表の内容・様子】

5　言葉による「見方・考え方」を働かせる指導の実際

(1)　言語活動を通して、「読むこと」と「書くこと」の指導事項を指導する

　本言語活動は、けがを減らす呼びかけとしてリーフレットを作成することである。リーフレットのメインとなる部分には、統計資料から読み取ったことを解説文として書き、自分の考えを述べられるようにする。解説文を書く手本として、教材文を活用する。

　教材文「固有種が教えてくれること」では、筆者が自分の主張に説得力をもたせるため

の工夫として、大きく次の３点が挙げられる。

　①文章構成

　②伝えたいことに説得力をもたせるための事例の提示

　③効果的な図やグラフなどの資料の活用

　これらの工夫を教材文から読んだり、読んだことを活用して解説文を書いたりすることを通して、「読むこと」と「書くこと」の指導事項を身に付けることができるようにする。

〔リーフレットのモデル〕

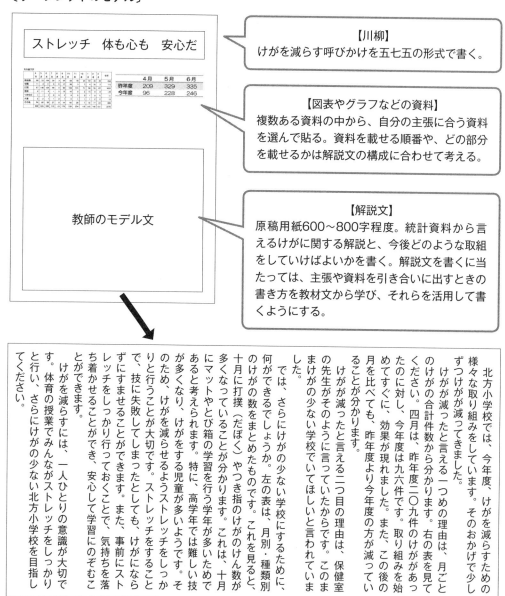

【川柳】
けがを減らす呼びかけを五七五の形式で書く。

【図表やグラフなどの資料】
複数ある資料の中から、自分の主張に合う資料を選んで貼る。資料を載せる順番や、どの部分を載せるかは解説文の構成に合わせて考える。

【解説文】
原稿用紙600〜800字程度。統計資料から言えるけがに関する解説と、今後どのような取組をしていけばよいかを書く。解説文を書くに当たっては、主張や資料を引き合いに出すときの書き方を教材文から学び、それらを活用して書くようにする。

ストレッチ　体も心も　安心だ

教師のモデル文

北方小学校では、今年度、けがを減らすための様々な取り組みをしています。そのおかげで少しずつけがが減ってきました。

けがが減ったと言える一つめの理由は、月ごとのけがの合計件数から分かります。右の表を見てください。四月は、昨年度二〇九件のけががあったのに対し、今年度は九六件です。取り組みを始めてすぐに、効果が現れました。また、この後の月を比べても、昨年度より今年度の方が減っていることが分かります。

けがが減ったと言える二つ目の理由は、保健室の先生がそのように言っていたからです。このままけがの少ない学校でいてほしいと言われました。

では、さらにけがの少ない学校にするために、何ができるでしょうか。左の表は、月別・種類別のけがの数をまとめたものです。これを見ると、十月に打撲（だぼく）やつき指のけがのけん数が多くなっていることが分かります。これは、十月にマットやとび箱の学習を行う学年が多いためであると考えられます。特に、高学年では難しい技が多くなり、けがをする児童が多いようです。そのため、けがを減らせるようストレッチをしっかりと行うことが大切です。ストレッチをしっかりと行うことで、技に失敗してしまったとしても、けがにならずにすませることができます。また、事前にストレッチをしっかり行っておくことで、気持ちを落ち着かせることができ、安心して学習にのぞむことができます。

けがを減らすには、一人ひとりの意識が大切です。体育の授業でみんながストレッチをしっかりと行い、さらにけがの少ない北方小学校を目指してください。

(2)　考えの根拠となる資料を取捨選択し、自分の考えと関係付けられるようにする

　けがに関する資料は、養護教諭に複数用意してもらいそれらを学習で使用する。「けが

の起きた時間」「けがが起きやすい場所」「月ごとの起きたけがの件数」など、様々な資料を用意することで、どの資料を使うことが自分の主張に説得力をもたせることができるか取捨選択できるようにする。そのことで、「書くこと（ア）」の指導事項を指導するとともに、自分の思いや考えを適切な言葉で表現する資質・能力を高めることができる。

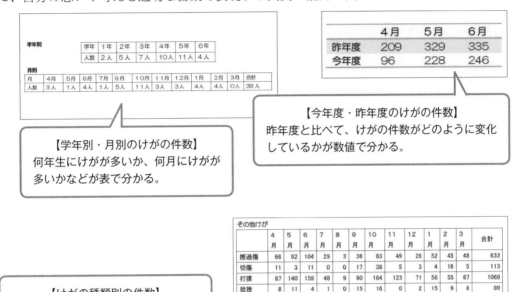

学年別

学年	1年	2年	3年	4年	5年	6年
人数	2人	5人	7人	10人	11人	4人

月別

月	4月	5月	6月	7月	9月	10月	11月	12月	1月	2月	3月	合計
人数	3人	1人	4人	1人	5人	11人	3人	3人	4人	4人	0人	39人

	4月	5月	6月
昨年度	209	329	335
今年度	96	228	246

【学年別・月別のけがの件数】
何年生にけがが多いか、何月にけがが多いかなどが表で分かる。

【今年度・昨年度のけがの件数】
昨年度と比べて、けがの件数がどのように変化しているかが数値で分かる。

その他けが

	4月	5月	6月	7月	8月	9月	10月	11月	12月	1月	2月	3月	合計
擦過傷	66	92	104	29	3	36	83	49	26	52	45	48	633
切傷	11	3	11	0	0	17	38	5	3	4	16	5	113
打撲	87	140	159	48	9	90	164	123	71	56	55	67	1069
捻挫	8	11	4	1	0	15	16	0	2	15	9	8	89
つきゆび	1	1	1	0	0	3	4	0	0	1	0	0	11
火傷	2	2	1	1	0	1	0	1	1	1	2	0	12
その他	34	80	55	27	0	14	50	26	7	16	17	23	349
	209	329	335	119	15	179	339	204	110	145	144	151	2279

【けがの種類別の件数】
何月にどのようなけがが多いか、表で分かる。

⑶　必要感のある交流を通して、学習が深まるようにする

　活動する際は、３人～４人が１グループになり、個人で考える時間と交流する時間を交互に入れながら進めていく。交流は、自分の考えていることを機械的に発表するのではなく、自分が抱えている課題を相談したり自分の考えを伝えることでより意図を明確にしたりできる場にする。そのために、話型を示したり形式的な話し合いにしたりするのではなく、自分の考えや思ったことを自由に言い合うことのできる場を設定する。グループは、単元を通して固定することで、互いの進捗状況を随時確認できるようにする。交流を通して、自分たちの意見が他人の作品をよくするきっかけになっているという実感を得ることで、交流のよさを感じていけるようにしたい。

（菊地伸行）

自分の考えを説得力のある事例を
もとに投書で伝えよう!

📖 **教材名** 「あなたはどう考える」（光村）
📖 **補助教材** 各新聞社の投書

1　単元について

　本単元では、自分の考えを「説得力」をもって伝えるための知識や技能を身に付け、課題解決のために活用できることを目指す。言語活動を「投書を書く」と設定し、課題を実社会と結び付けて設定する。目的意識や相手意識を明確にして書くために課題設定が重要になるだろう。自分の体験を根拠にしたり、調べたことを引用したりしながら考えを伝えていける課題にしたい。また、新聞読者である不特性多数に向けて書くことを意識し、「説得力」が増すような構成や事例、記述の工夫を考えたりすることによって、実生活に生きて働く言葉の力を身に付けられると考える。

2　単元の指導目標

○主張を明確に伝えるための文章の構成や展開について理解する。
○社会生活を送っていく中で課題に感じていることの中から書くことを選び、集めた材料を分類して、伝えたいことを明確にする。また、エピソードやデータなどの事実を自分の意見の根拠として効果的に使うなど、考えが伝わるように書き表し方を工夫する。
○粘り強く、自分の考えが伝わるように書き表し方を工夫しようとする。

3　単元の評価規準

知識・技能	思考・判断・表現	主体的に学習に取り組む態度
❶主張を明確に伝えるための文章の構成や展開について理解している。(1)カ	❷「書くこと」において、課題に感じていることから書くことを選び、集めた材料を分類して、伝えたいことを明確にしている。（ア） ❸「書くこと」において、エピソードやデータなどの事実を自分の意見の根拠として効果的に使うなど、考えが伝わるように書き表し方を工夫している。（ウ）	❹自分の考えが伝わるように粘り強く書き表し方を工夫しようとしている。

4　単元の流れ（全9時間）

1・2　新聞の新聞記事から課題意識をもち、学習計画を立てる。

※これ以降は、授業の1モジュールで構成や記述の工夫を捉え、2モジュールで自分の投
　書を書くための構成や記述を行うという1時間の使い方をする。

3・4　自分の投書に生かすために新聞の投書を読み、構成や表現の工夫を捉えた上で、
　　どのような事例を用いて自分の主張を述べるのか、自分が書く目的や意図に応じ
　　て取材する。また、集めた材を分類、整理してどの材がより主張を支えるかを考
　　えながら選材する。

5・6　構成メモを書いて投書のイメージをつくり、グループの友達に自分の想定してい
　　る投書の構成で説得力を感じるかを聞いて確かめる。

7　今まで学んだ構成や表現を工夫し、投書を書き上げる。

8　投書を書き上げて、友達にも読んでもらった投書を再度、自分で推敲し書き直す。

9　書き上げた投書を読み合い、単元の振り返りをする。

5　言葉による「見方・考え方」を働かせる指導のポイント

(1)　毎時間、実際の新聞の投書を分析する時間を設定する

　実際の記述に入るまでの3〜6時は、1時間の前半を様々
な構成や記述の工夫のある投書を分析し、どのような工夫を
すれば説得力ある文章が書けるかを分析する。実際の投書を
何本も読むことによって、自分がどのような点に工夫して書
いていきたいかが明確になる。

　投書を評価するときにも、ある程度の視点を示し、見付け
てほしい工夫を自分たちで見付けられるように支援する。

(2)　書き始めを集める

　どう書き始めたらよいかが分
からない子どもは多い。例に出
した投書の書き出し部分を集め
て提示するだけで、スムーズに
書き始めることができる。

　また、同じように結びの段落
についても提示したり、見付け
た工夫をまとめたり、具体的に
提示して子どもが選んで使える
ようにするとよい。

（小林真）

【投書評価シート】

☆　☆　☆

評価のポイント　構成編

・一番の主張の場所は？

・根拠の種類は？

・はじまりは？

評価のポイント　記述編

・繰り返している言葉は

・エピソードの書き方は

・データの書き方は

投書に挑戦！　はじめの書き方編

頭括、双括パターン

　和食がユネスコの無形文化遺産に登録された。それなのに日本では、コメの消費量が減少。二十代男子は、一カ月に一度も米を食べない人が二割もいるという。若い人たちは、和食の良さを知っているのだろうか。

問いかけパターン

　一カ月間で、一度も米を食べないという人の割合が、二十代男子で二割にものぼると新聞記事を読んで知った。米を食べない人がこんなにも増えてしまっては危険だ　とぼくは考える。

思い出話パターン

　二割の二十代男子が米を一カ月間食べないことがある。この事実を知って驚いた。米を食べていない人たちは米の良さを知らないのだろうか。

原因究明パターン

　一カ月で一度も米を食べない人が増えているという記事を読んで、上越で田植えを教えてくれた人たちが高齢者ばかりだったことを思い出した。

自分の話パターン

　僕は朝食はパンよりも絶対にご飯だ。

→自分勝手な話だけで終わってはいけない。

○○な4年生に、とっておきの1さつをおすすめしよう

📖 **教材名** 「この本、おすすめします」（光村）

1 単元について

　本単元は、おすすめの本について、４年生に向けて推薦する文章を書くというものである。自分の気に入っている本を一方的に推薦するのではなく、どんな（○○な）４年生に、どのようなことを伝えたいのかを考えて推薦することが大切である（スポーツが好きな４年生にパラリンピックの競技について伝えたい、音楽の好きな４年生に世界の楽器について伝えたい、外国に関心がある４年生に外国の挨拶の仕方について伝えたい、生き物好きな４年生に昆虫の育て方を伝えたいなど）。学習初期の本選びの段階から相手意識と目的意識をもてるようにしたい。また、構成を考えたり書き方を工夫したりする学習段階でも、相手や目的に合った活動となっているか、という視点をもって自己評価を繰り返すことができるようにしたい。

2 単元の指導目標

○おすすめの本の魅力を推薦する相手である４年生に伝えるために、言葉選びが大切であることに気付く。

○推薦する相手である４年生が、文章を読んでおすすめの本を読みたくなるように、書くことを選んだり、書き表し方を工夫したりする。

○推薦する相手である４年生に、本を通してどのようなことを感じてほしいのか、本をどのように活用してほしいのかなど、推薦する文章を書く目的を明確にし、進んで本を選んだり、おすすめの本の魅力が伝わる文章を書いたりしようとする。

3 単元の評価規準

知識・技能	思考・判断・表現	主体的に学習に取り組む態度
❶言葉には相手とのつながりをつくる働きがあることに気付いている。(1)ア	❷「書くこと」において、目的や意図に応じて、感じたことや考えたことなどから書くことを選び、集めた材料を分類したり関係付けたりして、伝えたいことを明確にしている。(ア)	❸粘り強く、目的や意図に応じて自分の考えが伝わるように書き表し方を工夫し、学習の見通しをもって、推薦する文章を書こうとしている。

	❸ 「書くこと」において、目的や意図に応じて簡単に書いたり詳しく書いたりするとともに、事実と感想、意見とを区別して書いたりするなど、自分の考えが伝わるように書き表し方を工夫している。（ウ） ❹ 「書くこと」において、文章全体の構成や展開が明確になっているかなど、文章に対する感想や意見を伝え合い、自分の文章のよいところを見つけている。（カ）	

4 単元の流れ（全7時間）

1 本単元の学習課題を設定し、学習計画を立てる。

2 誰にどんな本を推薦するかを考え、本の内容や推薦する理由を書き出す。

3 推薦する文章の構成を考える。

4 推薦する文章の下書きを書く。

5 下書きを読み合い、どのように書いたらより分かりやすくなるかを助言し合う。

6 助言を生かし、相手や意図に応じて書き方を工夫して清書する。

7 読み合って感想を伝え合い、よいところを交流し、学習を振り返る。

5 言葉による「見方・考え方」を働かせる指導のポイント

⑴ 相手や目的を意識して選書し、伝えたいことを明確にする

　4年生を相手に設定することで、これまでの経験を振り返って相手の状況を思い描きやすくなる。これまでの読書経験を選書に生かしていけるようにしたい。また、必要に応じて4年生に質問したりアンケートをとったりして、相手が興味をもちそうな本や活用できそうな本を選べるようにしたい。

　本学習が始まる前から読書環境を整え、読書習慣を身に付けさせておきたい。さらに、学校図書館の利用や4年生担任・学校司書との連携の仕方も考えていきたい。

⑵ 交流を通して、付けたい力や付いた力を自覚できるようにする

　書き上げた最終段階でのみ交流するのではなく、構成、下書き、清書と進む中で助言し合い交流を重ねていく。助言し合ったりよさを伝え合ったりする際に、活動の中で大切にしたポイントに目を向けさせ、付けたい力や付いた力を自覚できるようにしたい。

　また、学級の実態によっては、「○○な4年生」の「○○」を統一させたり、推薦する本が同じ（似ている）等でグループを組んだりして学習を進めることも考えられる。そうすることによって、共通部分や違いに目を向け、アドバイスし合うことができる。

（白井美保）

椋鳩十作品のすぐれた表現や山場を
紹介ボックスで全校に伝えよう

📖 **教材名** 「大造じいさんとガン」（光村）
📖 **補助教材** 「金色の川」「片耳の大鹿」「月の輪熊」「山の太郎グマ」「金色の足跡」
「母グマ子グマ」「消えたキツネ」「赤いあしあと」「栗野岳の主」

1 単元について

　本単元は、狩人の「大造じいさん」と、ガンの頭領「残雪」との間に繰り広げられる生存をかけた厳しい闘いと好敵手に対する感動が描かれている。残雪をいまいましく、「たかが鳥」と思っていた大造じいさんの残雪に対する思いが、ハヤブサとの戦いを通して、頭領としての姿を見て尊崇なものへと変わっていく。美しいもの、素晴らしいものに感動をもって対し、それを認め誉めたたえていく大造じいさんの人間味あふれる姿が作品のメッセージであると言えよう。また、椋鳩十作品の多くは、自然描写、自然世界の厳しさ、人と動物との様々な関わりなどが随所に描かれ、多く読み手を引き込んでいく。

2 単元の指導目標

○比喩や反復などの表現の工夫に気付く。

○登場人物の相互関係や心情などについて描写を捉え、作品を読んで考えたことや、優れた表現や山場について紹介ボックスに自分の考えをまとめる。

○人物の相互関係や心情、場面についての描写を捉えながら椋鳩十作品を読み、優れた表現やそれぞれが選んだ山場、作品を読んで考えたことを進んで交流することで、自分の考えを広げたり、深めたりしようとする。

3 単元の評価規準

知識・技能	思考・判断・表現	主体的に学習に取り組む態度
❶比喩や反復などの表現の工夫を理解している。(1)ク	❷「読むこと」において、人物像や物語などの全体像を具体的に想像したり、表現の効果を考えたりしている。（エ） ❸「読むこと」において、読んで考えたことを紹介ボックスにまとめている。（オ）	❹人物の相互関係や心情、場面についての描写を捉えながら椋鳩十作品を読み、優れた表現やそれぞれが選んだ山場、作品を読んで考えたことを進んで交流することで、自分の考えを広げたり、深めたりしようとしている。

4 単元の流れ（全10時間）

時	○学習活動	◆評価規準　○指導の手立て
1 2	○椋鳩十作品の教師作成の紹介ボックスを見て優れた表現や山場を意識しながら教材文を通読する。 ○単元の学習の仕方や進め方について計画を立てる。	◆❷人物像や物語などの全体像を具体的に想像したり、表現の効果を考えたりしている。【発言内容、ノートへの記述】 ●椋鳩十は動物を中心にした作品を多く書いていることを紹介し、並行読書への意欲付けになるようにする。 ●紹介ボックスの項目を読みの視点とする。①あらすじ②山場③優れた表現④キャッチコピー
3 4 5 6 7 8 9	○大造じいさんとガンの山場を見つける。　5　指導の実際(1) ○表現に注目し、その効果を考え、あらすじを書く。 ○紹介ボックスの各項目を伝え合う。　5　指導の実際(2) ○キャッチコピーを決める。　5　指導の実際(3) ○自分が選んだ作品で、紹介ボックスを作る。	◆❶比喩や反復などの表現の工夫を理解している。【発言内容・記述方法】 ◆❸登場人物の相互関係や心情などについて描写を捉え、作品を読んで考えたことや、優れた表現や山場について紹介ボックスに自分の考えをまとめている。【発言内容、記述内容】 ●登場人物の相互関係や場面の描写、心理描写を基に山場を選んだ理由を書くようにする。 ●教材文全文が一覧できるものを準備する。 ●あらすじは前半部分の紹介や、おおまかなものにする。 ◆❹優れた表現やそれぞれが選んだ山場、作品を読んで考えたことを進んで交流することで、自分の考えを広げたり、深めたりしようとしている。【発言内容、紹介ボックスへの記述内容】 ●ワークシートにまとめた各項目を伝え合い、キャッチコピーを決める。
10	○紹介ボックスを図書館に置き、学習を振り返る。	◆❹作品の山場や優れた表現を見つけながら、読書経験や友達と考えたことを振り返っている。【発言内容、振り返りの記述】 ●視点をもち読書をしたことや、友達と考えを伝え合ったことを振り返るようにする。

5　言葉による「見方・考え方」を働かせる指導の実際

(1)　優れた表現や作品の山場を見つける

　全文シートを準備し、大造じいさんの心情の変化が読み取れる描写などに着目していく。大造じいさんの残雪に対する思いの変化を心情曲線で表していく。曲線を引く際の視点は、

情景描写や大造じいさんの思いなどを設定する。交流の際に曲線を見ることで、友達の読みが視覚的に捉えやすいようにする。

〔心情曲線の例〕

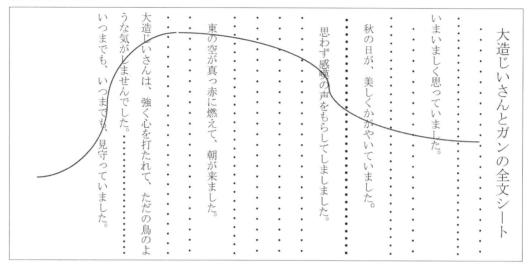

(2) キャッチコピーをつくる

椋鳩十作品を読んで、受け取ったメッセージを伝え合うことで、作品の共通性に気付き、再度、自分のキャッチコピーを検討する。

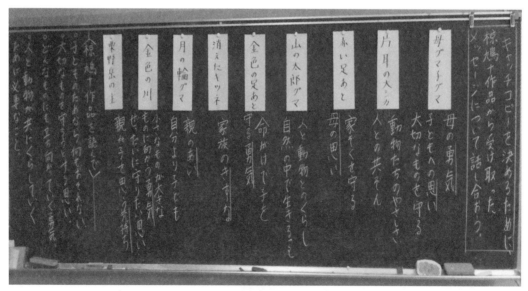

〔7時間目の板書〕

(3) 紹介ボックスに考えをまとめていく

読み取ったことを、紹介ボックスにまとめていく。随所に対話場面を設け、いろいろな読み方の違いに気付けるようにする。紹介ボックスは、あらすじ、すぐれた表現、山場、キャッチコピーとした。紹介ボックスではなく、実態や目的により、紹介カード、リーフ

レットなども考えられる。

〔作品例〕

山場の絵

〔あらすじ〕
大造じいさんが
ガンの頭領であ
る残雪をとらえ
ようとする話。
大造じいさんの
残雪に対する思
いが、物語が進
むにつれて、か
わっていく。

〔すぐれた表現〕
あかつきの光が、
小屋の中にすがす
がしく流れ込んで
きました。
⇒今度こそは残雪
をとらえられる
という自信が伝
わる。

〔キャッチコピー〕
大造じいさんと残雪の心
ゆさぶられる熱い戦い。

〔山場〕
残りの力をふりし
ぼって、ぐっと長
い首を持ち上げ、
じいさんを正面か
らにらみつけた。

5年

⑷ 読書記録

　個人用の読書記録とは別に、誰がどの作品をどのように評価しているのかを一覧にする。
選書に迷ったときや、交流で自分の考えを聞いてほしい相手を主体的に選ぶ際の一助とな
るようなものにする。

読書記録一覧表（個人用）

作品名	すぐれた表現、山場	紹介したい
		☆☆☆☆☆

作品一覧（掲示用）

	児童名	紹介したい
作品名		☆☆☆☆☆

（舟山勝成）

説明文を読んで自分の考えに相手が「なるほど」と思うような伝え方をマスターして、「自分とみんなの生活いいことプラス」で伝えよう

📖 **教材名** 「想像力のスイッチを入れよう」（光村）

1　単元について

　自分の考えに相手が「なるほど」と思うような伝え方ができるように、教材文「想像力のスイッチを入れよう」を利用する。教材文から、筆者である下村さんの事例と意見の説明の型を読み、「自分とみんなの生活いいことプラス」に生かせるようにする。

　「自分とみんなの生活いいことプラス」というのは、日常の中で、自分自身やクラスに対して課題に感じていることや、もっとこうありたいと思っていることから、クラスのみんなに伝えたいことを考え、自分やクラスがもっとパワーアップできるようによりよく変わっていこうという意見を、一人ひとりが文章にまとめたものである。

2　単元の指導目標

○文の中での語句の係り方や語順、文と文との接続の関係、話や文章の構成や展開、話や文章の種類とその特徴について理解する。

○自分の説明力をアップさせるために、自分の考えを適切に伝えるための論の進め方、説得力を高めるための事例の用い方を読んだり、自分の伝えたいことを明確に伝えるために、文章全体の構成を考えたりする。

○自分の説明力をアップさせるために、教材文から筆者が事例と意見をどのように述べているかを読み、「自分とみんなの生活いいことプラス」での論の進め方に生かそうとする。

3　単元の評価規準

知識・技能	思考・判断・表現	主体的に学習に取り組む態度
❶語や文章の構成や展開について理解している。(1)カ	❷「読むこと」において、書き手が自分の考えを適切に伝えるための論の進め方、説得力を高めるための理由や事例の用い方などについて自分の考えをもっている。（ウ） ❸「書くこと」において、題材に関する情報の中から、主張の理由、事例として適切なものを選んでいる。（ア）	❹目的に応じて、自ら設定した課題を解決するために読み方を考えたり、足りない情報を得るためにより適切な読み方を考えたりして、試行錯誤しながら学習に取り組もうとしている。

4　単元の流れ（全10時間）

時	○学習活動	◆評価規準　●指導の手立て
0	○今の自分やクラスを見つめ、もうすぐ最高学年になる自分たちがもっとパワーアップしたいことを日常生活から考える。 5　指導の実際(1)	●「一人一人が自分ごととして考える」という子どもの意見から、まずは、自分が思っていることを文章にまとめさせ、自分が書いた文章にもっと説得力をもたせたいという思いから、説明文を読む必要感をもたせる。
1	○自分の考えに相手が「なるほど！」と思うような伝え方をマスターするために、説明文「想像力のスイッチを入れよう」を読み、学習計画を立てる。	◆❹説明文の特徴をつかみ、自分の考えに相手が「なるほど！」と思うような伝え方をマスターするという目的を明確にし、学習計画を立て、見通しをもとうとしている。【発言や振り返りの内容・様子】
2 3	○自分の考えに相手がなるほどと思うような伝え方ができるように、筆者の表現の工夫を整理する。	◆❷筆者が何を事例として取り上げ、どのような意見を述べて、自らの考えを論証したり、読み手を説得したりしているかを読み、その筆者の論の進め方について自分はどう思うか自分の考えをもっている。
4	○要旨をまとめ、要旨と事例の関係を考える。	◆❷説明文を読んで、結論と本論や結論と序論が強く関連付いていることを捉えたり、文章の重要な言葉から要旨をまとめることを通して、筆者の主張を伝えるための工夫を読んだりしている。
5	○前時までを踏まえて、筆者から学んだ説得力のある説明の仕方を使って、クラスの仲間に伝えるための詳しい学習計画を立てる。	◆❹意見文を書くための詳しい学習計画を立て、見通しをもとうとしている。
6 7	○自分の伝えたいことに説得力をもたせるために、本論に書く内容を自分の体験から考えたり、本や資料から収集したりする。	◆❸結論を補強するために本論に書く根拠を自分の体験から考えたり、本や資料から収集したりしながら、クラスの仲間を説得できる事例を選んでいる。 ●根拠と意見を区別して書けるよう、色の違う短冊カードを用意しておく。
8	○自分の伝えたいことがしっかり伝わるように、根拠となる事実と事例を整理し、意見文の構成を考える。	◆❶根拠カードが、結論を補強するものになっているか確認し、より説得力のある根拠カードを選んだり、さらに情報収集をしたり、選んだ事例の順序を考えたりしながら、自分の考えが明確に伝わる文章全体の構成を決めている。
9	○本論の根拠カードと意見カードを決定するために、友達と話し合う。	
10	○「まずは、ここから始めます」会を開いて、一人一人が、自分やクラスのパワーアップにつながる意見文を読み合い、単元の振り返りをする。	●「想像力のスイッチを入れよう」だけでなく、既習の説明文の型を掲示しておき、意見文の事例の並べ方のヒントとなるようにしておく。 ◆❷友達の意見文を読み、説得力のある事例や書き方などについて、自分の考えをもっている。

5年

5 言葉による「見方・考え方」を働かせる指導の実際

(1) 主体的に学んでいけるよう、子どもたちの日常から課題をもたせる

　子どもたちの日々の会話や授業中の説明を聞いていて、根拠を上手に伝えられずに、相手にうまく伝わらない様子が見られた。そこで、単元に入る前に学級活動の時間を使って、今の自分やクラスを振り返り、もうすぐ最高学年になるという意識をもたせ、クラス全体でパワーアップしていきたいという思いを確認した。日々の生活を振り返りながら、意識を変えていくとよいと思うことを話し合い、自分の考えをもち、それをクラスの仲間に効果的に伝えるための方法について考えようと投げかけた。子どもからは「書いてみたけれど、これでは自分の思いが十分に伝わらない。みんなの気持ちを変えられない」という課題が挙がった。こうして、クラスの仲間を説得できるような書き方を国語の時間に学んでいく必要感をもつことができた。

　また、説得力のある書き方を学ぶ説明文「想像力のスイッチを入れよう」の筆者である下村さんに興味をもって学んでいけるよう、下村さんからのビデオレター（読者である5年生に伝えるために、どんなことを意識して執筆したか）を学習の中で活用した。

　また、今回伝える相手はクラスの友達なので、日常の中から、自分やクラスの仲間がどんなことでパワーアップしていけるとよいか、どんな根拠だったら納得するかを考えながら、学習していけるようにした。

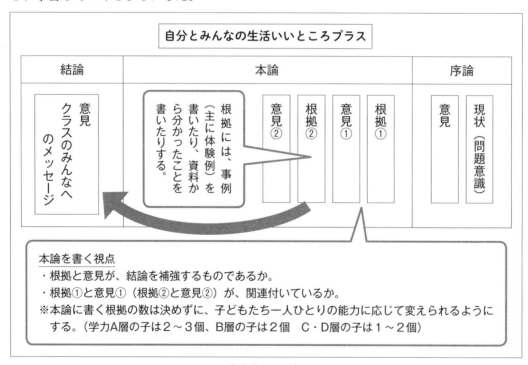

〔構成表の例〕

(2)　試行錯誤しながら考える力を付ける

　意見文を書くときに、取材→構成→推敲→記述と段階を踏んで、一直線に書くのではなく、構成を考えているときに「ここが足りない」と思ったら、また取材をしたり、「どっちの情報を根拠にしよう」と悩んだら友達に聞いたりするなど、子ども一人ひとりの必要に応じて、学習過程を行ったり来たりしながら、自分で考えて取り組んでいけるようにした。

(3)　自分の主張したいことが伝わるように効果的に書き表す力を付ける

　本単元で付けたい力は、自分の伝えたい考えや思いを、どうすれば効果的に相手に伝えられるか、説明文「想像力のスイッチを入れよう」を読んで考え、筆者である下村さんの論の進め方の工夫を活用する力である。書き手の構成や表現、特に事例の挙げ方の工夫を学び、学んだことを活用し自分の説明力を高めるようにした。一つの教材文だけでは、子どもが「こう書きたい」「違う事例の並べ方をしたい」などと考えられないと思い、3年生の教材文「すがたをかえる大豆」等、複数の説明文も提示しながら、自分はどのように事例を並べたいか、考えさせるようにした。また、「頭括型」「尾括型」「総括型」等、文章全体の構成をどうするか、それぞれの特徴を踏まえて、選択させるようにした。

〔子どもの作品〕

温かい返事で、クラスをよりよく！

〇〇
〇〇
〇〇

「いいです。」
「いいと思います。」
「少し違います。」
こんな声が授業中聞こえる。返事をすることは、とっても良いことだと私は、思う。あなたも温かい返事を返されると

「また、発言しようかな。」

と、思ったことはないだろうか。
このように、温かい返事をたくさん返してもらえると、自分も発言しようと思うことができる。温かい返事を返していくことで、発言しやすい空気をつくることができるのだ。

「わたしってどんな人？」という本によると、温かいプラスの発言や返事のやりとりをしていると良い過ごし方ができるそうだ。私は、プラスのやりとりは、必要になるな、と共感した。

プラスのやりとりができる人は、温かいやりとりがごく自然にできる人だ。逆にマイナスのやりとりは、いやな気分になる。【略】

しかし、心から賛成できない意見でも、温かい反応をしなくてはならないのか、という人もいるだろう。【略】

つまり、全てを否定して悪いと言うのではなく、一部分は、認めてあげることが「ひまわりパワー[※]」のみとめあいにつながる。意見を全否定されたAさんは、【略】

言い方次第で、他の人の気持ちがプラスになるかマイナスになるかが決まってくる。返事や反応は、何でも言いたいことばっかり言っていると、人を傷つける。そうではなく、温かい反応をして発言しやすい空気をつくっていこう。

※「ひまわりパワー」…学級目標

（橋本佳子）

プラン

学級目標達成に向けて　背中をおされる　やなせたかしの　こんな考え　この言葉　5年1組名言カードを作ろう

📖 **教材名** 「やなせたかし─アンパンマンの勇気」（光村）
📖 **補助教材** 梯久美子「勇気の花がひらくとき やなせたかしとアンパンマンの物語」（フレーベル館）

1　単元について

　本教材は、『アンパンマン』の作者であるやなせたかしの伝記であり、子どもが共感できる行動や会話が多数存在する。そこで、本単元では、伝記を読んで捉えた人物の生き方から、今後の自分に生かしたいことを書きまとめる言語活動を行う。人物の生き方を捉えるために、文章中の叙述の中で、その人物にとって転換点となる経験や意味のある言葉を基に想像を広げ、読み手である自分自身の心に響いた言葉（名言）を見付けながら読む力を付ける。また、捉えた人物の生き方から、今後の自分に生かせることを考える力を付けていく。

2　単元の指導目標

○伝記を読み、これからの自分の生き方について考えるために、伝記の特徴を理解する。
○伝記を読み、これからの自分の生き方について考えるために、複数の叙述を関係付け、生き方や考え方など人物像を思い描いたり、これからの自分のことについて考えたことを明確にし、書きまとめたりする。
○自分を成長させるために読むという目的をもって、伝記を読み、捉えた人物の生き方から、自分に取り入れたいところや考えなどについて友達と交流し、自分の考えを明確にしようとする。

3　単元の評価規準

知識・技能	思考・判断・表現	主体的に学習に取り組む態度
❶伝記の特徴を理解している。(1)カ	❷「読むこと」において、複数の叙述を関係付け、生き方や考え方など人物像を思い描いている。（エ） ❸「読むこと」において、人物の生き方などから、これからの自分のことについての考えを明確にし、文章にまとめている。（オ）	❹自分を成長させるという目的をもって、伝記を意欲的に読み、人物像を捉えたり、自分に取り入れたいところや考えなどについて友達と交流しながら自分の考えを明確にし、まとめたりしようとしている。

4 単元の流れ（全8時間）

1 本単元の学習課題を明らかにして、学習計画を立てる。

2 教材文を読み、伝記の特徴を捉える。

3・4 補助教材であるやなせたかしの伝記を読み、やなせたかしの生き方や考え方が分かる叙述や、自分にとっての名言を見付ける。

5 自分にとっての名言候補とその理由をワークシートにまとめる。

6 友達と考えを交流し、自分にとってのいちばんの名言を決定する。

7 選んだ名言について、名言カードの文章を記述する。

8 できあがった名言カードを読み合い、単元全体の振り返りを行う。今後、日常の読書でも自分の選んだ人物の伝記を読み進める展望をもつ。

5 言葉による「見方・考え方」を働かせる指導のポイント

⑴ 自分の課題と重ねながら主体的に読み進める態度を養う

事前に学級活動において学級目標の振り返りを行い、自分自身の課題を明らかにしておく。自分の課題を明確にした状態で、学習課題に取り組むことで、自分と重ねながら主体的に伝記を読み進めることにつながる。

⑵ 自分にとっての名言について、なぜ名言なのか考えを深めるために、やなせたかしの人物像や生き方と関連付けて読む力を付ける

自分の選んだ名言について、自分自身と重ねながら考えを書きまとめるためには、なぜその名言を選んだのか、理由を明確にする必要がある。その理由を明確にしていく際、自然とやなせたかしの人物像や生き方・考え方を捉えていくことになる。

3・4時間目を通して、本の中の名言につながる叙述に付箋を貼りながら読み進めると同時に、自分の読みを可視化するツールとしてワークシートを使用する。

なお、本単元では、やなせたかしの他の伝記に読み広げたが、名言を手がかりに、他の人の伝記に読み広げることも考えられる。

① 名言の意味を捉えるヒント①
やなせたかしの人物像
やさしい・意志が固い・真面目
信念がある・粘り強い・心が強い
前向き・思いやりがある・気弱

やなせたかしの年表

名言の意味を捉えるヒント②
名言に関係しそうな出来事や行動、そのときの心情

中段の年表に沿って、やなせたかしの人生を時系列で追いながら、名言に関係のある行動や心情を付箋でまとめる。

② 自分が選んだ名言
名言だと思う理由（やなせたかしの人物像や生き方とつなげて）
自分がその名言を生かしたい場面

明らかにした名言の意味や、自分と重ねたときにどのような場面で生かせそうか、名言カードの下書きとなる内容を書き留める。

（榎本恭子）

綾の目線で広島を旅し、心に浮かんだものを自分の言葉で伝え合い、読書座談会を思う存分に楽しもう

📖 **教材名** 「たずねびと」（光村）
📖 **補助教材** 小学校国語科映像資料〜言語活動の充実を図った「読むこと」の授業づくり

1 単元について

　本単元では、行動や心情を表す叙述に着目しながら読み、人物像や登場人物の心情の変化など、物語の全体像を想像しながら、感じたことや考えたことについて伝え合う方法として読書座談会を位置付けた。読書座談会では、話題について自分の考えをもち、全体像を想像し、描写や表現の効果に着目しながら、意見を述べることが必要となる。単元を通して登場人物の相互関係や心情などについて、描写を基に捉える力や人物像や物語の全体像を想像し、表現の効果を考える力が身に付くと考える。また、この教材文は中心となる登場人物が広島で出合うひと、もの、ことを通して変容していく様が「名前」「ポスター」「川」などのモチーフとともにありありと描かれている。それは、言葉に着目し、繰り返し本文を読むことによって捉えることができ、複数の叙述を関連付けながら自分の考えや思いをもつという面で読書座談会に適している。

2 単元の指導目標

○読書座談会で自分の読みを表現するために、読みに合った言葉を選んで語り合う。

○綾と家族やおばあさんとの関わりを通した心情の移り変わりを叙述に即して捉え、広島での体験で綾の心に浮かんだものを具体的に想像したり、自分の言葉で表現したりすることを通して、物語の全体像を考える。

○文章を何度も読み返して全文シートに自分の考えを書いたり、学習してきたことを振り返りながら読書座談会の話題をもう一度見直したりして、物語を読み進めようとする。

3 単元の評価規準

知識・技能	思考・判断・表現	主体的に学習に取り組む態度
❶自分の読みを伝えられるように語句や言葉の使い方を意識して話している。(1)オ	❷「読むこと」において、登場人物の相互関係や心情を、行動や会話、情景などの描写を基に想像している。（イ） ❸「読むこと」において、複数の叙述を関係付け、人物像や物語の全体像を想像したり、様々な表現が読み手に与える効果を考えたりしたことを伝え合っている。（エ）	❹読書座談会で話し合うために、繰り返し文章を確かめながら、心情や物語の全体像を想像したり、毎時間の振り返りを基に学習課題を見直したりしながら読みを深めようとしている。

4　単元の流れ（全8時間）

1　「たずねびと」を読み、初発の感想をまとめる。

2　読書座談会を知り、話し合いたい話題をしぼる。

3　読書座談会の進め方を知り、話題について自分の考えをもつ。

4・5・6　読書座談会をする。次回の話題をグループごとに決め、自分の考えをもつ。

7・8　単元の振り返りをする。

5　言葉による「見方・考え方」を働かせる指導のポイント

⑴　叙述に着目して読み、登場人物の相互関係や心情の変化を捉える力、人物像や全体像を想像し、様々な表現が読み手に与える効果を考える力を付ける

　複数の叙述を関係付けて人物像や心情の変化等を捉えながら、自分の考えを深められるようにするために、本文をコンパクトにレイアウトした全文シートを用意する。行動、会話、情景描写等の表現に着目している子どもを取り上げ、視点に沿った書き込みができるようにする。

【全文シート】

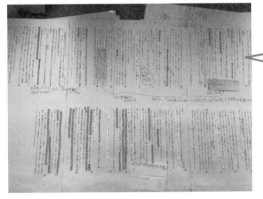

本文を上下2段組で配置することで、全文を一目で俯瞰することができる。サイドラインやマーカーで印をつけながら、複数の叙述を関係付けて読む際、場面が離れている叙述を結ぶときにも視覚的に分かりやすい。

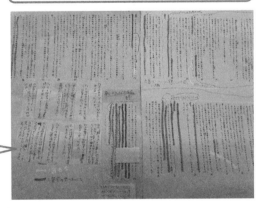

読書座談会でも、拡大した全文シートを基に話し合うことで、叙述に根拠を求めながら読み深める児童の姿が多くの場面で見られるようになった。

⑵　学習を調整する力や学習を創造する力を付ける

　読みが深まるにつれて学習課題が変化していく。単元前半で設定した読書座談会の話題が、単元が進み、自分の読みが深まるにつれて、すでに分かってしまっていることだったり、これは深まりそうにないなと判断がついたりする。そこで、自分たちで話題を再設定したり、ときには読みの時間を増やしたり柔軟に単元計画や話題設定に児童の意見が反映できるようにする。

（浦部文也）

文章の要旨をとらえ、自分の考えを発表しよう

📖 **教材名** 「見立てる」「言葉の意味が分かること」（光村）

1 単元について

　第一教材「見立てる」と第二教材「言葉の意味が分かること」は、筆者の考えが文章の冒頭または末尾に書かれており、残りの段落は具体的な事例を用いている。「はじめ」で筆者の考え、「中」で具体例、「おわり」で筆者の考え、という双括型の構成になっていることは共通している。

　単元名は「文章の要旨をとらえ、自分の考えを発表しよう」と設定した。自分の考えをもつには、その前提として文章中に展開されている筆者の考えや文章構成を読むことが必要である。筆者の考えや取り上げている理由や事例の効果について、共感・納得、疑問など児童はそれぞれの考えをもつ。その一人一人の考えの違いに対話の必然性が生まれる。そのためにも一人一人が自分なりの考えをもてるようにして、児童が意欲的に考えを伝え合うことができるようにしたい。

2 単元の指導目標

○学習課題を解決するために、情報と情報の関係について理解する。
○学習課題を解決するために、文章全体の構成を捉えて要旨を把握したり、文章を読んで理解したことに基づいて、自分の考えをまとめたりする。
○学習課題に沿って、情報と情報の関係を理解した上で、要旨を把握したり自分の考えをまとめたりしようとする。

3 単元の評価規準

知識・技能	思考・判断・表現	主体的に学習に取り組む態度
❶原因と結果など情報と情報との関係について理解している。(2)ア	❷「読むこと」において、事実と感想、意見などとの関係を叙述を基に押さえ、文章全体の構成を捉えて要旨を把握している。（ア） ❸「読むこと」において、文章を読んで理解したことに基づいて、自分の考えをまとめている。（オ）	❹学習課題に沿って、情報と情報の関係を理解した上で、要旨を把握したり自分の考えをまとめたりしようとしている。

4　単元の流れ（全7時間）

1・2　「見立てる」を読み、文章構成（「はじめ」で筆者の考え、「中」で具体例、「おわり」で筆者の考え）や筆者の考えに対する自分の考えについてまとめる。

3　「言葉の意味が分かること」の文章全体の構成を捉えて、筆者が話題としていることや主張していることを把握する。

4　「初め」「中」「終わり」がどのような役割を果たしているか考え、どのようにつながっているか捉える。

5　「初め」と「終わり」に着目して、筆者の主張について話し合い、要旨をまとめる。

6　筆者の考えや、事例の示し方に対する自分の考えをまとめる。

7　身に付けた力を振り返る。

5　言葉による「見方・考え方」を働かせる指導のポイント

○文章の要旨を捉えるために、構成と内容に着目して読む

　本単元のプランでは、学習課題として「文章の要旨をとらえ、自分の考えを発表しよう」と設定している。話の構成や説得力を高めるために取り上げている理由や事例について読み、それに対する自分の考えをもつように指導することが必要となる。一人一人が自分なりの考えをもつためには、子どもが構成と内容に着目して、文章の要旨を捉えることができるようにしたい。

〔ワークシート〕筆者の考えや、事例の示し方に対する自分の考えをまとめよう。（第6時）

言葉の意味が分かること

名前（　　　　　　）

めあて

筆者の考えや、事例の示し方に対する自分の考えをまとめよう。

一、十一段落、十二段落に着目して、筆者の考えをまとめよう。
※繰り返し使われている言葉（キーワード）「面」「はんい」を使ってまとめてみよう。

筆者の考え

二、筆者の考えに対する自分の考えをまとめよう。
※あてはまるものを〇で囲みましょう。
筆者の考えに　（　共感　納得　疑問　その他　）
※理由も書きましょう。

筆者の考え

（田畑彰紀）

身に付けたい力	４月	５月	６月	７・８月	９月	
行事・関連教科	入学式　- - - -　道徳	体験学習　米作り　学活（２）	全校遠足　修学旅行	委員会・クラブ	前期終了	
「Ａ話すこと・聞くこと」〈話すこと〉ア　話題の設定、情報の収集、内容の検討イ　構成の検討、考えの形成ウ　表現、共有〈聞くこと〉エ　構造と内容の把握、精査解釈、考えの形成、共有〈話し合うこと〉オ　話合いの進め方の検討、考えの形成、共有	A(1)エ内容の把握知・技(1)ア「つないで、つないで、一つのお話」【グループトーク】	A(1)イ　エ考えの形成、精査・解釈知・技(1)カ　キ「聞いて、考えを深めよう」６－〇パネルディスカッション～聞いて、たずねて、深めよう～【パネルディスカッション】			A(1)エ考えの形成知・技(1)オ「いちばん大事なものは」【ペアトーク】	
「Ｂ書くこと」ア　題材の設定、情報の収集、内容の検討イ　構成の検討ウ　考えの形成、記述エ　推敲オ　共有	B(1)ア題材の設定知・技(1)オ「春のいぶき」【俳句を書く】	B(1)オ　カ推敲、共有知・技(1)オ「たのしみは」三十一音で伝えよう。私のささやかな「たのしみ」【短歌を書く】	B(1)イ　ウ構成の検討、考えの形成知・技(1)カ「私たちにできること」〇〇小パワーアップ作戦！具体的な事実や考えを基に提案文を書こう。【提案文を書く】B(1)ア　情報の収集知・技(1)オ「夏のさかり」【俳句を書く】			
「Ｃ読むこと」ア　構造と内容の把握（説明的文章）イ　構造と内容の把握（文学的文章）ウ　精査・解釈（説明的文章）エ　精査・解釈（文学的文章）オ　考えの形成カ　共有	C(1)エ精査・解釈知・技(1)ケ「春の河」「小景異情」【音読・朗読】C(1)イ　エ内容の把握、精査・解釈知・技(1)ケ「帰り道」視点を変えて、自分と比べて「友情読書会」で帰り道読んで考えたことを伝え合おう。【読書会】	C(1)ア　ウ内容の把握、精査・解釈知・技(2)ア「笑うから楽しい」「時計の時間と心の時間」筆者の主張や意図を捉えて、上手な時間との付き合い方をリーフレットで伝えよう。【リーフレット】		C(1)オ　カ考えの形成、共有知・技(3)オ「私と本」「森へ」ブックトークで自分が選んだテーマの本の魅力を伝えよう。【ブックトーク】	C(1)エ精査・解釈知・技(1)ク「せんねんまんねん」【音読・朗読】C(1)ウ精査・解釈知・技(1)ク「利用案内を読もう」【利用案内を読む】	
〔知識及び技能〕(1)言葉の特徴や使い方に関する事項　ア　言葉の働きイ・ウ　話し言葉と書き言葉エ　漢字　オ　語彙　カ　文や文章　キ　言葉遣い　ク　音読、朗読(2)情報の扱いに関する事項ア　情報と情報の関係(3)我が国の言語文化に関する事項　ア・イ　伝統的な言語文化　ウ　言葉の由来や変化エ　書写　オ　読書	知・技(3)オ「地域の施設を活用しよう」知・技(1)イ(3)ウ「漢字の形と音・意味」知・技(3)エ学習の進め方	知・技(1)エ「漢字の広場①」知・技(1)イ「話し言葉と書き言葉」知・技(3)エ点画のつながりと読みやすさ「ゆり」	知・技(1)カ「文の組み立て」知・技(3)ア・イ「天地の文」知・技(2)イ「情報と情報をつなげて伝えるとき」知・技(3)エ筆順と点画のつながり「快晴」	知・技(3)エ用紙に合った文字の大きさと配列知・技(3)エ短歌を書こう	知・技(1)エ・オ「熟語の成り立ち」知・技(1)ウ「漢字の広場②」知・技(3)エ情報の優先度と用紙の大きさ	

10月	11月	12月	1月	2月	3月
後期開始 運動会 市体育大会	学習発表会	卒業文集製作	二分の一成人式 区球技大会	社会	感謝の会 終業式

A(1)ア　オ
情報の収集、進め方の検討
知・技(2)イ
「みんなで楽しく過ごすために」
学習発表会を成功させるために…
目的や条件に合わせて話し合おう。学習発表会での発表の仕方。
【協議】

A(1)イ　ウ
構成の検討、表現
知・技(1)カ　キ
「今私は、ぼくは」世界のために、私にできること～言葉と資料で世界の現状や自分にできることを伝えよう～
【スピーチ】

B(1)ア
内容の検討
知・技(1)オ
「秋深し」
【俳句を書く】

B(1)ウ　エ
考えの形成、記述
知・技(1)カ
「日本文化を発信しよう」
高畑さんの表現を生かして書こう。「総合的な学習の時間まとめパンフレット」
【パンフレット】

B(1)ウ　カ
推敲、共有
知・技(1)オ
「大切にしたい言葉」
私が歩んだ、6年間～私の成長が伝わるような卒業文集を書こう～
【卒業文集を書く】

B(1)ア　内容の検討
知・技(1)オ
「冬のおとずれ」
【俳句を書く】

B(1)ア　オ
題材の設定、推敲
知・技(1)ク
「人を引きつける表現」
【説明文を書く】

B(1)オ　カ
推敲、共有
知・技(1)ア・ク
「思い出を言葉に」
詩で伝えよう。6年間の思い出、、感動、感謝の思い～「感謝の会」プロジェクト・詩～
【詩を書く】

C(1)エ　オ
精査・解釈、考えの形成
知・技(1)ク
「やまなし」
「イーハトーヴの夢」
推薦します　これぞ宮沢賢治作品の世界と言える一冊
【推薦文】

C(1)ア　ウ
内容の把握、精査・解釈
知・技(1)オ　ク
「鳥獣戯画を読む」
パンフレットをパワーアップさせるために、高畑さんの鳥獣戯画の「読み方」を捉えよう。
【筆者の表現の工夫を捉え、まとめる】

C(1)エ
精査・解釈
知・技(1)ア
「狂言 柿山伏」
「柿山伏」について
楽しもう古典の世界
「6－○狂言発表会
【音読】

C(1)エ
精査・解釈
知・技(1)ケ
「詩を朗読してしょうかいしよう」
心揺さぶる詩と出会い、「6－○朗読会」で感動を伝えよう。
【朗読】

C(1)オ　カ
考えや形成、共有
知・技(1)カ
「メディアと人間社会」
「大切な人と深くつながるために」
筆者の考えを読み、「未来座談会」でこれからの社会を生きていくために大切なことを語り合おう。
【座談会】

C(1)オ　カ
考えの形成、共有
知・技(1)オ
「海の命」
「命」シリーズを読んで考える、「命」とは
【読書会】

C(1)オ　カ
考えの形成、共有
知・技(1)ク
「生きる」
「今、あなたに考えてほしいこと」
読んで語って考えよう。今、生きているということ
【意見交流会】

知・技(3)ウ
「言葉の変化」

知・技(1)エ
「漢字の広場③」

知・技(1)エ
「漢字の広場④」

知・技(3)ウ
「仮名の由来」

知・技(1)エ
「漢字の広場⑥」

知・技(3)エ
部分の組み立て方「湖」「街角」

知・技(3)イ
「古典芸能の世界」

知・技(1)エ
「漢字の広場⑤」

知・技(1)ウ・エ
「漢字を正しく使えるように」

知・技(3)エ
6年生のまとめ

知・技(3)エ
文字の歴史

知・技(1)ウ・エ
「カンジー博士の漢字学習の秘伝」

知・技(3)ウ
言葉を楽しもう

知・技(3)エ
書き初め

知ってほしい世界の現状
気付いてほしい「あたりまえ」の尊さ
写真と言葉で伝える12才の主張

📖 **教材名** 「今、私は、ぼくは」（光村）
📖 **補助教材** 自作スピーチモデル

1 単元について

　本単元における子どもの課題は、「日常の『あたりまえ』は決してあたりまえではないということを、身の回りの人にも考えてもらえるようにスピーチする」ことである。ユニセフ協会の方の話をきっかけに、世界の子どもたちの現状を知り、そして自分が考えたことを伝え広げていこうという意識をもって学習を進める。タブレット型端末で四つのフリップを提示しながらスピーチを行うこととし、自分の伝えたいことが伝わるように、言葉や資料の効果を吟味し、説得力のあるスピーチをすることを目指す。

2 単元の指導目標

○説得力のあるスピーチを行うために、語感や言葉の使い方に対する感覚を意識して、語や語句を使う。

○説得力のあるスピーチを行うために、目的や意図に応じて、集めた情報を収集したり、整理したりする。また、資料を用いる目的や意図、必要性等を明確にして、資料提示の仕方など、表現を工夫する。

○資料の提示の仕方を工夫することで、説明や主張がより効果的なものになることを感じながら話したり、話し方を振り返ったりしようとする。

3 単元の評価規準

知識・技能	思考・判断・表現	主体的に学習に取り組む態度
❶語感や言葉の使い方に対する感覚を意識して、語や語句を使っている。(1)オ	❷「話すこと・聞くこと」において、主張を伝えるために必要な情報を収集したり整理したりしている。（ア） ❸「話すこと・聞くこと」において、資料を用いる目的や意図、必要性を明確にして、資料提示の仕方など、表現を工夫している。（ウ）	❹学習課題に沿って、資料の提示の仕方を考えたり、説明や主張の内容を明確にしたりしながら、よりよく伝えようとしている。

4 単元の流れ（全9時間）

時	○学習活動	◆評価規準　●指導の手立て
0	○ユニセフ協会の方に、「まずは知ること、そして身近なところから伝えていくことが大切だ」ということを教わり、6年生として自分たちも校内のみんなに伝えようという思いをもつ。　5　指導の実際(1)	
1	○自分たちがどのような活動をしていきたいかを具体的に考え、スピーチの構成を考えたり、必要な学習計画を立てたりする。	◆❹みんなに世界の子どもたちの現状を知ってもらい、日常の「あたりまえ」を見つめ直してもらえるようなスピーチをするために必要な工夫を考えて学習計画を立てようとしている。【発言の様子、振り返りの記述】 ●音声だけではなく資料を使うとより分かりやすくなること、効果的な事例を選んだり印象的な言葉になるように工夫したりする必要性を再確認する。
3 4 5	○スピーチの内容を考え、必要な情報を収集したり、整理したりして決定する。　5　指導の実際(2) ○主張を伝えるためにスピーチの構成や、提示する写真などについて考え、構成シートを作成する。 ○構成シートを生かしてスピーチ原稿を作成する。	◆❷主張が明確に伝わるように、冒頭で使う言葉や写真などの資料を選んでいる。また、様々なエピソードから共通点を見付けてまとめ事例として挙げることを構成シートに書いている。 ◆❷主張が明確に伝わるように、交流で話し合ったことを生かして原稿を書いている。【原稿、振り返りの記述】 ◆❸主張やメッセージが明確に伝わるように、写真に付ける見出しの効果やどんな見出しがよいのかを考えている。また、友達と話し合い、見出しを決定している。【ワークシート、振り返りの記述】
6 7	○事例を説明するための写真に付ける見出しは、どんな言葉が効果的かを考え、決定する。　5　指導の実際(3)	◆❶語感を意識して、見出しの言葉を選んでいる。【写真の見出しの記述】 ●ユニセフ協会の方の話の内容や、自分たちで調べたことを掲示したり、世界の子どもたちの現状が書かれた本や写真を用意したりして、スピーチで使う事例の参考として、いつでも手に取って見られるようにする。
8 9	○校内の児童に向けてスピーチを行う。単元全体の振り返りを行う。	◆❹自分の考えをしっかり伝えようという意欲をもってスピーチを行っている。また、身に付けた力を振り返り、今後どのような場面で身に付けた力が使えるかを考えている。【スピーチ・振り返りの記述】 ●「よこはま国際平和スピーチコンテスト」の動画を見ながら、相手に伝えるための話し方を考え、自分のスピーチに生かす。

6年

5 言葉による「見方・考え方」を働かせる指導の実際

(1) 必要感や使命感を伴なった課題意識を喚起する

　卒業を前にした6年生として、校内の児童に向けたスピーチを行う活動を設定する。その際、実社会や自分たちの将来へのつながりを意識したテーマを扱うようにしたい。6年生の子ども自身が心を動かされ、目の前のことから取り組もうとする情熱をもてるように、本単元では、実際にユニセフの方の話を聞いたり、自分たちの学校について見直したりする時間を設定している。

(2) 目的や意図に応じて必要な情報を検討する力を付ける

　スピーチで提示するシートを4枚に限定する。これにより、シートの一枚一枚の役割をより明確に意識し、何を載せるか、どのような言葉を用いるか、より効果的な情報を吟味する必然性が生まれる。また、子どもたちの今後の情報活用場面も考え、タブレットによる資料提示を行うこととする。

〔スピーチでの資料提示のイメージ〕

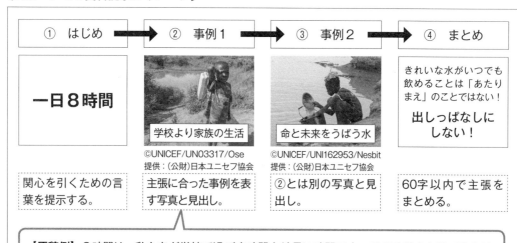

① はじめ	② 事例1	③ 事例2	④ まとめ
一日8時間	学校より家族の生活 ©UNICEF/UN03317/Ose 提供：(公財)日本ユニセフ協会	命と未来をうばう水 ©UNICEF/UNI162953/Nesbit 提供：(公財)日本ユニセフ協会	きれいな水がいつでも飲めることは「あたりまえ」のことではない！ **出しっぱなしにしない！**
関心を引くための言葉を提示する。	主張に合った事例を表す写真と見出し。	②とは別の写真と見出し。	60字以内で主張をまとめる。

【原稿例】8時間は、私たちが学校で過ごす時間より長い時間です。その時間をかけて彼女は約16kmも先にある川へ水をくみに行き、また家に帰るのです。それだけではありません。背中に背負っているもの。これは、水がめという水を運ぶための道具です。水が入った水がめは約15kgもあります。それを背負って8時間歩く―みなさんは想像することができますか。彼女はこう話します。「毎日毎日この仕事をするのは、つらいと思うこともあります。でも、家族は他の仕事をしています。私がやらないと水が使えないのです。」彼女は今日も生活していくために、学校にも行けず水を運び続けています。

【本単元のスピーチについて】
○4年生以上を対象にスピーチを行う。
○タブレットを使用して資料を提示する。
○朝の時間を使って教室を訪れて発表する。
○内容に関する質問や感想を必ず言ってもらえるように、担任と打ち合わせしておく。

⑶　**自分の考えや思いが相手に伝わるように、表現を工夫する力を付ける**

　表現の工夫については、これまでに学習してきた方法を振り返ったり、先に行われたスピーチコンテストの動画を見て気付いたことを出し合ったりする時間を設定する。また、資料に記載するはじめやまとめの言葉、見出しについて考えたり、友達と検討し合ったりすることで、どのような言葉を用いるか、助詞一つの変化による効果等も吟味する。

〔既習を基にしたスピーチの工夫の観点例〕
・間　・声の抑揚　・視線　・立ち方　・身振り　・表情　・スピード　　など

〔効果的な見出しの工夫の観点例〕
・話し言葉だけでは伝わりにくいことを分かりやすく伝えるもの。
・伝えたいこととずれていないもの（関連性が強い言葉）。
・写真にはないことを補足するもの。
・聞くよりも見た方がぴんとくるもの。
・相手に想像をうながすもの。
・字数は少なく、使う言葉は、分かりやすさやリズムを意識する。また、言葉の細かい語順や助詞にもこだわる。

〔資料の見出しについて検討するグループ交流の流れ例〕
①自分の主張を説明する。
②実際にタブレットで資料を提示しながらスピーチする。
③写真に付けた見出しについて説明する。
④見出しについて検討する。
　・自分の主張にどのような写真や見出しを使って行うのかグループの友達に説明する。
　・友達の使う見出しが効果的か考える。
　・よりふさわしい言葉が他にはないか考える。
　・写真に付けた見出しが主張につながるものかどうか考える。
　・グループの検討から、自分の見出しを改善する。

見出しの候補をカードで提示し、検討する。

交流を経て、最終的には自分でよいものを判断する。

（村井俊彦）

○○小がもっとよくなるために自分たちにできることを決めよう

―考えを比較し、広げ、結び付けてまとめよう―

📖 **教材名** 「みんなで楽しく過ごすために」 コラム「伝えにくいことを伝える」（光村）

1 単元について

　本単元は、目的や条件に応じて、問題を解決するための話合いを取り上げた単元である。本単元で取り上げる話合いとは、「協議」である。つまり、様々な考えが出される中で最終的に一つにまとめていく話合いである。効率的に全体の考えをまとめていくためには、ただ意見を出すだけでなく、意見同士の共通点や相違点を明確にしたり、すでに出ている意見と比較してつなげたり、付け加えたりしながら話合いを進めることが求められる。

　また、必要感のある議題を設定することで、より自分のこととして捉え、主体的な話合いになると考える。

2 単元の指導目標

○よりよい学校にするための話合いを通して、思考に関わる語句の量を増やし、語感や言葉の使い方に対する感覚を意識して、語や語句を使う。

○よりよい学校にするための話合いを通して、それぞれの立場を明らかにした上で考えを述べ合い、自分の考えを様々な視点から広げたり、互いの考えを比較したりしながら自分の考えをまとめる。

○自分の立場を明らかにした上で考えを述べ合い、自分の考えをまとめようとする。

3 単元の評価規準

知識・技能	思考・判断・表現	主体的に学習に取り組む態度
❶思考に関わる語句の量を増し、語感や言葉の使い方に対する感覚を意識して、語や語句を使っている。(1)オ	❷「話すこと・聞くこと」において、集めた材料を話す目的や意図に応じてまとめたり、互いに結び付けたりして話している。（ア） ❸「話すこと・聞くこと」において、自分の考えを様々な視点から広げたり、互いの考えを比較したりしながら自分の考えをまとめている。（オ）	❹学習課題に沿って、自分の立場を明らかにした上で考えを述べ合い、自分の考えをまとめようとしている。

4 単元の流れ（全8時間）

1 学習課題をつかみ、学習の見通しをもつ。
  本単元の学習課題を理解し、話し合う議題についても出し合う。

2 話合いを進める上で大切なことについて、今までの経験やモデルを基に出し合い、整理する。

3 今までの自分たちの話合いを振り返り、改善方法を考える。

4 第1回目の話合いに向け、自分の考えをワークシートにまとめる。

5 第1回目の話合いを行い、さらによくなるように、アドバイスを行う。

6 第2回目の話合いに向け、自分の考えをワークシートにまとめる。

7 アドバイスを生かして、第2回目の話合いを行う。

8 単元の学習をまとめ、計画的に話し合う上で大切なことを振り返る。

5 言葉による「見方・考え方」を働かせる指導のポイント

①自身の課題を明確にし、話合い時の自分のめあてを一人一人がもち、身に付けたい力を意識して学習できるようにする。

②話合いを聞きながら、書き込むことで思考が整理され、アドバイスにつながるようにワークシートを活用する。〔ワークシート〕（第5時）

> 身に付けたい力を具体的な言葉にし、その視点で子どもたちが話合いを聞くことができるようにする。

> 誰のどのような発言がよかったか具体的に書きアドバイスすることで、発言による効果を自覚することができる。

> 話合いをまとめる上で決め手となった言葉や発言を書き込める欄をつくり、言葉に着目して話を聞くことができるようにする。

④ 共通点や違う点を明確にしながら意見を整理する

	良かった発言。	アドバイス
共通点違う点をはっきりさせていた。名前（　　）		
心配な点や改善点を出していた。名前（　　）		

⑤ 考えの良さや問題点・改善点を明確にする

名前	良かった発言。	アドバイス
目的や条件に立ち返っていた。名前（　　）		
考えの良さを出していた。名前（　　）		
問題点を明確にした。名前（　　）		
改善点を考える名前（　　）		

みんなの考えが一つになった（または一つになりはじめた）きっかけの発言

（小森光枝）

未来を変えよう！　わたしたちの手で
○○小改善プロジェクト
現状をきちんと伝え、問題が解決される、説得力のある提案書を書こう

📖 **教材名** 「私たちにできること」（光村）
📖 **補助教材** 自作提案書モデル

1　単元について

　本単元における子どもの課題は、「自分たちが問題と感じている○○小の現状を、先生や下級生にも感じてもらえるような説得力のある提案書を書く」ことである。普段の生活や最高学年としての活動などから、学校の課題を明らかにし、自分たちが目指す学校にしていきたいという意欲をもって学習を進める。提案書を読む人に必要感を感じてもらえるような事実を示したり、提案書に関心をもってもらえるように表現の効果を吟味して言葉を選び、見出しや文章を端的に書いたりする力を身に付けていくことを目指す。

2　単元の指導目標

○意味を理解したり文章の中で使いこなせたりする語句を増やすとともに、語句の意味や使い方に対する認識を深める。

○目的や意図に応じて書くことを選び、自分の考えが伝わるように書き表し方を工夫したり、文章に対する感想や意見を伝え合ったりしながら、提案書を書く。

○目的や意図に応じて、内容や構成を考え、相手に自分の考えが明確に伝わるように提案しようとする。

3　単元の評価規準

知識・技能	思考・判断・表現	主体的に学習に取り組む態度
❶思考に関わる語句の量を増し、語感や言葉の使い方に対する感覚を意識して、語や語句を使っている。(1)オ	❷「書くこと」において、目的や意図に応じて集めた事実の中から、書くことを選び、伝えたいことを明確にして、提案書に書く内容を決めている。（ア） ❸「書くこと」において、目的や意図に応じて表現の効果を考えながら言葉を選んだり、相手に必要感を与えられるような端的な言葉で書いたりするなど、書き表し方を工夫している。（ウ）	❹○○小をよりよくするための提案書を読んでもらうために、提案に関わる語彙の量を増やしたり、目的に応じた事実や見出しになっているか、友達と確かめ合ったりしながら、粘り強く提案書を書こうとしている。

4　単元の流れ（全13時間）

時	○学習活動	◆評価規準　●指導の手立て
1	○普段から感じている○○小の問題点から課題意識をもち、単元を立ち上げ、活動の計画を立てる。 5　指導の実際(1)	◆❹給食の残食に対する気持ちを伝え合いながら、子どもたちの課題意識を明らかにし、○○小をよりよくするための提案書を書こうとしている。【発言の様子、振り返り】 ●ここでの課題意識が主体性に大きく関わるため、子どもがより関心をもてる日常的な話題から考えるようにする。
2 3	○一般の提案書※1から、説得力のある提案書の技を見付ける。 ○モデルの分析をする。構成面、見出し、文末表現、説得力のある言葉、問題と効果のつながり、など。 5　指導の実際(2)	◆❹○○小をよりよくするための提案書にどんなことが書かれていると見る相手を説得させることができるかを考えながら、説得力のある提案書の技を見つけようとしている。【発言の様子、振り返り】 ◆❷モデル文全体の構成を捉えながら、必要になる情報の見通しをもっている。【発言の様子、振り返り】 ●前時に見つけた技と、身に付けたい力が反映されたモデルを作成し、提示する。
4 5 6 7 8	○提案書のテーマ※2を決め、グループ分けをする。 ○グループ内で話し合い、課題を明らかにするとともにその原因を考え、取材の準備をする。 ○集めた情報から提案書で伝えたいことを明らかにし、提案書に示す事実を決めたり、提案の内容を考えたりする。	◆❷子どもたちの課題意識と提案の必要性を関連させながら、目的に応じたテーマを決めている。【発言の様子、振り返り】 ◆❷目的や課題意識に沿って話し合いながら、調査が必要な事柄を決定している。【交流の観察、振り返り】 ●目的と照らし合わせながら活動を進めるようにする。 ◆❷目的や意図に応じて提案書に示す事実を決めている。【ワークシート、振り返り】 ●取材、記録、選定、再取材、提案内容など、子どもの思考の手助けとなるワークシートを提示する。
9 10 11 12	○記述用紙1※3を書く。 ○記述用紙1を見合う。 5　指導の実際(3) ○記述用紙2※3を書く。 ○記述用紙2を見合う。	◆❶❸提案書を読む相手が必要感を感じられるように、思考に関する語句を使ったり、表現の効果を吟味して使う言葉を選び、見出しや文章を端的に書いたりしている。【記述用紙1、交流の様子】 ●提案書を読む相手や目的を明確にしたり、伝え合う言葉の具体を示したりしてから交流に入るようにする。
13	○記述用紙を基に提案書を完成させる。	◆❹目的を意識して、最後まで粘り強く文章を書いている。【行動の観察、提案書、活動の振り返り】

※1：教育の場で使用できる、授業に即した提案書を、インターネットより引用した。
※2：給食、節電、水、ごみ分別、規範意識など。　　※3：1は提案書上部、2は下部。

6年

5　言葉による「見方・考え方」を働かせる指導の実際

⑴　一人一人が自分なりの思いをもった主体的な学びにするために、導入時に必要感や使命感の伴う課題意識を喚起する

　単元導入時に、必要感や使命感を伴う課題意識をもって活動を始められるかどうかで、主体性のある学びになるかどうかが決まる。自分のこととして学校全体の課題を捉え、現状をどうにかしたいと思う気持ちが活動の原動力となる。そのためにも、年度初めから最高学年としての意識を育てる必要がある。本学級では、定期的に校内を見回り、気付いたことを話し合ったり、活動の度に自分たちの様子を振り返り、次時の目標を決めたりしながら、子どもたちが目指す最高学年としての姿を具体化してきた。また、子どもがもつ課題意識の中でも、より身近な話題（給食の残食量）を導入時に扱うことで、さらに必要感や使命感を喚起することをねらっている。

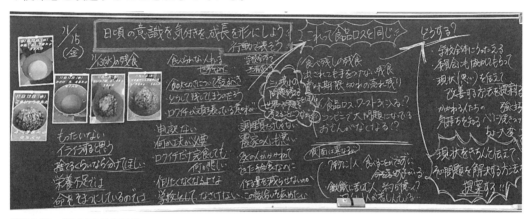

〔第1時　導入時の板書〕

　さらに、学校の課題だと感じていることが、実は世界でも問題とされているということに気付かせることで、より一層、必要感や使命感をもって活動を始められることができる。

⑵　**目的や意図、相手に応じた説得力のある提案書を書くために、読み手が読みやすく、なおかつ身に付けたい力が反映される構成のモデル文を作成する**

　必要感をもって一般の提案書に出会わせ、指導の意図に応じた技を見付けた上で、指導者がモデルを作成した。提案書を読む相手や子どもの学びを大切にして作成したモデルを示す。

　子どもたちが見付けた技が反映されたモデル文は、それだけで主体的な学習の助けとなる。さらに、書くことに苦手意識をもちがちな6学年の子どもにとって、どの項目もその価値を理解した上で書いていくことができるので、意欲も持続されやすい。

　モデル文については、単元を通して子どもの拠りどころとなるため、構成だけに限らず、取り上げる内容、使用する言葉、助詞の一字一字まで留意して作成するようにしたい。

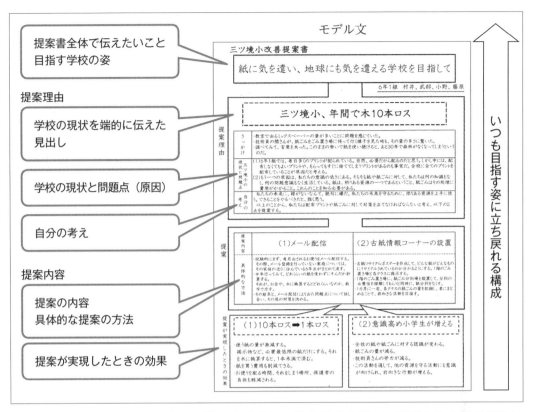

モデル文

提案書全体で伝えたいこと　目指す学校の姿

三ツ境小改善提案書

紙に気を遣い、地球にも気を遣える学校を目指して

6年1組　村井、武部、小野、藤原

提案理由

学校の現状を端的に伝えた見出し

三ツ境小、年間で木10本ロス

提案理由

きっかけ
- 教室で出るミックスペーパーの量が多いことに問題を感じていた。
- 技術員の関口さんが、紙ごみをごみ置き場に持って行く様子を見た時も、その量の多さに驚いた。
- 調べてみて、言葉を失った。このままの勢いで紙を使い続けると、あと30年で森林がなくなってしまうというのだ。

学校の現状と問題点（原因）

三ツ境小の現状と問題点
- (1) 6年1組では、毎日多くのプリントが配られている。当然、必要だから配るのだと思う。しかし中には、配布しなくてもよいプリントや、もらってもすぐに捨ててしまうプリントがあるのも事実だ。全校に全てのプリントを配っていることが原因なのではと考える。
- (2) もう一つの原因は、私たちの意識の低さにある。そもそも紙や紙ごみに対して、私たちは何の知識もなく、何の問題意識もなく生活している。紙は、限りある資源の一つであるということと、紙ごみはその処理に費用がかかることと、これらのことを知る必要がある。

自分の考え

自分の考え
- 私たちの未来に、紙がないなんて、絶対に嫌だ。私たちの未来を守るために、限りある資源を上手に使いできることはやるべきだと、強く思う。
- 以上のことから、私たちは配布プリントや紙ごみに対して対策を立てなければならないと考え、以下の2点を提案する。

提案内容

提案の内容　具体的な提案の方法

提案

提案内容
|(1)メール配信|(2)古紙情報コーナーの設置|

具体的な方法
- 試験的にせよ、毎月出されるお便りをメール配信する。その際、メール配信を行っていない家庭については、その家庭の近に住んでいる6年生が集めておすすめする。半年行ってみて、どれくらいの紙が使われずにすんだかを計算する。
- それを、お金や、木に換算するとどれくらいなのか、数字で示す。
- その結果で、メール配信により出た問題点について話し合い、その後の対策を決める。
- 古紙リサイクルポスターを作成して、どんな紙がどんなものにリサイクルされているか分かるようにする。1階のごみ置き場のあるクラスに掲示する。
- 1階のごみ置き場に、紙ごみ分別箱を設置して、分別の必要性を理解してもらうと同時に、分別を促しなくし、1ヶ月に一度、各クラスの紙ごみの量を記録し、表に記まとめることで、前向きな活動を目指す。

提案が実現したときの効果

提案が実現したときの効果
|(1)10本ロス➡1本ロス|(2)意識高め小学生が増える|
- 使う紙の量が激減する。
- 掲示物など、必要最低限の紙だけにする。それを木に換算すると、1本未満で済む。
- 紙ごみ買い費用も削減できる。
- お便りを配る時間、それをしまう場所、保護者の負担も軽減される。
- 全校の紙や紙ごみに対する認識が変わる。
- 紙ごみの量が減る。
- 技術員さんの労力が減る。
- この活動を通じて、他の資源を守る活動にも意識が向けられ、前向きな行動が増える。

いつも目指す姿に立ち戻れる構成

---

(3)　目的や相手に応じて、表現の効果を吟味して使う言葉を選び、見出しや文章を端的に書く力を付ける

　子どもの実態や指導者が目指す提案書の姿によって、どこまで言葉の効果を考えさせるかが変わってくるが、モデル文を目指す姿として提示した。指導例が以下である。

1か月のお米の残量は50kg。	⇦「多そうだけど、50kgがどれくらいか分からない。」
1か月のお米の残量は、50kg。	⇦「読点をつけるだけで、50kgが際立つね。」
1か月でお米を、50kgも残している。	⇦「より強調される。書き手の意図も感じる。」
1か月、米の残、50kg。	⇦「とても短い。それでも、強く伝わる。」
1か月のお米の残量、お茶碗42杯分。	⇦「50kgがどれくらいの量なのか分かる。」

　ほかにも、体言止めによる効果や、提案する文章で使用する言い回しなどについても触れた。子ども自らが、言葉を吟味することで相手に与える印象が変わることに気付くことで、自分の文章を書く際の手立てとなるだけでなく、友達と見合うときの手立てにもなる。交流する際は、表現の効果にのみ言及し合うのではなく、それによって相手に与えるどんな印象が変わるのか、根拠を明らかにして言及し合うことに重きを置いた。

（明利昌典）

伝えよう！ いちばん光る瞬間を、わたしだけの言葉で
―家族に伝えたい大切な思い出を詩で表現しよう―

📖 **教材名** 「思い出を言葉に」（光村）
📖 **補助教材** 「人を引きつける表現」（光村）

1　単元について

　入学してからこれまでの思い出の中で一番印象に残っていることを詩で表現する言語活動を行う。感じたことや考えたことが読み手に伝わるように、比喩や反復などの表現方法を工夫して豊かな言葉の力を付けていく。また、たくさんあるエピソードの中から詩にする内容を選んだり、友達と読み合う中で自分や友達の言葉選びや表現の工夫のよいところを見つけたりすることができ、思い出を共有し合いながら意欲的に学習に取り組むことができると考える。

2　単元の指導目標

○小学校生活の思い出を家族に伝えるために、比喩や反復表現など表現の工夫の仕方を理解する。

○小学校生活の思い出を家族に伝えるために、伝えたいことを明確にし、書いた文章を読み合い、自分の文章のよいところを見付ける。

○小学校生活の思い出を家族に伝えるために、比喩や反復表現などの表現の工夫を積極的に活用したり、書くことを選び、伝えたいことを明確にしたりしながら、よりよい言葉を選んで詩を書く。

3　単元の評価規準

知識・技能	思考・判断・表現	主体的に学習に取り組む態度
❶比喩や反復など表現の工夫の仕方を理解し、使っている。(1)ク	❷「書くこと」において、感じたことや考えたことなどから書くことを選び、伝えたいことを明確にしている。（ア） ❸「書くこと」において、文章に対する感想や意見を伝え合い、自分の文章のよいところを見付けている。（カ）	❹学習課題に沿って、比喩や反復など表現の工夫を積極的に活用したり、書くことを選び、伝えたいことを明確にしたりしながらよりよい言葉を選んで詩を書こうとしている。

4　単元の流れ（全7時間）

1　単元の学習課題を確認し、学習計画を立てる。

2　6年間の学校生活の中で印象に残っている出来事を思い出しながら、自分にとっての
　　意味や価値などを考えて家族に伝えたいことを付箋に書き出す。

3　書き出したことの中から、中心に取り上げる内容を決める。

4　伝えたいことを意識しながら、書き出したことをもとに詩の形式で書く。

5　様子や心情により適した言葉を選んでいるか、比喩や繰り返しなどを使って効果的に
　　伝わるように書いているかなどに着目して読み合う。

6　清書する。

7　作品を読み合い、感想を交流して学習を振り返る。

5　言葉による「見方・考え方」を働かせる指導のポイント

(1)　自分が家族に伝えたい内容を明確にしながら選ぶ力を付ける

　6年間の思い出を付箋に書き出し、伝えたいことを明確にする。

(2)　効果的な表現を工夫して文章を書く力を付ける

　比喩や擬人法、擬音語、擬態語、体言止めなどの表現方法を使い、詩に表す。

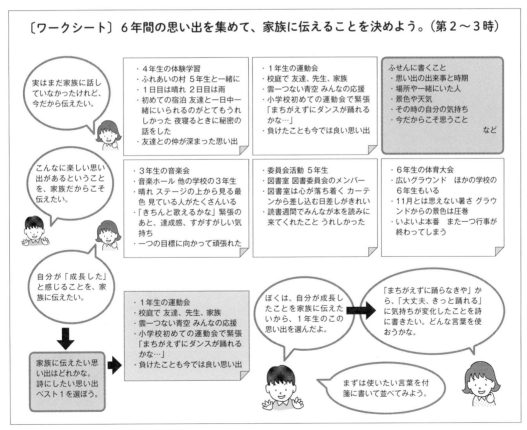

〔ワークシート〕6年間の思い出を集めて、家族に伝えることを決めよう。（第2〜3時）

（小野由貴）

自分を支えてくれた言葉を未来へ!
―6年間を振り返り、未来の自分を支える語録集をつくろう―

📖 **教材名** 「大切にしたい言葉」（光村）

1　単元について

　小学校生活を振り返り、自分のものの見方や考え方が変わった瞬間を想起しながら、そのときに出合った「言葉」を用いて「語録集」を作る言語活動を行う。自分が大切にしたい言葉とそう考えたきっかけについて描写する力を付ける。具体的には、語録集に掲載するにふさわしい言葉と、そのきっかけについて集めた材料を分類したり関係付けたりして伝えたいことを明確にする力、自分の文章のよいところを見付ける力の育成を目指す。

2　単元の指導目標

○「語録集をつくる」という目的に応じて比喩や反復、倒置や体言止めなどの表現の工夫に気付く。

○「語録集をつくる」という目的に応じて自分について集めた材料を分類したり関係付けたりして伝えたいことを明確にするとともに、自分の文章のよいところを見付ける。

○自分のこれまでの経験や心に残る出来事とその際に出合った言葉に対して、自分自身がもっているものの見方や考え方、生き方などを見つけたり、深めたりしようとする。

3　単元の評価規準

知識・技能	思考・判断・表現	主体的に学習に取り組む態度
❶比喩や反復、倒置や体言止めなどの表現の工夫に気付き、それらを使って文章を書いている。(1)ク	❷「書くこと」において、自分について集めた材料を分類したり関係付けたりして伝えたいことを明確にしている。（ア） ❸「書くこと」において、自分の文章のよいところを見付けている。（カ）	❹言葉と自分の経験や出来事との関連を明確にし、文章を書く活動の中で、自分自身がもっているものの見方や考え方、生き方などを表現技法を効果的に使って書こうとしている。

4 単元の流れ（全6時間）

1 本単元の学習課題を確認し、学習計画を立てる。
2 語録集に掲載するにふさわしい言葉とその出来事や経験を想起し、材料を集める。
3 筋道の通った文章となるように、構成を考える。
4 言葉を解説する文章の書き出しと終末を決める。
5 言葉を解説する文章の下書きを行う。
6 作品を読み合い、その感想を交流し、学習を振り返る。

5 言葉による「見方・考え方」を働かせる指導のポイント

(1) 相手意識や目的意識を明確にして、必要感のある「語録集」にする

　「語録集作り」という活動を位置付けても、「語録集」に子どもたちなりの目的がなければ、言語活動が活性化されず、資質・能力の育成につながらない。そこで、単元の冒頭では、子どもたち同士で話し合う時間を設け、語録集を作る目的を明確にさせておきたい。6年生という時期について考えたり、言葉と自分の関係を振り返ったりすることで、語録集のイメージが明確になると考える。相手意識や目的意識の例として、「将来の自分を励ます語録集を作る」を想定したが、それ以外にも「6年間の学びの成果を言葉に込め、保護者に伝える語録集」などが考えられる。

(2) 選んだ言葉とそれに結び付く経験とを関係付ける活動を通して、材料を分類したり関係付けたりする力を付ける

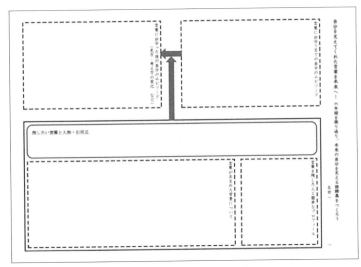

〔集めた材料を整理するためのワークシート〕

　集めた材料を書く目的や意図に応じて、内容ごとにまとめたり、それらを互いに結び付けて関係を明確にしたりすることが大切である。自分が残したい言葉について、その言葉に出合う前後の自分の変容や、言葉を残した人物と自分とを比較して考えたことなどを関係付けながら集めた材料を整理し、伝えたいことを明確にしていく。

（横田和之）

図書館に来た人たちに書評で賢治作品をおすすめして読んでもらおう
―すきとおったほんとうのたべものとは―

📖 **教材名**　「やまなし」「イーハトーヴの夢」（光村）
📖 **補助教材**　「セロ弾きのゴーシュ」「カイロ団長」「北守将軍と三人兄弟の医者」
　　　　　　「グスコーブドリの伝記」「なめとこ山の熊」「オツベルと象」
　　　　　　「狼森と笊森、盗森」「貝の火」「注文の多い料理店」「序文」

1　単元について

　本単元は、宮沢賢治の物語「やまなし」と「イーハトーヴの夢」から成り立っている。前者は、カニ視点から見た水中模様が美しく描かれている。比喩表現や擬声語・擬態語など賢治の独特な表現が駆使された、象徴性や深い思想性をもつ作品である。後者は、高い理想をもつ賢治が生きることへの問いかけを切実に繰り返したことが伝わる資料となっている。書評を書くことで、優れた叙述に着目して自分の考えをまとめたり、対話を通して、書評の書き方や書評に書かれた様々な考えに触れ、自らのものの見方や考え方を広げたり、深めたりすることができると考えた。「イーハトーヴの夢」「序文」をきっかけにし、宮沢賢治はどのような人物なのかを想像しながら作品を読み進めていく。賢治の生き方、考え方を捉え、さらに賢治のほかの作品を読むことで、それぞれの作品から感じ取ったことを書評にまとめていく。書評の構成は、あらすじ、推薦に欠かせないところ、作品から受け取ったメッセージ（すきとおったほんとうのたべもの）とする。

2　単元の指導目標

○思考に関わる語句の量を増し、話や文章の中で使うとともに、語感や言葉の使い方に対する感覚を意識して、語や語句を使う。

○人物像や物語の全体像を具体的に想像したり、表現の効果を考えたりしたことを伝え合い、感想を共有し、自分の考えを広げる。

○文章を読んで考えたことについて理由を明らかにしながら進んで伝えようとする。

3　単元の評価規準

知識・技能	思考・判断・表現	主体的に学習に取り組む態度
❶思考に関わる語句の量を増し、話や文章の中で使い、語感や言葉の使い方に対する感覚を意識して、語や語句を使っている。(1)エ	❷「読むこと」において、人物像や物語の全体像を想像したり、表現の効果を考えたりしている。(オ) ❸「読むこと」において、意見や感想の違いを明らかにしたり、互いの意見や感想を認め合ったりし、考えを広げている。(カ)	❹書評を書くために、文章を読んで考えたことについて理由を明らかにしながら進んで伝えようとしている。

4　単元の流れ（全9時間）

時	○学習活動	◆評価規準　●指導の手立て
1 2	○「序文」「イーハトーヴの夢」を読み、賢治の人柄や作品への思いを、ワークシートに書く。 5　指導の実際(1) ○単元名を決めて、学習計画を立てる。	◆❷「読むこと」において、人物像や物語の全体像を想像したり、表現の効果を考えたりしている。【発言の内容、ワークシートの記述】 ●「序文」「イーハトーヴの夢」を読むことで賢治の人柄や作品についてイメージをもてるようにする。 ●新聞や教師が書いた書評を紹介する。
3 4	○「やまなし」での賢治の表現の仕方や叙述を基に、賢治作品から考えたことをワークシートにまとめたことを基に書評に書く。 5　指導の実際(2)	◆❷「読むこと」において、人物像や物語の全体像を想像したり、表現の効果を考えたりしている。【発言内容、ワークシートの記述】 ◆❶語感や言葉の使い方に対する感覚を意識して、語や語句を使っている。【ワークシートの記述】 ●書評に書く内容を考えるため、学校司書の話を聞く。
5 6	○友達と対話したことを生かして、自分が薦めたい本の書評を書く。	●比喩表現や擬声語・擬態語の効果に着目する。 ◆❷「読むこと」において、人物像や物語の全体像を想像したり、表現の効果を考えたりしている。【発言内容、ワークシートの記述】 ●選書に役立つよう読んだ本で薦めたいものがあれば、あらすじやお薦めの言葉で友達に紹介できるようにする。
7 8	○作品から受け取ったメッセージ「すきとおったほんとうのたべもの」に対する考えを中心に友達と対話し、書評に考えをまとめる。 5　指導の実際(3)	◆❸「読むこと」において、進んで意見や感想の違いを明らかにしたり、互いの意見や感想を認め合ったりし、考えを広げている。【発言内容、ワークシートの記述】 ◆❹書評を書くために、文章を読んで考えたことについて、理由を明らかにしながら進んで伝えようとしている。【発言内容、ワークシートの記述】 ●「やまなし」やほかの作品で読み取ったことを結び付け、賢治の思いについて改めて考えるようにする。 ●その作品の中に表現されている「すきとおったほんとうのたべもの」についての考えを中心に書評を読み合う。
9	○同一作者の作品を読んだ感想や書評を読み合うことで、様々な考えに触れ、今後の読書生活に生かすことができるよう学習を振り返る。	●同一作者の作品を読んだり、書評を書いたりした経験が今後の生活のどこで生かせるのかを中心に振り返る。

5　指導の実際

(1)　導入の工夫

　本単元では、導入で「イーハトーヴの夢」のほかに「序文」を読み、賢治の人物像や作品に込めた思いを考えられるようにする。「序文」の最後にある、「おしまいにあなたのすきとおったほんとうのたべものになることを、どんなにねがうかわかりません。」の部分に注目し、これを読みの視点として位置付ける。賢治の人柄や理想、気になった表現、作

品に込めた思いなどが分かるところにサイドラインを引き、書評を書く際に使えるよう、メモをしておく。

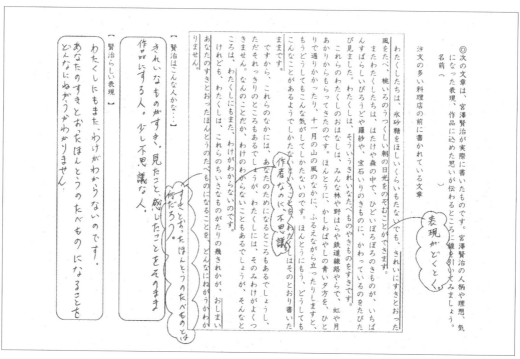

(2) 7時間目の板書

　作品を読んでもらえる書評になるように、作品から受け取ったメッセージを中心に、グループやクラスで対話をする時間を設定した。

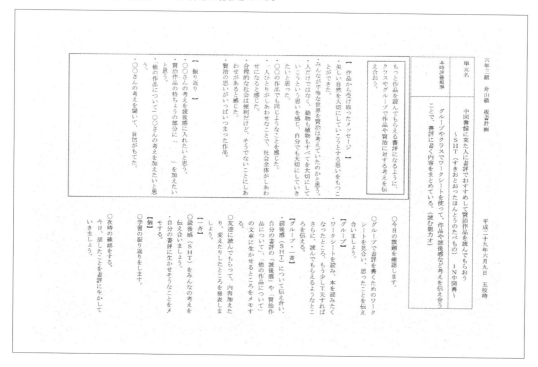

(3) 書評

　この単元では書評を書くという言語活動を設定した。書評の内容はあらすじ、推薦するために欠かせないところ（優れた叙述や表現、作者についてなど）、作者から受け取ったメッセージ（すきとおったほんとうのたべもの）とした。書評を書くために、登場人物の言動や情景表現に着目したり、作者から受け取ったメッセージを考えたりしながら作品を読む。友達と書評を見合い、アドバイスし合う時間を設定することで作品に対する考えを広げたり、深めたりすることができ書評に生かしていけると考える。

〔５年生で学習した杉みき子作品で作成した書評のモデル〕

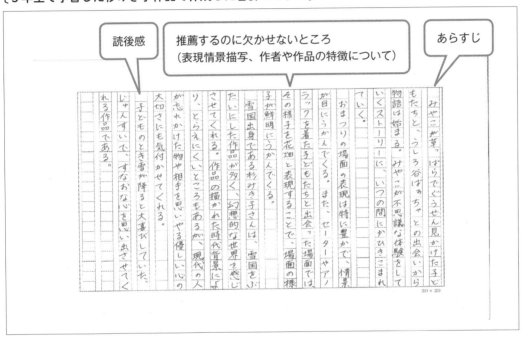

(4) 語彙表

　書評を書くときに使える語彙を表にする。学習を進めながら、随時付け加えていく。

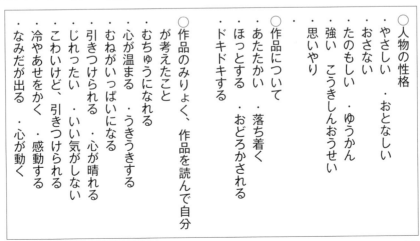

（舟山勝成）

作品の多様な見方ができるようになるために、「6年○組芸術本」を作ろう

📖 **教材名** 「『鳥獣戯画』を読む」「日本文化を発信しよう」（光村）
📖 **補助教材** 「調べるときに使おう　調べた情報の扱い方」（光村）

1　単元について

　「鳥獣戯画」は、日本最古の漫画とも呼ばれており、絵にはストーリーとユニークさがあり、想像力を働かせやすい材である。ここでは、筆者の解説文を読んで筆者のものの見方を捉え、自分の見方と比較して共通点や相違点、また新たに見方を広げて読むことを「読むこと」の重点とする。そして、他の作品にも触れてその絵の魅力が伝わるように、見出しやリード文を使って引き付ける書き方で解説文を書くことを「書くこと」の重点とする。自分の選んだ作品については、その作品の作者の経歴やほかの作品との比較などをするために情報収集をし、情報の扱いにも留意することを目的とする。また、子どもの学習に適切と思われる絵画作品を、教師側があらかじめ複数用意しておき、その作品について調べてまとめるようにする。

2　単元の指導目標

○情報と情報を結び付けて因果関係を表し、説明に関わる語彙の量を増やして使い方を理解する。
○筆者のものの見方を捉え自分の考えをもち、事実と感想を区別して作品の魅力が伝わるように書き方を工夫する。
○自分の考えを文章で表すために、複数の文章から情報を選択しながら、表現や言葉に着目してよりよく伝えようとする。

3　単元の評価規準

知識・技能	思考・判断・表現	主体的に学習に取り組む態度
❶情報と情報との関係、比較、因果関係を表す語句など思考に関わる語句を使っている。(2)イ ❷説明に関わる語彙の量を増やし、文章の中で使っている。(1)オ	❸「読むこと」において、まとめる文章に応じ、必要な情報を取捨選択、整理、再構成している。（ウ） ❹「書くこと」において、目的や意図に応じて簡単に書いたり詳しく書いたりするとともに、事実と感想を区別して書くなど、書き表し方を工夫している。（ウ）	❺自分の考えを表すために、情報の整理の仕方を積極的に活用して、友達と見方を広げながら文章をまとめようとしている。

4 単元の流れ（全11時間）

時	○学習活動	◆評価規準　●指導の手立て
1	○題名から、絵を読むとはどういうことかを考える。 ○『鳥獣戯画』の絵のみを見て、感じたことをノートにまとめる。 ○モデルとなる「芸術本」を読み、文章の構成と内容を理解する。 ○学習計画を立てる。 　5　指導の実際(2)	◆❺複数の文章を比較、分類、関係付けをして検討し、既有の知識と結び付けて自分の考えを形成しようとしている。【発言・ノート】 ●実際に絵巻物を見せ、絵のストーリー性に気付かせ想像力が膨らむようにする。また、筆者が一部分を取り上げていることに気付かせる。 ●教師作成の芸術本のページを見せ、着目する点を把握し単元のゴールを示す。
2 3 4 5	○絵と文章を照らし合わせながら、筆者はどの部分を取り上げ、着目し解説をしているか、筆者のものの見方を捉える。 　5　指導の実際(1) ○筆者の表現の工夫を見付ける。 ○筆者の捉え方に対し、自分の見方を考え、まとめる。 　5　指導の実際(3)	◆❸まとめる文章に応じ、必要な情報を取捨選択、整理、再構成している。【付箋】 ●絵と文章を照らし合わせられるように全文シートを用意する。 ◆❶情報と情報との関係、比較、因果関係を表す語句など思考に関わる語句を使っている。【付箋・ワークシート】 ●自分の見方を視点に沿って書けるワークシートを用意する。
6	○友達と考えを読み合い、人によって見方が様々にあることに気付く。	◆❶情報と情報との関係、比較、因果関係を表す語句など思考に関わる語句を使っている。【ワークシート・ノート】 ●違う捉え方をした子どもでグループを形成し、見方を広げられるようにする。
7 8	○複数の絵から自分の気に入った作品を選び、作品について最初の感じ方をまとめる。 ○本物の芸術作品について解説した本を基に、芸術解説本の構成を考える。 ○その作品について、作者の経歴や国、作品の意図などを調べる。 　5　指導の実際(4)	◆❺自分の考えたことを伝えたいという思いをもち、それが伝わるように事実や考えたことなどを関係付けたり比較したりしながら、効果的に書き表そうとしている。【付箋・ワークシート・取材カード】 ●複数の芸術作品を用意する。 ●調べやすさと調べる範囲を限定するために、作品についてのパスファインダーを用意する。
9 10	○作品の魅力について、事実と感想を区別し、表現を工夫しながらまとめる。　5　指導の実際(5) ・写真は全体と取り上げた部分を使う。	◆❹目的や意図に応じて簡単に書いたり詳しく書いたりするとともに、事実と感想を区別して書くなど、書き表し方を工夫している。【ワークシート】 ●ソフト（キューブキッズ）を活用し、割り付けが考えやすいようにする。
11	○「6年○組芸術本」をまとめ、ものの見方を広げる。 ・見方を広げ、振り返る。	◆❷説明に関わる語彙の量を増やし、文章の中で使っている。【「芸術本」・ノート】 ●作品を比較できるように本にしてまとめる。

6年

5　言葉による「見方・考え方」を働かせる指導の実際

(1)　筆者の絵の捉え方を理解する【単元計画2〜3時】

　「『鳥獣戯画』を読む」の全文シートを用意し、絵から分かること、調べて分かったこと、筆者の考えの三つに分けて線を引き全体共有をする。また、筆者が着目した点をまとめ、自分が絵を見るときの視点とする。

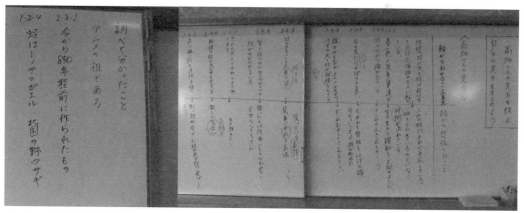

〔板書例（一部）〕

(2)　教師作成の芸術本を提示し、単元のゴールをつかませる【学習計画1時または4時】

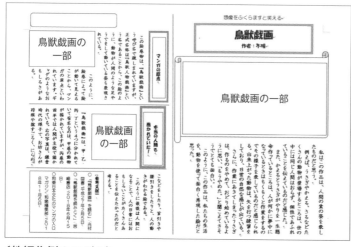

〔教師作例のモデル〕

　ポイントとしては、右側は絵から分かること（事実）とそれに対して自分の考えを、構成に気を付けて書くこと、左側は自分の考えをよりよく伝えるために、情報を整理し調べて分かったこと（事実）とそれに対して自分の考えを書くこととする。また、写真はアップとルーズを内容に合わせて使い、見出しやキャッチコピー、参考文献を載せ、相手に読みやすくする工夫や情報の扱い方を学ぶこととする。

(3)　友達と自分の考えを共有し考えを広げることができるようにする【学習計画4〜5時】

　「鳥獣戯画」で自分の考えを付箋に起こし、考えが広がったところで自分の考えを付箋を基に文章にまとめる。事実と感想を区別できるように、青付箋を絵から分かること（事実）、赤付箋を自分の考え、緑付箋を調べて分かったこと（事実）と色分けをする。

　その後は、自分の選んだ作品でも同じように行い、考えが広げられるように、同じ絵を選んだ友達や同じ作者を選んだ友達と交流し、自分の考えをまとめることとする。

⑷ 情報の取り扱いについて取材カードを活用する

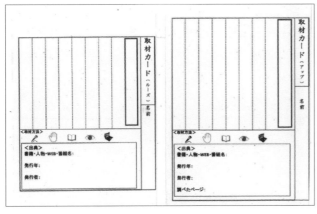

広く調べて分かったこと（ルーズの調べ）と、さらに絞って調べたこと（アップの調べ）と色分けされた取材カードを活用して、情報を集めて複数の情報から分類・整理ができるようにしたり足りない情報が分かるようにしたりする。また、情報カードには出典を書けるようにしておき、もう一度その情報を見たいときには確認できるようにしたり、芸術本に載せる場合にはそのまま参考文献として載せられるようにしたりする。

⑸ 作成の方法は手書きとパソコンで選択できるようにする

〔子どもの作品（PC ソフト：キューブキッズ）〕

表現方法は様々な方法があるが、子どもの進度や実態に合わせ子ども自らが選択できるようにすることで、子どもへの負担感が軽減されるように工夫する。今回は、パソコンでは割り付けが自由にできたが、手書きの枠が１つだったため複数用意しておくとよい。

（鈴木裕乃）

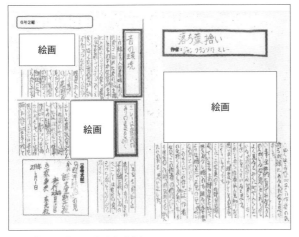

〔子どもの作品（手書き）〕

律と周也の立場になって二人の思いを手紙に綴り、友達と手紙交換をして作品を読み味わおう

📖 **教材名** 「帰り道」（光村）

1 単元について

　子どもたちと同じ世代の２人の男の子が中心人物の作品である。この作品を読んだ感想を手紙に書いて交換するという活動を用いて交流する言語活動を行う。作品の特徴として、同じエピソードを２人の視点から描いた二部構成になっていることが挙げられる。二人の心のすれ違いや互いのよさを認め合う様子を読む中で、構造と内容を把握する力や、精査・解釈する力の育成を目指す。

2 単元の指導目標

○「律と周也の立場になって手紙を書き、感想を友達と交流し合う」という目的に応じて、作品を読む中で語感や言葉の使い方に対する感覚を意識する。

○登場人物の相互関係や心情を行動や会話、情景などの描写を基に想像し、複数の叙述を関係付けながら人物像や作品の全体像を捉え、友達と伝え合う。

○文章の内容を目的に合わせて説明したり、文章を読んで考えたことについて理由を明らかにしながら伝えたりしようとする。

3 単元の評価規準

知識・技能	思考・判断・表現	主体的に学習に取り組む態度
❶語感や言葉の使い方に対する感覚を意識して読んだり、感想を伝えたりしている。(1)オ	❷「読むこと」において、登場人物の相互関係や心情を、行動や会話、情景などの描写を基に捉えている。（イ） ❸「読むこと」において、複数の叙述を関係付け、人物像や物語の全体像を想像している。（エ）	❹登場人物の相互関係や心情を捉えるための読みや手紙を書く活動などにおいて、文章の内容を目的に合わせて説明したり、文章を読んで考えたことについて理由を明らかにしながら伝えたりしようとしている。

4 単元の流れ（全4時間）

1　本単元の学習課題を確認し、学習計画を立てる。

　　教師が作成した「手紙」のモデルを参考に、手紙を書くために必要な「読みの視点」

を理解する。

2　2人の人物像や心情の変化が分かる言葉に着目しながら読み、それぞれの心情の変化や2人の関係性を基に自分の感想や考えをもつ。

3　前時にもった考えを基に、「手紙」として表現する。

4　「手紙」を用いて感想交流をする。単元全体を振り返る。

〔手紙のモデル例〕

周也へ

「ほんとに両方、好きなんだ。」って勇気をふりしぼって言ったのに、しどろもどろの頼りない声になっちゃった。何の言葉も言わなかった周也は、いつもの周也らしくなかったけど、でも、ぼくの気持ち分かってもらえた気がしたよ。

昨日の帰り道、周也は何を考えてたんだろうな。いつもと変わらずしゃべる周也を見て、昼休みのことをぼくだけが引きずってるんじゃないかと思ってた。でも、周也も何か考えてくれてたんじゃないかって、今は思うよ。

思ってることがなかなか言えないぼくは、どんなこともテンポよく乗り越える周也がすごいなって思ってた。今日、勇気をふりしぼって言えたように、ぼくも少しずつ気持ちをはっきり言えるようになりたいな。

今日の帰り道は、久々に心の底から笑って楽しかった。また、野球の練習が休みのときに、一緒に帰ろうよ。

律

5　言葉による「見方・考え方」を働かせる指導のポイント

(1)　登場人物の相互関係や心の揺れ動きを、叙述を基に捉える力を付ける

律と周也の思いが交錯する様子を捉えるためには、それぞれの描写を関連付けながら読むことが大切になる。

【ワークシート】　心情の変化や2人の関係を考えながら読もう。（第2時）

二人の関係や心情の変化を読むために、全文シートの構成を工夫をする。

〔ワークシート〕

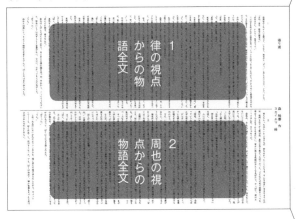

1　律の視点からの物語全文

2　周也の視点からの物語全文

帰り道

森　絵都　作
スギヤマ　カナヨ　絵

周也はふだんと変わらない。ぼくだけがあのことを引きずっているみたいで、一歩前を行く紺色のパーカーが、どんどんくらしく見えてくる。

何もなかったみたいにふるまえば、何もなかったことになる。そんなあまい考えをすてたのは、校門を出てから数分後、…

周也なりに勇気を出して行動しているのに、かえってそれが、律には「周也は何も気にしてない。」と見えてしまっている。

(2)　作品の展開や暗示性のある表現などから、人物像や物語などの全体像を具体的に想像する力を付ける

例えば、「1」と「2」の雨の描写の違いや、2人の笑いの後の言動の様子などに、登場人物の心情やその変化が表れている。そのような表現から、心情の変化を捉えさせたい。

（横田和之）

6年

6年○組　未来座談会
―読んで、考え、語り合おう　これからの社会をどう生きるか―

📖 **教材名** 「メディアと人間社会」「大切な人と深くつながるために」（光村）
📖 **補助教材** 「プログラミングで未来を創る」（光村）、他

1　単元について

　本単元では、「これからの社会でどう生きていくのかを考え、座談会で意見交流をする」という言語活動を行う。教科書教材の３つの文章を読み、筆者の主張を捉え、それらを関係付けたり、自分の経験や既有の知識と結び付けたりしながら自分の考えを形成する力を付けていく。また座談会を通して、友達の考えのよさや、自分との相違点に気付く中で、考えを広げていけるようにする。

2　単元の指導目標

○これからの社会でどう生きていくかということについて自分の考えをまとめるために、それぞれの筆者が書いた文章の構成や展開、表現の工夫などの特徴について理解する。

○複数の文章を読んで理解したことと既有の知識とを結び付けて自分の考えをまとめたり、座談会で友達と話し合うことを通して考えを広げたりする。

○書き手がどのような事例を挙げたり論の展開や構成を工夫したりしているか、どんな意見をもっているかなどに着目して意欲的に読み、座談会で考えを広げようとする。

3　単元の評価規準

知識・技能	思考・判断・表現	主体的に学習に取り組む態度
❶それぞれの筆者の文章の構成や展開の特徴について理解している。(1)カ	❷「読むこと」において、複数の文章を読んで理解したことと既有の知識とを結び付けて考えをまとめている。（オ） ❸「読むこと」において、座談会を通し、互いの違いやよさを認め合い、考えを広げている。（カ）	❹学習課題に沿って文章構成や展開、書き手が挙げている事例やどのような考えをもっているのかなどに着目して意欲的に読み、考えを形成したり、友達と意見を共有し考えを広げたりしようとしている。

4 単元の流れ（全6時間）

1 資料「プログラミングで未来を創る」や未来の社会について書かれているものを読んだり、知っていることを共有したりして、これからの社会でどう生きていくことが大切かを考えるために「未来座談会」を行うという課題意識をもち、学習計画を立てる。

2 2つの教材文と前時の内容を基に座談会の話題を決める。

3 2つの教材文を詳しく読み、筆者の挙げている事例や書き方、主張について捉える。

4 座談会の話題に沿って、自分の考えをまとめる。

5 「未来座談会」を行う。

6 座談会を通して考えたことをまとめる。単元の振り返りをする。

5 言葉による「見方・考え方」を働かせる指導のポイント

(1) 未来の社会について、自分事として考えるための話題を設定する

導入で未来の暮らしについて書かれている書籍や動画を参考にしたり、子どもが見聞きしたことのあるテクノロジー等について伝え合ったりすることを通し、未来の暮らしについて関心をもたせる。その上で、教材文で挙げられている事例や自分の経験と結び付けながら、どのような問題が起こ

> 【話題の例】
> ・未来の世の中でどうやって他者と関わっていくか。
> ・仕事激減!?どんな仕事でどうICTを扱うか。
> ・進化するメディアに振り回されないためには。
> ・便利さと引き換えに失われてしまいそうなこと。
> ・大人になるまでに身に付けておきたいこと。
> ・コミュニケーションの達人になるために。

りそうか想起させ、座談会の話題を決めていく。また、座談会のモデルを映像で見せることで、自分が語る内容のイメージをもって単元の学習に取り組むことが期待できる。

(2) 教材文を基に自分の考えを形成する力を付ける

教材文を読んで捉えたことと、自分の経験や考えとを結び付けて、これからの社会をどう生きるかについて考えられるように、ワークシートを用いて学習を進める。

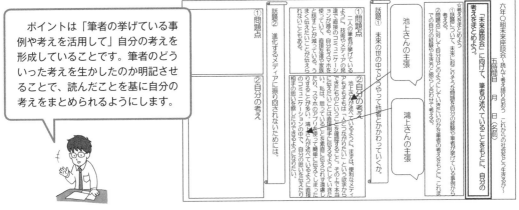

> ポイントは「筆者の挙げている事例や考えを活用して」自分の考えを形成していることです。筆者のどういった考えを生かしたのか明記させることで、読んだことを基に自分の考えをまとめられるようにします。

（小田切治朗）

プラン

私が考える作品からのメッセージ
—クラスの友達と読書会をして、考えを伝え合おう—

📖 **教材名** 「海の命」（光村）
並行読書教材：「田んぼのいのち」「チェロの木」ほか6作品（全8冊）

1 単元について

　教材「海の命」には、周囲の人間との関わりや様々な経験を通して、主人公が成長していく姿が描かれている。本単元では、物語を読んで内容を説明したり、自分の生き方などについて考えたことを伝え合ったりする読書会（テーマに沿って、暗示性やメッセージ性のある表現に着目しながら、登場人物の相互関係や人物像を読み、作品のメッセージに対する自分の考えを伝え合う言語活動）を行う。その中で、子どもたちには、「①自分の考えをもつために、直接的に描写された登場人物の心情や考え方だけでなく、行動や会話、情景などを通して暗示的に表現されているそれらを読む姿、②作品のメッセージに対する自分の考えをまとめるために、作品のメッセージを強く意識させる表現や内容に着目しながら読む姿、③作品のメッセージにより一層せまるために、考えを伝え合う姿」を期待する。

　また、本単元では、1つの作品から読み取ったことだけでなく、別の作品を読んで考えたことなども関係付けて、自分の考えを深め、友達と考えを交流することで、読む力が身に付いていくものと考える。

2 単元の指導目標

○読書会のテーマや作品のメッセージにせまるために、文章中の表現の工夫や効果に気付く。
○読書会のテーマや作品のメッセージについて考えたことや感じたことを、叙述と関連付けながら明らかにして伝え合う。
○複数の叙述、さらには作品を関係付けて読み、考えを伝え合うことを通して、自分の考えを広げようとする。

3 単元の評価規準

知識・技能	思考・判断・表現	主体的に学習に取り組む態度
❶比喩や反復などの表現の工夫に気付いている。(1)ク	❷「読むこと」において、人物像や物語などの全体像を具体的に想像したり、表現の効果を考えたりしている。（エ） ❸「読むこと」において、文章を読んでまとめた意見や感想を共有し、自分の考えを広げている。（カ）	❹学習過程に沿って、比喩や反復などの表現の工夫に着目しながら、人物像や物語などの全体像を想像し、自分の考えを広げようとしている。

4 単元の流れ（全9時間）

1 今までの読書経験を振り返りながら、読書生活を豊かにするための学習計画を立てる。

2・3 「海の命」を読んだ感想や疑問を基に、読書会で話し合いたい内容を決定する。

4・5 読書会テーマ①②について自分の考えをまとめ、グループで読書会を行う。

6 読書会テーマ③について自分の考えをまとめる。

7 「海の命」との共通点に着目しながら並行読書作品を読み、テーマ③について自分の考えをまとめる。

8 テーマ③について読書会を行う。

9 単元全体の振り返りをする。

| 読書会テーマ① | 与吉じいさ「村一番の漁師」と太一「一人前の漁師」の違いとは。

| 読書会テーマ② | 太一は、なぜ「瀬の主」を殺さなかったのか。

| 読書会テーマ③ | 作品「海の命」から、自分はどのようなメッセージを受け取ったか。

5 言葉による「見方・考え方」を働かせる指導のポイント

○自分の考えを広げるためのワークシート

自分たちで決めたテーマに沿って読書会をするために、次のワークシートを活用する。読書会に向けて、まずは作品から感じたことや考えたことなどを自分なりにまとめる必要がある。本文のどこに着目し、そこから何を思ったのか、サイドラインを引いたり、付箋に文章で書き表したりする。自分の考えがまとまったら、学級全体で話し合い、読書会のテーマを決定していく。読書会のテーマに対する自分の考えも付箋に書き出し、友達と意見交流する際に関連付けたり、新たな考えを付け加えたりすることに活用する。

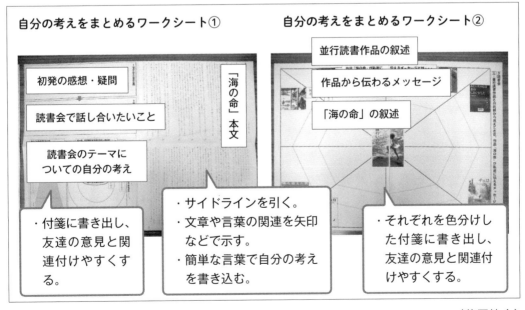

自分の考えをまとめるワークシート①

- 初発の感想・疑問
- 読書会で話し合いたいこと
- 読書会のテーマについての自分の考え
- 「海の命」本文

・付箋に書き出し、友達の意見と関連付けやすくする。

・サイドラインを引く。
・文章や言葉の関連を矢印などで示す。
・簡単な言葉で自分の考えを書き込む。

自分の考えをまとめるワークシート②

- 並行読書作品の叙述
- 作品から伝わるメッセージ
- 「海の命」の叙述

・それぞれを色分けした付箋に書き出し、友達の意見と関連付けやすくする。

（萩原祐介）

一年・㉚〜㉟

4月②〜③	5〜6月⑦	7月②	9月③〜④
はじめに ・じをかくしせい ・えんぴつのもちかた てのうごかしかた【姿勢・執筆】知・技(3)ウ(ア)	**ひらがなのかきかた** ・「とめ」「はらい」「はね」 ・「まがり」「おれ」 ・「むすび」【筆使い】知・技(1)ウ、(3)ウ(イ) ・かきじゅん【筆順】知・技(1)ウ、(3)ウ(イ)	・すきなもの、なあに〈国語〉【学習や日常に生かす】知・技(1)ウ、(3)ウ(イ) B(1)ウ・エ、(2)イ	**ひらがなのかきかた** ・にているひらがな【字形（外形）】 ・じのかたち【字形（外形）】知・技(1)ウ、(3)ウ(イ) ・ひらがなあつまれ【筆順、字形（外形）、筆使い】知・技(1)ツ、(3)ウ(イ)

二年・㉚〜㉟

4月①〜②	5月④	6月④	7月②	9月②〜③
いつもきをつけよう ・字を書くしせい ・えんぴつのもち方【姿勢・執筆】知・技(3)ウ(ア)	**点や画の組み立て** ・書きじゅん【筆順】 ・点と画の名前【筆使い（点画の種類）】知・技(1)エ、(3)ウ(イ)	**点や画の組み立て** ・「はらい」のほうこう【字形（点画の組み立て方）】知・技(1)エ、(3)ウ(イ)・(ウ) ・「おれ」のほうこう【字形（点画の組み立て方）】知・技(1)ウ・エ、(3)ウ(イ)・(ウ)	・げんこう用紙に書くとき〈国語〉【学習や日常に生かす】知・技(1)ウ・エ、(3)ウ(イ)・(ウ) B(1)ウ・エ、(2)ア	**点や画の組み立て** ・「そり」のほうこう ・「点」のほうこう【字形（点画の組み立て方）】知・技(1)エ、(3)ウ(イ)・(ウ)

三年・㉚〜㉟

4月②	5月③〜④	6月④	7月②	9月③〜④
毛筆のきほん ・書くときのしせい【姿勢】 ・筆の持ち方/うでの使い方【執筆】知・技(3)エ(ウ)	**漢字の筆使い** ・点画のしゅるい【筆使い】知・技(3)ウ・エ(ウ) ・「横画」[二]【筆使い】知・技(1)エ、(3)エ(ア)・(ウ)	**漢字の筆使い** ・「たて画」[土]【筆使い】 ・「おれ」[日]【筆使い】知・技(1)エ、(3)エ(ア)・(ウ)	**漢字の筆使い** ・手紙の書き方〈国語・硬筆〉【学習や生活に生かす】知・技(1)ウ・エ、(3)エ(ア)・(イ) B(1)イ・ウ・エ、(2)イ	**漢字の筆使い** ・力の入れ方【筆使い（筆圧）】知・技(3)エ(ウ) ・「左はらい」「右はらい」[木]【筆使い（点画の種類）】知・技(1)エ、(3)エ(ア)・(ウ)

四年・㉚〜㉟

4〜5月⑥	6〜7月⑥〜⑦	9〜10月上旬④〜⑤	10月中旬〜下旬②〜③
いつも気をつけよう ・書くときのしせい/筆の持ち方【姿勢・執筆】 ・点画の種類【筆使い（点画の種類）】知・技(3)エ(ウ) **漢字の組み立て** ・部分の組み立て方（左右）[林]【字形（部分の組み立て方）】 ・部分の組み立て方「かまえ」「たれ」[原]【字形（部分の組み立て方）】知・技(1)エ、(3)ウ・エ(ア)・(ウ)	**漢字の組み立て** ・部分の組み立て方（上下）[雲]【字形（部分の組み立て方）】知・技(1)エ、(3)ウ・エ(ア) **字の形** ・筆順と字形[左右]【字形（部分の組み立て方）】知・技(1)エ、(3)エ(ア)	**字の形** ・画の方向[麦]【字形（点画の組み立て方）】知・技(1)エ、(3)エ(ア)・(イ) **平がなの筆使い** ・「結び」[はす]【筆使い】知・技(3)エ(ア)・(ウ)	**文字の配列** ・ノートの達人になろう〈硬筆〉【文字の大きさと配列・学習や日常に生かす】知・技(1)ウ・エ、(3)エ(ア)・(イ) B(1)イ・ウ

五年・㉚〜㉟

4〜5月上旬③	5月中旬〜6月⑤	7月②
いつも気をつけよう ・書くときのしせい/筆の持ち方【姿勢・執筆】知・技(3)エ(イ) **字の形** ・点画のつながりと字形[ふるさと]【筆使い（点画のつながり）】知・技(3)エ(イ)	**字の形** ・筆順と字形[成長]【筆順と字形】知・技(1)エ、(3)エ(イ) **書くときの速さ** ・書くときの速さ〈硬筆〉【意識・態度（書くときの速さ）】知・技(1)ウ・エ、(3)エ(ア) ・インタビューメモの書き方〈国語・硬筆〉【文字の大きさと配列】知・技(1)ウ・エ、(3)エ(ア) A(1)ア、(2)イ	・平仮名や片仮名の筆使い【筆使い】知・技(3)ウ・エ(イ)
		9月④
		漢字の組み立て ・部分の組み立て方（にょう）[道][友達]【字形】知・技(1)エ、(3)エ(イ)

六年・㉚〜㉟

4〜5月上旬⑥	5月中旬〜6月中旬③	6月下旬〜7月⑤〜⑥	9月①〜②
いつも気をつけよう ・書くときの姿勢/筆の持ち方【姿勢・執筆】知・技(3)イ **点画のつながり** ・点画のつながりと読みやすさ[きずな][きずなを深める]【筆使い（点画のつながり）】知・技(1)ウ・エ、(3)エ(イ)	**点画のつながり** ・筆順と点画のつながり[快晴]【筆使い（点画のつながり）】知・技(1)エ、(3)エ(イ)	**文字の配列** ・用紙に合った文字の大きさと配列【文字の大きさと配列】知・技(1)ウ・エ、(3)ア・エ(ア)・(イ) ・短歌を書こう〈国語・硬筆〉【文字の大きさと配列】知・技(1)ウ・エ、(3)エ(ア)・(ウ) B(1)カ、(2)イ	**文字の配列** ・伝えるって、どういうこと？〈硬筆〉【文字の大きさと配列・日常や学習に生かす】知・技(1)ウ・エ、(3)エ(ア)・(イ)

○配当時数，〔 〕教材文字，【 】書写要素，指導事項（指導事項が同じ場合はまとめて表記），◆水書用筆での運筆指導

書写

第1学年

10月④	11～12月上旬④	12月中旬～下旬②・③	1～3月⑥～⑧
かたかなのかきかた ・かたかなのかきかた【筆使い】知・技(1)ウ，(3)ウ(イ) **かん字のかきかた** ・「とめ」「はね」「はらい」【筆使い】知・技(1)エ，(3)ウ(イ) ・空に大きくかこう【筆使い】知・技(1)エ，(3)ウ(イ) ◆水ふででかいてみよう【筆使い】知・技(1)ウ・エ，(3)ウ(イ)，内容の取扱い カ(エ)	**かん字のかきかた** ・「おれ」「まがり」「そり」【筆使い】知・技(1)エ，(3)ウ(イ) ・かきじゅん【筆順】知・技(1)ウ・エ，(3)ウ(イ) ・にているかん字とかたかな【字形（点画の組み立て方）】知・技(1)エ，(3)ウ(イ)・(ウ)	**かん字のかきかた** ・字のかたち 【字形（外形）】 知・技(1)ウ・エ，(3)ウ(イ) ・ことばをたのしもう〈国語〉 【姿勢・執筆、筆使い、筆順、字形】知・技(1)ウ，(3)ウ(ア)・(イ)・(ウ)	**まとめ** ・かきぞめ 【姿勢・執筆、筆使い、筆順、字形】知・技(1)ウ・エ，(3)ウ(ア)・(イ)・(ウ) ・一年生のまとめ 【姿勢・執筆、筆使い、筆順、字形】知・技(1)ウ・エ，(3)ウ(ア)・(イ)・(ウ)，B(1)ウ・エ，(2)ア

第2学年

10月④～⑤	11月④	12月④	1～3月⑦～⑨
点や画の組み立て ・画の長さ ・点や画の間 ・画のつき方と交わり方 【字形（点画の組み立て方）】知・技(1)エ，(3)ウ(イ)・(ウ)	**点や画の組み立て** ・点や画の書き方のまとめ 【字形（点画の組み立て方）】知・技(1)エ，(3)ウ(イ)・(ウ) ◆水ふでで書いてみよう【筆使い】知・技(1)ウ・エ，(3)ウ(イ)，内容の取扱い カ(エ) **字の形** ・字の形【字形（外形）】知・技(1)エ，(3)ウ(イ)・(ウ)	**字の形** ・字の中心【字形（文字の中心）】知・技(1)エ，(3)ウ(イ)・(ウ) ・ことばを楽しもう〈国語〉【姿勢・執筆、筆使い、筆順、字形】知・技(1)ウ，(3)ウ(ア)・(イ)・(ウ)	**まとめ** ・書きぞめ【姿勢・執筆、筆使い、筆順、字形】知・技(1)ウ・エ，(3)ウ(ア)・(イ)・(ウ) ・二年生のまとめ【姿勢・執筆、筆使い、筆順、字形】知・技(1)ウ・エ，(3)ウ(ア)・(イ)・(ウ)，B(1)ウ・エ，(2)ア

第3学年

10月④	11月③～④	12月②～③	1～3月⑦～⑧
漢字の筆使い ・「点」「はね」〔小〕【筆使い（点画の種類）】 ・「曲がり」〔元〕【筆使い（点画の種類）】 知・技(1)エ，(3)エ(ア)・(ウ)	・小筆の使い方【執筆】知・技(3)エ(ウ) **漢字の組み立て** ・部分の組み立て方〈硬筆〉【字形（部分の組み立て方）】知・技(1)エ，(3)ウ・エ(ア) **文字の配列** ・行の中心【配列（行の中心）】知・技(1)エ，(3)エ(ア)・(イ)	**平がなの筆使い** ・丸み〔つり〕【筆使い】知・技(3)エ(ウ) ・言葉を楽しもう〈国語・硬筆〉【姿勢・執筆、筆使い、筆順、字形、配列】知・技(1)ウ・エ，(3)エ(ア)・(イ)	**まとめ** ・書きぞめ〔正月〕〔友だち〕〔はつ春〕〔ゆめ〕知・技(1)エ，(3)エ(ア)・(イ)・(ウ) ・三年生のまとめ〔水玉〕【姿勢・執筆、筆使い、筆順、字形、配列（行の中心）】知・技(1)エ，(3)エ(ア)・(イ)・(ウ) ・筆ができるまで　知・技(3)エ(ウ)

第4学年

11月上旬～11月中旬②	11月下旬～12月③～④	1～3月⑦～⑧
文字の配列 ・リーフレットの書き方〈国語・硬筆〉【学習や日常に生かす】知・技(1)ウ・エ，(2)ア・イ(3)エ(ア)・(イ) B(1)イ・ウ・エ，(2)ア	**文字の配列** ・漢字どうしの大きさ〔白馬〕【文字の大きさと配列】知・技(1)エ，(3)エ(イ)・(ウ) ・言葉を楽しもう〈国語・硬筆〉【姿勢・執筆、筆使い、筆順、字形、配列】知・技(1)ウ・エ，(3)エ(ア)・(イ)	**まとめ** ・書きぞめ〔出発〕〔明るい心〕〔美しい空〕【姿勢・執筆、筆使い、筆順、字形、配列】知・技(1)ウ・エ，(3)エ(ア)・(イ)・(ウ) ・四年生のまとめ〔大地〕【姿勢・執筆、筆使い、筆順、字形、配列】知・技(1)エ，(3)エ(ア)・(イ)・(ウ) ・紙・すみ・すずりができるまで知・技(3)エ(ウ)

第5学年

10月③～⑦	11月④	12月①	1～3月⑧～⑨
文字の配列 ・文字の大きさ（漢字と仮名）【読む】【文字の大きさ（漢字と仮名）と配列】知・技(1)ウ・エ，(3)エ(ア)・(イ) ・めざせ！新聞記者〈毛筆/硬筆〉【文字の大きさ（漢字と仮名）と配列】知・技(1)ウ・エ，(2)イ，(3)エ(ア)・(ウ) B(1)ウ・オ，(2)ア・ウ	**文字の配列** ・手書きの力〈硬筆〉知・技(3)エ(ウ) ・手書き文字と活字知・技(1)エ，(3)エ(イ) ・用紙に合った紙の大きさ〔飛行〕【文字の大きさと配列】知・技(1)エ，(3)エ(ア)・(イ)	**文字の配列** ・言葉を楽しもう〈国語・硬筆〉【姿勢・執筆、筆使い、筆順、字形、配列】知・技(1)ウ・エ，(3)ア・エ(ア)・(ウ)	**まとめ** ・書きぞめ〔希望〕〔新しい風〕〔平和な国〕【姿勢・執筆、筆使い、筆順、字形、文字の大きさと配列】知・技(1)ウ・エ，(3)エ(ア)・(ウ) ・五年生のまとめ〔近づく春〕【姿勢・執筆、筆使い、筆順、字形、文字の大きさと配列】知・技(1)ウ・エ，(3)エ(ア)・(ウ) ・六年生を送る会に向けて〈毛筆/硬筆〉【姿勢・執筆、筆使い、筆順、字形、文字の大きさと配列】知・技(1)ウ・エ，(3)エ(ア)・(イ)・(ウ) B(1)オ，(2)ウ

第6学年

10～11月⑥～⑦	12月①	1～3月⑪～⑬
漢字の組み立て ・部分の組み立て方（三つの部分）〔湖〕〔街角〕【字形】知・技(1)エ，(3)エ(イ) ・文字の歴史〈毛筆/硬筆〉知・技(3)ウ・エ(ア)	・言葉を楽しもう〈国語・硬筆〉知・技(1)ウ・エ，(3)エ(ア)・(ウ)	**まとめ** ・書きぞめ〔感謝〕〔将来の夢〕〔進む勇気〕 ・六年生のまとめ〔旅立ちの朝〕〔銀河〕〔ゆずり葉〕【姿勢・執筆、筆使い、筆順、字形、文字の大きさと配列、書くときの速さ・筆記具の選択】知・技(1)ウ・エ，(3)エ(ア)・(イ)・(ウ) ・今の思いを書き残そう〈毛筆/硬筆〉【姿勢・執筆、筆使い、筆順、字形、文字の大きさと配列、書くときの速さ・筆記具の選択】知・技(1)ウ・エ，(3)エ(ア)・(イ)・(ウ)　B(1)オ，(2)ウ

硬筆の指導
―水書用筆等を使用する指導を取り入れて―

プラン

1 姿勢や筆記具の持ち方を正しくして書く

姿勢

・背筋を伸ばす。
・体を安定させる。
・書く位置と目の距離を適度にとる。
・筆先が見えるようにする。
「グー、ペタ、ピン」などのかけ声を。

背筋が曲がり、足や左手が固定できておらず、紙と目の距離が近くなっている。

持ち方

・人差し指と親指、中指の位置
・手首の状態
・鉛筆の軸の角度　などを適切にする。

三角ができる。

人差し指と中指の2本がけになっている。

親指で握りこんでおり、鉛筆が立って見づらい。

※鉛筆は2B以上の軟らかいものがよい。

☆正しい姿勢や持ち方で書くと…

①指先がスムーズに動く　②書いている文字が見える　③長時間書いても疲れにくい

2 点画の書き方や文字の形に注意しながら、筆順に従って丁寧に書く

点画の書き方

始筆から送筆、終筆（とめ、はね、はらい）までを確実に丁寧に書くようにする。

〔いろいろな点画の種類（例）〕

横画	縦画	左払い	右払い	折れ	曲がり	そり	点	結び
一	丨	ノ	＼	フ	し	八	冫	㇛

文字の形

文字のおおよその形（概形・外形）を把握したうえで書くよう指導する。

〔いろいろな概形（例）〕

中心

文字の中心を意識して書くように指導する。

筆順　（筆順とは…文字を書き進める際の合理的な順序が習慣化したもの）

原則　①上から下へ　②左から右へ　③横から縦へ

3 点画相互の接し方や交わり方、長短や方向などに注意して、文字を正しく書く

接し方や交わり方	長短	方向	画間
どの位置で接したり交わったりしているか。	点画の長さ。	払い、折れ、そり、点などの方向。	画と画の間をそろえる。
〈接する〉　〈交わる〉 	○　△ 		○　△

⇒これらは文字の正誤に関わる。

4 水書用筆等を使用する指導について

　水書用筆〔図1〕は、扱いが簡便で、弾力性があり、筆跡が消える。一連の動作を繰り返し練習することで、学習活動や日常生活において、硬筆で適切に運筆する習慣の定着につながる。鉛筆と同じ姿勢・持ち方を意識させ、主にとめ、はね、はらい等の感覚を養い、硬筆につなげる。※毛筆の基本を身に付ける目的ではない。

〔図1〕いろいろな水書用筆と水書用紙

5 学習の流れ

〈水書を取り入れた一単位時間の展開例〉

①姿勢や持ち方を確認しながら水書をする。〔図2〕
②教材文字を試し書きする。〔図3〕
③全体でめあてを確認し、試し書きを自己批正する。
④自分の課題を意識しながら練習をする。（必要に応じて水書を取り入れる。）〔図4〕
⑤まとめ書きをして、相互評価をする。〔図5〕
⑥他の文字にも適用して書く。
⑦振り返りをする。

※鉛筆を使って、ウォーミングアップもするとよい。〔図6〕

〔図2〕水書の例　〔図4〕練習の様子

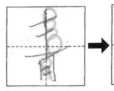

〔図3〕試し書き　〔図5〕まとめ書き

6 学習したことを生かす

○各教科の学習や生活の様々な場面で積極的に生かす。

　(例)・ノート　・連絡帳　・絵日記　・観察カード　・原稿用紙
　　　・招待状　・書き初め

○いろいろな筆記具に生かす。

　(例) フェルトペン（細・太）・カラーフェルトペン・色鉛筆

〔図6〕いろいろな線

（二瓶和馬）

毛筆の指導
―準備や片付け、基本の指導―

プラン

1　基本編

準備

・試し書きやまとめ書きで使用する鉛筆や、自己批正（次ページ「毛筆の一単位時間の展開例」参照）のときに使用する赤ペンも準備しておくとよい。

・硬筆用のワークシートは、下じきをめくってすぐ書けるよう、下じきの下に入れておくとよい。

・紙ばさみを作ると、作品の保管が楽になる〔図1〕。

片付け

・学校で片付けのスタンダードを決める。

　（例）・筆は反故紙（ほごし）で墨をふきとった後、持ち帰る。

　　　　・筆は学校で洗って干す。など

　　　　（ピンチハンガーがあると便利）

・小筆は穂先だけ拭いたり、洗ったりする。

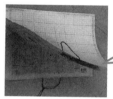

〔図1〕紙ばさみ

①板目紙2枚に穴をあけて紐を通す。
②板目紙の片方の長辺をテープでつける。
③新聞紙を中に入れる。

2　毛筆入門期でおさえたいこと

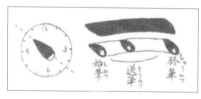

・毛筆入門期では、まず始筆、送筆、終筆と基本点画の筆使いを身に付けさせる。そのため、3年生の教科書には基本点画をおさえる教材が多く扱われている。「二」「土」「日」「木」「小」「元」など

・始筆は基本的に45度（10時半）の方向。〔図2〕

・送筆で穂先の向きを変えない。鉛筆（硬筆）でそのような書き方をしないように、毛筆も自然な運筆を指導する。

・始筆の向きが意識できるよう、半紙を45度に折って練習することもできる。〔図3〕

※平仮名の始筆は45度ではなく、浅くなる。

〔図2〕始筆が45度の点画

〔図3〕始筆の向きを意識できる練習用紙

3 毛筆の一単位時間の展開例

課題解決学習

●[A案] めあてを確認してから書く	●[B案] 試し書きをしてから書く
1 教材文字の確認とめあての確認	1 教材文字の確認
2 試し書き	・教科書は見ないで、筆順を確認する。
3 自己批正①	2 試し書き
・試し書きと教科書の教材文字を比較し赤ペンで課題を印や言葉で書く。	・教科書は見ないで書く。
4 基準の把握	3 めあての確認
・めあてを達成するために大事なことを考える。	4 基準の把握（A案に同じ）
5 課題解決	5 自己批正①
・課題に応じた練習用紙を使用するなどして練習する。	・試し書きと教科書の教材文字を比較し、赤ペンで課題を印や言葉で書く。
6 自己批正②	6 課題解決
・書いた文字を、自分、またはグループで批正する。	7 自己批正②
7 まとめ書き	8 まとめ書き
8 硬筆への発展	9 硬筆への発展
9 振り返り	10 振り返り
	※B案は教科書を見ないで試し書きをするので、自己批正のときに自分の課題が見付けやすい。

4 各学年の指導事項を意識して指導する

【第3学年及び第4学年】

・文字の組立て方を理解し、形を整えて書くこと。（3）エ(ア)

（例）左右の組立て方「林」〔図4〕、上下の組立て方「雲」

・漢字や仮名の大きさ、配列に注意して書くこと。（3）エ(イ)

※仮名は漢字より小さく書く。字間や行間は均等にする。行の中心はそろえる。

〔図4〕左右の組立て方

【第5学年及び第6学年】

・用紙全体との関係に注意して、文字の大きさや配列などを決めるとともに、書く速さを意識して書くこと。（3）エ(ア)

※用紙全体との関係から判断される文字の大きさや配置・配列の効果的な在り方を重視。

・毛筆を使用して、穂先の動きと点画のつながりを意識して書くこと。

（3）エ(イ)

（例）筆順と字形「成長」、筆順と点画のつながり「快晴」〔図5〕

〔図5〕筆順と点画のつながり

5 おわりに

　毛筆も課題解決学習である。自分の文字の課題を把握し、めあての達成に向けて練習することで解決を図っていく。また、国語の学習との関連を図り、日常生活に生かしていく。

（杉山しのぶ）

書写

書写における課題解決学習（5年）
―文字の大きさや配列を考えて書こう―

📖 **教材名** 「読む」（光村）「飛行」（光村）「わらべ歌」（日本文教出版）

1 単元について

日常生活の中で用いられる表記は漢字仮名交じりである。本単元で扱う漢字仮名交じりの教材文字「読む」「わらべ歌」は、子どもたちが書写の学習活動を日常と結び付けて捉える上で非常に効果的である。

本単元では、学習の最後に漢字仮名交じりの教材文字「わらべ歌」を設定し、「読む」で捉えた漢字と仮名の大きさの違い、「飛行」で捉えた配列をおさえるものとする。学習は常に課題解決の過程をたどり、自ら設定した課題の解決に向けて適切な練習方法（練習用紙）を選択し、漢字と仮名の大きさの違いを意識して配列し、書くという学習活動を設定する。本言語活動を通して、日常生活においても用紙全体との関係に注意し、配置・配列を考えて書く力を育成する。

2 単元の指導目標

○生活の中で読みやすく文字を整えるために、文字の大きさや配列を決めて書く。

○生活の中で読みやすく文字を整えるために、用紙全体に対する文字の大きさや配列について見直したり、グループでよりよい表現について話し合ったりして書く。

○自己批正して捉えた自分の課題を解決し、生活の中で読みやすく文字を整えるために、適切な練習方法を選択し、文字の大きさや配列に注意しながら書き、硬筆での書字に生かそうとする。

3 単元の評価規準

知識・技能	思考・判断・表現	主体的に学習に取り組む態度
❶漢字や仮名の大きさの違いや、用紙に合った文字の大きさや配列を決めて書いている。(3)エ(ア)	❷「書写」において、用紙全体に対する文字の大きさや配列について見直したり、効果的な在り方について話し合ったりして書いている。	❸自己批正して捉えた課題に沿って、練習方法を選択したり、文字の大きさや配列を確かめたりしながら書き、硬筆での書字に積極的に生かそうとしている。

4 単元の流れ（全6時間） *指導の手立てについては「5.指導の実際」を参照

時	○学習活動	◆評価規準　●指導の手立て
1 2	○教材文字「読む」を確認する。 ○硬筆や毛筆で試し書きをし、教材文字と比べ、自分の課題を見付ける。 ○課題に合った練習用紙を選択して練習し、毛筆及び硬筆でまとめ書きをする。	◆❶漢字や仮名の大きさの違いを理解して書いている。【活動の観察・文字の分析】 ◆❷漢字や仮名の大きさについて見直したり、グループでよりよい表現について話し合ったりしたことを生かして書いている。【活動の観察・振り返りの把握】
3 4	○教材文字「飛行」を確認する。 ○硬筆や毛筆で試し書きをし、教材文字と比べ、自分の課題を見付ける。 ○課題に合った練習用紙を選択して練習し、毛筆及び硬筆でまとめ書きをする。	◆❶用紙全体に対する文字の大きさや配列を理解して書いている。【活動の観察・文字の分析】 ◆❷配列について見直したり、グループで効果的な配列の在り方について話し合ったりしたことを生かして書いている。【活動の観察・振り返りの把握】
5 6	○教材文字「わらべ歌」を確認する。 ○硬筆や毛筆で試し書きをし、教材文字と比べ、自分の課題を見付ける。 ○課題に合った練習用紙を選択して練習し、毛筆及び硬筆でまとめ書きをする。	◆❷用紙全体に対する文字の大きさや配列について見直したり、グループで効果的な配列の在り方について話し合ったりしたことを生かして書いている。 ◆❸自己批正して捉えた課題に沿って、練習方法を選択したり、文字の大きさや配列を確かめたりしながら書き、硬筆での書字に積極的に生かそうとしている。【活動の観察・振り返りの把握】

5 指導の実際

　配列よく書くための視点を明確にした単元構成とした。1、2時では、漢字と仮名の大きさに関わる配列の仕方、3、4時では文字の大きさや配置に関わる配列の仕方、5、6時では1〜4時で捉えた視点を複合的に考えて書く。また、配列のそろえ方は、字間、行間、行の中心に分け、子どもが自分の課題を見付けやすいように支援した。毛筆での筆記の際には、試し書きと教材文字を見比べ、自己批正することによ

〔図1〕「行の中心」に課題がある場合の練習用紙

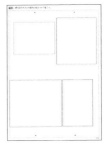

〔図2〕「文字の大きさ」に課題がある場合の練習用紙

って、自分の課題がどこにあるのか子どもが自ら設定できるようにする。自ら学習課題を設定することによって、主体的な課題解決および、必要感をもった粘り強い学習姿勢が育った。また、課題に合わせて練習用紙を複数用意することで、子どもが意識的に文字を整えようとすることができるようになった。

（伊林賢一）

書写における課題解決学習（6年）
―文字の大きさと余白を考えて書こう―

📖 **教材名** 「名月や 池をめぐりて 夜もすがら」（日本文教出版）

1 単元について

　本単元では、学校のカリキュラムに書写をどう位置付けるかを考えた。行事や国語「書くこと」の学習と関連させることで、子どもたちが表現したいという思いを高め、効果的に書写の資質・能力を育成することをねらった。

　本単元は、「越後体験学習」で心に残ったことが家の人に伝わるように、短歌を色紙に表現するという目的で行った。自分の短歌に込めた思いや情景が相手に伝わるように、よりよく表現したいという思いをもつことができるようにする。そしてその実現のために、文字の大きさや効果的な配列、筆記具の選択が重要であることに気付くことができるようにする。そして、文字を使って表現することで相手によりよく自分の思いが伝わることを感じられるような単元を設定した。

2 単元の指導目標

○「越後体験学習」で心に残ったことが家の人に伝わるようにするために、短歌を色紙に表現するのに適した筆記具を選び、理解して書く。また、用紙全体との関係に注意して、文字の大きさや配列を決めて書く。

○「越後体験学習」で心に残ったことが家の人に伝わるようにするために、用紙全体との関係に注意して、文字の大きさや効果的な配列を考えて書く。

○適切な練習方法を選択したり、文字の大きさや効果的な配列に注意したりしながら書き、硬筆での書字に生かそうとする。

3 単元の評価規準

知識・技能	思考・判断・表現	主体的に学習に取り組む態度
①用紙全体との関係に注意して、文字の大きさや位置、字間、行間などの効果的な配列を決めて書いている。（3）エ(ア) ②相手や目的に応じて使用する筆記具を選び、その特徴を理解して書いている。（3）エ(ウ)	③「書写」において、相手・目的に応じた筆記具を使用し、用紙全体に対する文字の大きさや効果的な配列を考えて書いている。	④自分の課題に沿って、練習方法を選択したり、文字の大きさや効果的な配列を確かめたりしながら書き、硬筆での書字に積極的に生かそうとしている。

4 単元の流れ（全5時間）

※事前に国語「書くこと」の学習で、「越後体験学習」で心が動いた瞬間について思い出し、その時の様子が伝わるように短歌を作っておくようにした。

時	○学習活動	◆評価規準　●指導の手立て
一次 1	○学習の見通しをもち、自分の思いを効果的に表現できる筆記具を考えて選ぶ。	◆②目的に応じて使用する筆記具を選び、その特徴を理解している。【発言内容・書写カードの記述】 ●文字から受ける印象や筆記具の特徴を視覚的に捉えられるように、三つの筆記具で書いたものを用意する。
二次 2 3 4	○色紙に合った文字の大きさや効果的な配列を考えながら書く。 ○自分のめあてを意識して、まとめ書きをする。	◆①③用紙全体との関係を考えて、文字の大きさや配列を理解し、効果的な配列を考えて書いている。【書写カードの記述・発言内容】 ●配列よく書くためのポイントに気付けるように、教科書教材を用いて文字の大きさや配列が悪い例を用意する。 ◆④自分の課題に沿って、練習方法を選択したり、文字の大きさや効果的な配列を確かめたりしながら書いている。 【活動の観察・書写カードの記述・発言内容】
三次 5	○単元を振り返る。	◆④単元での学習を振り返り、身に付いた力を確かめ、硬筆への発展を考えている。【振り返りの把握・発言内容】 ●毛筆で学んだことを硬筆に生かす意識をもてるように、実生活で活用できそうな場面を例示する。

5 指導の実際

(1) 効果的な筆記具について考える

〔ペン〕
- ・スリム（線の太さ）
- ・シャープな感じ
- ・くせがない

〔筆〕
- ・立体的で大きく見える
- ・和風　・迫力がある
- ・堂々としている

〔鉛筆〕
- ・柔らかい感じ
- ・消せる
- ・弱々しい

> 筆記具の特性やそれぞれのよさを理解して、今回は全員が筆を選択していた。

(2) 文字の大きさや効果的な配列を考える

　試し書きをした後、教科書の教材文字を使って、家の人に伝わりやすく書くためのポイントを共有していった。配列の悪い例を提示し、比較しながらポイントを考えることで、「字間」、「行間」、「余白」や「文字の大きさ」、「文字の中心」など、本単元で身に付けさせたい力に合うポイントを考えることができた。

（伊藤　朋葉）

書写

おわりに

　国語の授業中に、どのような子どもの姿や言葉に心を動かされ、手応えを感じますか。

　「○○さんに喜んでもらいたい。この言葉で伝わるかな。もっと易しい言葉にしよう。」
と、相手を意識して言葉を選んでいる姿。

　「書き方の工夫を見つけた。『言葉の宝箱』からきらきら光る言葉を探して使ってみよう。」
と、文章の書き方や表現の仕方を吟味している姿。

　「私は、このように考えます。その理由は、～に示されているように～だからです。」
と、自分の意見の根拠を明確にしている姿。

　「友達と交流して、自分の考えのよいところを認めてもらい、自信をもつことができた。
友達の考えと自分の考えと違うところを見つけ、自分の考えに付け加えることができた。」
と、交流を通して自分の考えを確かにしたり、新たな視点を取り入れたりする姿。

　きっと、教室での学びにおいて、一人ひとりが真剣に考えているときの表情や、できた・
分かったという達成感を味わったときの笑顔などが、多々思い浮かんでくることでしょう。

　本書には、目の前の子どもたちを念頭にして立てたプラン、子どもたちと共に創った実
践事例を掲載しました。ページをめくったとき、言葉と向き合って活動する様子が伝わっ
たでしょうか。言葉による見方・考え方を働かせている姿が伝わったでしょうか。執筆者
の主張に加え、子どもたちの学びの姿が伝われば嬉しく思います。

　そして、本を手にしてくださった皆様にとって、本書に掲載したプランや実践が何らか
の形でヒントになり、各教室での新たな国語科学習の創造につながることを切に願ってい
ます。

　結びになりましたが、横浜国立大学副学長 髙木まさき先生には、巻頭に貴重なご提言
をいただき感謝申し上げます。

　横浜市小学校国語教育研究会の礎を築いてくださった歴代会長をはじめ会の発展にご尽
力された皆様に敬意を表し、今後も受け継いだバトンをつなぎ、会員一丸となって実践研
究を重ねる所存です。本書が新たな一歩となりますように。

　　令和2年3月

　　　　　　　　　　　　　　　　　　　横浜市小学校国語教育研究会　　髙木 篤子

執筆・編集等協力者

横浜市教育委員会

丹羽　正昇	岸田　　薫	深沢　恵子
渡辺　　誠	帶川　理加	髙﨑　智志
板垣　久美		

横浜市小学校国語教育研究会

平井　佳江	西　かおり	千葉さおり
土屋　俊朗	西松　亮介	石田　佳代
谷口　孝雄	阿部　千咲	鈴木　健司
柴﨑　美佐	小水　亮子	岩井宥梨加
安冨　江理	小田切治朗	臼木　　基
髙木　篤子	川瀬　貴是	角田　峻介
杏澤　　徹	巽　　由佳	松田　圭子
伊藤　洋子	小山奈津子	佐藤　勇介
本間　　明	嶋田　瑞穂	有光　鉄男
鈴木由香里	水落　早紀	菊地　伸行
鈴木　　彰	阿部　真央	白井　美保
丹波　悟亮	佐々木真理	橋本　佳子
青木　和裕	藤原　順子	榎本　恭子
山本加奈代	武部　夏希	浦部　文也
齋藤由美子	乾　さつき	村井　俊彦
田中　弘子	梅澤　英樹	小森　光枝
田畑　彰紀	原　　陽子	明利　昌典
本田　邦人	青木　　寛	小野　由貴
舟山　勝成	福島　美沙	横田　和之
板橋美智恵	小杉　　綾	鈴木　裕乃
松口　真人	瀬戸　　歩	萩原　祐介
鳥形　昌子	塩福　和雄	二瓶　和馬
岡本　利枝	早坂　達也	杉山しのぶ
國司　香織	津田　迪加	伊林　賢一
小林　　真	瀧川　文子	伊藤　朋葉

令和2年3月31日現在

小学校国語科の系統的な指導がまるわかり!

「見方・考え方」を働かせる実践事例&プラン

2020(令和2)年5月6日　初版第1刷発行

編著：横浜市小学校国語教育研究会

発行者：錦織圭之介

発行所：株式会社　東洋館出版社

　　　　〒113-0021　東京都文京区本駒込 5-16-7
　　　　営業部　電話 03-3823-9206 ／ FAX 03-3823-9208
　　　　編集部　電話 03-3823-9207 ／ FAX 03-3823-9209
　　　　振替　00180-7-96823
　　　　Ｕ Ｒ Ｌ　http://www.toyokan.co.jp

装幀：國枝達也

本文デザイン・組版：相羽裕太(株式会社明昌堂)

イラスト：河口智子

印刷・製本：藤原印刷株式会社

ISBN 978-4-491-04101-8 ／ Printed in Japan